轨道交通前沿理论与技术应用丛书

# 列车运行过程建模与先进控制方法

李中奇　周　靓◎著

西南交通大学出版社
·成 都·

**图书在版编目（CIP）数据**

列车运行过程建模与先进控制方法 / 李中奇，周靓著. -- 成都 : 西南交通大学出版社，2025. 1.

ISBN 978-7-5774-0240-6

Ⅰ. U284.48

中国国家版本馆 CIP 数据核字第 2024KV2310 号

Lieche Yunxing Guocheng Jianmo yu Xianjin Kongzhi Fangfa

**列车运行过程建模与先进控制方法**

李中奇　周　靓　著

---

策划编辑　黄庆斌　黄淑文　周　杨

责任编辑　宋浩田

封面设计　原谋书装

出版发行　西南交通大学出版社
（四川省成都市金牛区二环路北一段 111 号
西南交通大学创新大厦 21 楼）

营销部电话　028-87600564　028-87600533

邮政编码　610031

网　　址　https://www.xnjdcbs.com

印　　刷　成都蜀通印务有限责任公司

成品尺寸　185 mm × 240 mm

印　　张　13.5

字　　数　263 千

版　　次　2025 年 1 月第 1 版

印　　次　2025 年 1 月第 1 次

书　　号　ISBN 978-7-5774-0240-6

定　　价　59.00 元

---

图书如有印装质量问题　本社负责退换

# 前 言
PREFACE

近年来，我国高速铁路取得了举世瞩目的成绩，已然成为一张富有中国特色的亮丽名片。高速铁路作为铁路交通的重要组成部分，以其高速、舒适、安全、准时的特性，成为现代人们远距离出行的首选。随着技术的不断进步和市场的持续扩大，高速铁路在推动区域经济发展、提升城市形象、改善居民出行条件等方面发挥着越来越重要的作用。截至 2023 年年底，全国铁路营业里程达到 15.9 万千米，其中高铁 4.5 万千米。根据 2021 年出台的《国家综合立体交通网规划纲要》，到 2035 年，全国的高铁里程将突破 7 万千米，形成由“八纵八横”高速铁路主通道为骨架、区域性高速铁路衔接的高速铁路网。因此，研究设计具有完全自主知识产权的无人驾驶技术的高速列车控制系统，来保证我国高速列车运行的安全、高效、节能、舒适、准时等，具有深远重大的理论研究意义，并且能给国民经济带来巨大的实用价值。

高速铁路系统能否安全、高效地工作，主要取决于列车控制系统这一核心。为了保证整个系统的正常运行，必须设计一个安全、稳定、可靠的自动控制系统，以确保整个铁路网安全、经济、高效地运行。随着高速铁路的迅猛发展，对列车运行过程进行精确建模已成为保障铁路运输高效、安全、可靠的关键手段。通过建模，我们能够深入探究列车在运行过程中的动力学特性，为列车设计、运行控制和故障预测提供理论支持。在列车运行过程中，车辆动力学非常复杂，包括启动、牵引、滑行、超速、制动、停车等，更不用说在不同载荷和天气条件下的复杂状态。并且对于高速列车来说，多节车辆组成的列车作为一个整体，是一个时变的高维非线性动力系统，具有丰富而复杂的动力行为。因此，对高速列车运动模型进行准确的动力学分析是实现高速铁路列车系统控制和运行的第一步，也是本书的研究重点之一。

随着列车运行速度的不断提升和运输需求的不断增长，列车运行路况越来越复杂多变，高速铁路系统能否安全、高效地运行，本质上取决于列车自动控制系统的性能。在实际运行中，不同的运行工况意味着不同的控制需求和不同的目的，但主要目标始终是保证列车安全、高速、稳定地运行。特别是针对列车滑行工况控制系统，利用实时道路信息和在线环境数据与车载参考相结合，实现列车牵引和制动的最佳控制。但现有列车运行控制方法难以满足高速列车安全高效、节能舒适的跟踪控制运行需求。列车智能驾驶的追踪运行过程满足安全高效、节能舒适等多目标运行要求。因此，设计适应高速列车高速、稳定运行特征的动力学建模方法和跟踪控制策略，升级列控系统，保障列车行车安全，是高速列车自动控制技术的研究重点，也是高速列车可持续发展目标实现过程中亟待解决的科学难题。

本书共 7 章。第 1 章概述了国内外高速列车的发展历程、研究背景与意义，详细探讨了列车建模及先进控制方法的研究现状，并阐述了本书的研究目的、内容及方法。通过深入分析动力学特性和控制策略，旨在提升列车运行安全性和控制性能，为后续研究奠定坚实基础。第 2 章详细分析了高速列车的动力学特性，包括牵引力、制动力以及运行阻力等。具体方法为对比不同建模方式，建立单质点模型和多质点模型，分析其适用性和优缺点。此外，还将介绍高速动车组强耦合模型，探讨其系统描述、模型建立以及实时辨识模型参数策略等方面的内容。最后针对黏着控制模型，介绍相关的轮轨滚动接触与黏着理论。第 3 章研究基于轮轨模型研究高速列车的速度跟踪控制问题。首先介绍经典 PID 控制原理和自抗扰控制器的设计与改进方法，然后将其应用于高速列车的速度跟踪控制中。接着，探讨滑模变结构控制理论在高速列车控制中的应用，设计基于轮轨模型的自抗扰滑模速度跟踪控制器。最后，研究列车防滑过程中的最优蠕滑率估计方法，并设计最优蠕滑率下的自适应滑模防滑控制器。第 4 章介绍无模型自适应迭代学习控制原理，并应用于高速列车的控制中。通过对高速列车运行系统的动态线性化处理，设计紧格式、偏格式和高阶无模型自适应迭代学习控制器。通过仿真实验，分析基于单质点模型和多质点模型的控制效果。最后探讨前馈-反馈复合控制以及具有输入约束的控制策略。第 5 章研究高速列车互补滑模迭代学习速度跟踪控制方法。首先介绍传统滑模控制方法和互补滑模控制器设计，并将其作用至高速列车上进行实验仿真分析。然后提出互补滑模迭代学习控制方法，引入迭代学习思想，进一步提高控制系统的性能，并进行仿真实验。第 6 章研究基于超扭曲算法的高速列车最优黏着控制问题。首先介绍全维状态观测器观测黏着系数的方法以及最优蠕滑速度搜索策略，然后阐述滑模控制算法原理，并设计基于超扭曲算法的控制系统。通过仿真实验，分析控制系统的性能。最后探讨基于快速自适应超扭曲滑模的改进控制策略。第 7 章研究基于动车组强耦合模型研究速度跟踪控制方法。首先介绍分布式滑模控制策略在动车组速度跟踪控制中的应用。然后通过仿真实验分析不同控制策略的效果。

本书由国家自然科学基金项目（52472342，52162048，61991404）和江西省主要学科学术和技术带头人培养计划（20213BCJ22002）资助出版。杨辉、金柏、唐博伟、黄琳静、张俊豪、望文铎、叶美翰等也参与了本书的编写工作，在此表示衷心感谢。

由于作者水平所限，书中不足之处敬请广大读者批评指正。

著 者

2024.5

# 目 录

CONTENTS

# 第1章 绪 论

## 1.1 引 言

随着全球经济一体化的深入发展和我国社会经济的持续快速增长，交通运输作为国民经济的基础性、先导性和服务性行业，正日益凸显其重要地位。在当前“交通强国”战略的指引下，铁路作为交通运输体系中的骨干力量，其发展水平直接关系到国家整体交通运输能力的提升。“十四五”规划作为我国未来发展的宏伟蓝图，对铁路交通的发展提出了更高更明确的要求，为我们指明了前进的方向[1]。

在“十四五”规划的战略布局中，铁路交通被赋予了更加重要的角色定位。规划中明确指出，要构建现代化综合交通运输体系，推动交通高质量发展。这一目标的提出，不仅体现了国家对铁路交通发展的高度重视，也反映了铁路交通在推动经济社会发展和提升国家竞争力中的重要作用。特别是在当前全球经济形势下，加快铁路交通发展，提升铁路运输能力和服务水平，对于促进国内大循环、畅通国内国际双循环具有重要意义。

高速铁路作为铁路交通的重要组成部分，以其高速、舒适、安全、准时的特性，成为现代人们出行的首选。随着技术的不断进步和市场的持续扩大，高速铁路在推动区域经济发展、提升城市形象、改善居民出行条件等方面发挥着越来越重要的作用。然而，随着列车运行速度的不断提升和运输需求的不断增长，行业对列车运行过程的控制和管理也提出了更高的要求。因此，如何结合“十四五”规划的要求，通过技术创新和智能化手段，提升高速铁路运行的安全性和效率，成为当前铁路交通领域中亟待解决的重要问题[2]。

在“十四五”规划的指引下，我们需要深入研究高速铁路的运行特点，建立精确的列车运行过程模型，探索先进的控制策略和方法。通过引入大数据、人工智能等先进技术，实现对列车运行状态的实时监测、精准预测和智能控制。这不仅可以提高列车运行的安全性和效率，还可以提升乘客的出行体验，推动铁路交通行业的智能化、高效化和安全化发展。

此外，“十四五”规划还强调了数字经济和实体经济的深度融合，鼓励在交通领域加强数字化、网络化、智能化技术的研发和应用。这为高速铁路运行过程建模与先进控制方法的研究提供了新的契机和动力。通过加强与相关领域的合作与交流，我们可以借鉴先进经验和技术成果，推动高速铁路运行控制技术的不断创新和进步。

综上所述，本书旨在结合当前国家发展战略要求和“十四五”规划的目标，针对高速铁路的运行特点，开展列车运行过程建模与先进控制方法的研究，并将深入探索高速铁路的运行机理和控制策略，为提升列车运行的安全性和效率提供理论支撑和技术保障。同时，我们也希望通过本书的研究成果，为构建现代化综合交通运输体系、推动铁路交通行业的智能化发展做出积极贡献。

面对新的发展机遇和挑战，我们将以更加开放的态度、更加务实的作风、更加创新的精神，深入开展列车运行过程建模与先进控制方法的研究工作。我们相信，在“十四五”规划的指引下，通过大家的共同努力和不懈探索，一定能够推动铁路交通事业实现新的跨越式发展。

## 1.2 国内外研究现状综述

### 1.2.1 国内外高速铁路发展历程和现状

#### 1. 国外高速铁路发展历程和现状

高速铁路的发展可以追溯到20世纪中期。日本作为世界上最早发展高速铁路的国家之一，于1964年开通了世界上第一条高速铁路——东海道新干线。这条线路的运行速度达到了 210 km/h，极大地提升了铁路交通的运输能力和效率。随后，法国、德国等国家也相继开始建设高速铁路，形成了各自独特的技术体系和运营模式[3]。

进入21世纪，高速铁路的发展进入了快车道。随着科技的进步和市场的扩大，高速铁路的运行速度、运载能力和服务质量都得到了显著提升。特别是在欧洲和日本等一些发达国家，高速铁路已经成为公共交通的重要组成部分，为人们的出行提供了更加便捷、高效的选择。

目前，高速铁路已经成为许多国家交通运输体系中的骨干力量。在欧洲，以德国和法国为代表的高速铁路网络已经相当完善，连接了欧洲各国的主要城市，为区域内的经济发展和文化交流提供了有力支撑。在亚洲，日本和中国的高速铁路发展尤为突出。日本的新干线系统以其高效、安全和准时而闻名于世，而中国则在近年来大力发展高速铁路，形成了覆盖广泛、技术先进的高速铁路网络。

在技术方面，国外高速铁路已经实现了高度自动化和智能化。列车控制系统、信号系统和调度系统等都采用了先进的技术和设备，实现了对列车运行状态的实时监测和精准控制。同时，高速铁路的列车在设计时也越来越注重乘客的舒适度和安全性，提供了更加人性化、智能化的服务。

### 2. 国内高速铁路发展历程和现状

中国的高速铁路发展起步较晚，但发展速度却极为迅猛。2003 年，中国开通了第一条快速、安全和舒适的客运通道——秦沈客运专线，标志着中国高速铁路时代的来临。随后，中国高速铁路建设进入了快车道，多条重要线路相继建成通车，形成了覆盖全国的“四纵四横”高速铁路网。进入新时代，中国高速铁路的发展更是日新月异。随着“八纵八横”高速铁路网的逐步构建，中国高速铁路网络不断完善，运行速度和服务质量也持续提升。中国不仅在国内高速铁路建设中取得了举世瞩目的成就，还积极参与国际高速铁路合作与交流，推动中国高速铁路技术走向世界。

目前，中国高速铁路线网已经成为全球规模最大、运营速度最快的高速铁路网络之一。截至 2023 年年底，中国高速铁路营业总里程已经超过 4.5 万千米，覆盖了全国大部分城市和地区[4]。高速铁路已经成为中国交通运输体系中的重要组成部分，为人们的出行提供了更加便捷、高效的选择。另外中国的高速铁路不仅连接了国内各大城市，还实现了与周边国家的互联互通，为区域经济发展和国际交流提供了有力支撑。

在技术方面，中国高速铁路已经实现了多项创新和突破。例如，中国研发了具有自主知识产权的动车组列车，实现了高速列车的自主设计和制造。此外，中国还在高速铁路的智能化、绿色化等方面取得了重要进展，推动了高速铁路技术的不断升级和完善。

在服务方面，中国高速铁路也注重提升乘客的出行体验。通过优化列车设计、提升服务质量、加强安全管理等措施，中国高速铁路为乘客提供了更加舒适、安全、便捷的出行环境。尽管中国高速铁路取得了显著成就，但仍然存在一些挑战和问题。例如，高速铁路建设和运营的成本较高，需要政府和社会各方面的支持和投入；同时，随着高速铁路网络的不断扩大和运营管理的复杂化，对高速铁路的安全性和可靠性也提出了更高的要求。

展望未来，中国高速铁路将继续保持快速发展的态势。随着技术的不断进步和市场的持续扩大，中国高速铁路将在提升运输能力、优化服务质量、加强安全管理等方面取得更大的突破和进展。同时，中国高速铁路也将积极融入全球高速铁路发展的大潮中，为世界高速铁路的发展贡献更多的中国智慧和中国方案。

综上所述，国内外高速铁路的发展历程和现状呈现出不同的特点和发展轨迹。无论是国外还是国内，高速铁路都已经成为交通运输体系中的重要组成部分，为人们的出行和经济社会发展提供了有力支撑。未来，随着技术的不断进步和市场的持续扩大，高速铁路将继续发挥重要作用，推动交通运输行业的智能化、高效化和安全化发展。

在列车运行过程中，精确的建模和先进的控制方法对于提升列车的运行效率和安全性至关重要。因此，我们将重点关注列车建模和列车控制方法的研究现状，探讨如何通过技术创新和优化来推动中国高速铁路取得进一步发展。

### 1.2.2 列车运行过程建模的研究现状

对列车运行过程进行建模是研究高速列车自动驾驶技术的第一步工作，其必要性源于对列车性能优化、运行安全提升以及技术创新推动的迫切需求。随着高速铁路的迅猛发展，对列车运行过程进行精确建模已成为保障铁路运输高效、安全、可靠的关键手段。通过建模，我们能够深入探究列车在运行过程中的动力学特性，为列车设计、运行控制和故障预测提供理论支持。下面，我们将重点介绍列车纵向动力学建模和黏着控制建模的研究现状，以期为推动铁路技术的发展和进步提供有益的参考。

#### 1. 纵向动力学建模

纵向动力学建模是研究列车在行驶过程中沿轨道方向动力学特性的关键手段。通过精确描述列车在纵向上的受力情况、运动状态以及与其他车辆或系统的相互作用，纵向动力学模型能够为列车的设计、优化和控制提供重要的理论支持。目前，纵向动力学建模主要分为机理建模和数据驱动建模两种方法。

1）机理建模

机理建模是基于物理学原理和列车运动规律，通过数学方程和公式来描述列车纵向动力学的行为。这种方法能够揭示列车运动的本质，为预测和控制列车运行提供理论基础。该方法实际操作步骤包括：确定列车运行系统的输入量和输出量；基于牛顿力学定律等数学知识，建立列车运行系统的方程，描述列车受力与运动状态之间的关系；通过消除中间变量的方法，得到简化的高速列车运行系统模型。

文献[5]将高速列车视为一个单独的质点，运用牛顿力学定律构建了列车的单质点机理模型，这一简化模型有助于我们理解列车在基本运动状态下的行为特性。然而，为了更精确地描述列车在实际运行中的复杂行为，文献[6]进一步分析了车辆之间的相互作用力，将每个车辆视作一个质点，从而建立了多质点模型。这一模型能够更全面地反映列车在运动中各部分之间的相互影响。文献[7]-[9]则深入探讨了不同线路条件（如弯道、坡道等）和天气因素（如强风等）对高速动车组动力学模型的影响，通过对这些因素的量化分析，建立了更为优化的列车运行过程动力学模型。这些研究不仅提升了我们对列车运行规律的认识，也为列车的安全运行和性能优化提供了理论依据。在长下坡道路或弯道路况条件下，或者在强风等天气因素的影响下，多编组的高速列车前后车辆的运行规律往往会出现差异。此时，车钩的连接作用显得尤为重要。文献[10]从列车连接处各部件的动力学机理出发，建立了纵向-垂向耦合模型，这一模型能够更好地描述列车在复杂条件下的动力学行为。文献[11]则进一步分析了列车钩缓系统各部件的几何非线性机理，提出了列车运动时的三自由度计算方法，为深入研究列车车钩的性能和行为提供了重要的理论支持。在此基础上，文献[12]将高速动车组描述为多动力单元结构，这一描述方法更加贴近列车的实际运行状态，有助于我们更准确地理解和预测列车的行为。结合车钩模型的研究，我们可以更加深入地了解高速列车的运行规律，为其在复杂条件下的安全运行和性能优化提供有力的理论支撑。这些研究不仅丰富了我们对列车动力学特性的认识，也为铁路工程领域的持续发展和创新提供了重要的理论支持。

2）数据驱动建模

数据驱动建模则利用大量的列车运行数据，通过机器学习和数据分析等方法来构建纵向动力学模型。这种方法能够充分利用实际运行数据中的信息，捕捉列车在不同条件下的动态特性。随着大数据和人工智能技术的快速发展，数据驱动建模在列车纵向动力学建模中的应用越来越广泛。

在列车数据驱动建模研究方面，文献[13]通过考虑列车牵引特性，利用实际运行数据建立了最小二乘支持向量机模型，并借助粒子群算法优化模型参数，实现了较为精确的列车建模。文献[14]则运用聚类算法确定最优聚类数，并对每个聚类集采用遗忘因子递归最小二乘法构建线性子模型，这些模型直接反映了列车速度与控制力之间的关系。文献[15]通过采用自适应神经模糊推理系统建模方法，成功建立了高速列车运行过程多工况模型，有效提升了模型精度。文献[16]则设计了一种基于深度神经网络的模型，根据列车模型的特性设定了神经网络的输入层和输出层，提高了模型训练效率，进一步精确描述了列车模型。

以上研究主要基于数据驱动建立单质点列车模型。然而，随着对列车运行过程研究的深入，仅采用单质点建模方式可能无法全面反映列车的实际运行状态。因此，基于数据驱动的多质点建模方法逐渐受到关注。文献[17]将列车车辆视为多个智能体，通过智能体间的通信与协同来替代单一的列车系统，从而建立了高速列车多智能体模型。文献[18]则进一步考虑了外部环境干扰，分析了各智能体间信号传输的拓扑结构，并利用无向图刻画了该结构，构建了离散形式的智能体动态模型。文献[19]深入分析了高速列车车钩缓冲装置，并考虑了车钩模型的约束条件，成功建立了列车多质点强耦合模型，该模型能够反映不同运行条件对列车的影响，既简单又具有较高的精度。文献[20]则考虑了各个车辆之间的车间作用力，提出了列车状态空间自适应神经模糊推理系统模型，从而建立了多质点列车模型。

数据驱动建模方法无须深入剖析列车内部运行机理，而是直接利用列车实际运行过程中的输入输出数据进行建模。这种方法避免了机理建模中可能存在的简化过程，从而有效提高了列车建模的精度。此外，数据驱动建模方法还能综合考虑了列车运行任务、线路信息以及外部环境因素如温度和湿度等，使列车模型能更准确地模拟实际运行情况。这种方法为列车建模提供了更为全面和精确的途径。

### 2. 黏着控制建模

列车黏着控制建模是综合应用动力学、控制理论和轮轨关系等知识的复杂过程。通过构建精确的数学模型，模拟列车在不同线路和运营条件下的黏着特性，结合先进的控制算法，优化列车的运行参数，确保列车在各种运行环境中都能稳定、高效且安全地运行。

列车黏着控制模型是机车传动控制系统中的一个重要组成部分，其主要目标是在线路状况变化不定的情况下，通过对电机速度、电机转矩等信息的采集、分析和处理，结合司机给出的电机转矩指令，向电机控制系统发出正确的电机转矩指令。这样，机车能够以线路当前最大的黏着因数运行，从而获取最大的黏着利用率。具体来说，列车黏着控制模型主要基于黏着机理和黏着基本理论，研究列车轮轨关系以及黏着防滑约束条件的转化。通过转化黏着防滑约束条件，为高速列车动力学建模提供坚实的理论基础和评价衡量标准。列车黏着控制模型的发展过程是一个不断演进和优化的历程，以下是列车黏着控制模型发展的主要阶段和特点：

（1）初级阶段：在列车黏着控制模型的初级阶段，主要基于简单的力学原理和控制策略。研究人员通过分析和计算轮轨之间的黏着力，以及电机转矩和速度等参数，提出基本的黏着控制方法[21]-[23]。这些模型通常较为简单，但为后续的深入研究奠定了基础。

（2）发展阶段：随着研究的深入和技术的发展，列车黏着控制模型逐渐进入发展阶段。研究人员开始关注轮轨间的非线性黏着特性，并考虑更多的影响因素，如轨道条件、轮对磨损、温度变化等。同时，随着控制理论的进步，更先进的控制算法被引入到黏着控制模型中，如模糊控制、神经网络控制等。这些算法能够更好地适应复杂多变的运行环境，从而提高黏着控制的精度和稳定性[24]-[26]。

（3）优化与智能化阶段：近年来，随着人工智能和大数据技术的快速发展，列车黏着控制模型进入优化与智能化阶段。研究人员利用机器学习和数据挖掘技术，对大量的运行数据进行处理和分析，以优化黏着控制策略。此外，基于人工智能的预测和决策算法也被引入到模型中，使列车能够更准确地预测和应对轮轨间的黏着变化，实现更高级别的自动化和智能化控制[27]-[30]。

（4）实时化与自适应阶段：随着实时传感和通信技术的不断发展，列车黏着控制模型正朝着实时化和自适应方向发展。通过实时采集和处理轮轨间的黏着力、电机状态、轨道条件等信息，模型能够实时调整控制策略，以适应不同运行环境和条件下的黏着变化。同时，自适应控制算法的应用也使得模型能够自我学习和调整，以应对未知和变化[31]。

综上所述，列车黏着控制模型的发展过程是一个不断演进和优化的过程，涉及了力学、控制理论、人工智能等多个学科知识的综合运用。随着技术的不断进步和应用需求的不断提高，相信未来列车黏着控制模型将会更加精确和智能，为列车的安全、高效和稳定运行提供有力保障。

### 1.2.3 列车运行控制方法的研究现状

高速列车运行控制方法，作为实现列车自动驾驶的核心技术，在提升列车运行安全性与控制性能方面扮演着举足轻重的角色。近年来，这一领域的研究已引起国内外学者的广泛关注。针对先前所提及的多种建模方式，学者们纷纷投入研究，积极探索相关的控制方法，以期推动高速列车运行控制技术的不断进步。

#### 1. 基于机理模型的控制方法

基于机理模型的控制方法是指利用对系统物理过程的深入理解，建立数学模型来描述系统行为，并基于这些模型设计控制算法的方法。这种方法在工程控制领域中得到广泛应用，因为它们通常能够提供更好的性能和稳定性，尤其是在复杂系统中。常见的控制方法有：最优控制（Optimal Control，OC）、模型预测控制（Model Predictive Control，MPC）、模型参考自适应控制（Model Reference Adaptive Control，MRAC）、鲁棒控制（Robust Control，RC）、滑模变结构控制（Sliding Mode Control，SMC）等。

1）最优控制

OC 是现代控制理论的一个重要分支，其研究的核心是在给定的约束条件下，寻找一种控制策略，使得系统的性能指标达到最优。它反映了系统有序结构向更高水平发展的必然要求，是现代控制理论研究问题中的一个关键部分。OC 的原理可以概括为：针对一个受控的动力学系统或运动过程，从所有可能的控制方案中挑选出一个最优的方案，使得系统从某个初始状态转移到指定的目标状态时，其性能指标达到最优。这里的性能指标可以根据问题和需求来定义，例如系统的稳定性、跟踪精度、能源消耗等。Xiao 等人[32]针对高速列车运行过程，创新性地提出了微观仿真模型与能量 OC 方法。他们通过构建详细的车辆-线路耦合动力学模型和非线性功率损失模型，并综合考虑多种约束条件，成功构建了能量 OC 问题的框架，为高速列车的能量管理提供了新的解决思路。而针对多辆高速列车在高密度运行下的控制挑战，Liu 等人[33]提出了一种基于多目标优化的协同模型预测控制策略，不仅提升了线路的整体容量，还显著降低了能耗，并优化了乘客的乘坐舒适性，有效解决了传统控制方法在安全、节能和舒适性方面的不足。此外，Li 等人[34]针对多列高速列车运动控制问题，深入研究了分布式 OC 算法，旨在克服通信约束，实现高效的速度控制。通过将原本复杂的 OC 问题分解为多个可并行计算的较小 OC 问题，不仅提升了计算效率，还满足了实时控制的要求，为高速列车运动控制领域带来了新的突破。

2）模型预测控制

MPC 是一种先进的控制策略，它基于被控对象的预测模型，通过在线滚动优化计算并实时反馈校正，实现对未来一段时间内被控对象行为的优化控制。其核心思想是利用预测模型来预测被控对象未来的动态行为，并基于这些预测信息来制定控制策略，以实现对被控对象的精确控制。通过不断滚动优化和反馈校正，MPC 能够灵活应对各种不确定性和干扰，确保系统的稳定性和性能优化。

MPC 的作用原理在于其结合了预测、优化和反馈校正三个关键环节。首先，通过构建被控对象的预测模型，能够准确预测其未来的动态行为；其次，基于预测信息制定一个优化目标，并通过在线滚动优化计算得到最优控制序列；最后，通过实时反馈校正，不断修正预测模型和优化目标，以适应系统的不确定性和变化。这种滚动优化和反馈校正的机制使得 MPC 具有强大的适应性和鲁棒性，能够在各种复杂环境下实现精确和高效的控制。

为了实现高速列车精确停车，刘晓宇等人[35]提出了一种 MPC 方法，该方法不仅关注停车的准确性，还考虑到停车过程中可能存在的随机干扰。为了提升列车运行的鲁棒性，他们进一步采用了鲁棒 MPC 方法，以有效应对各种不确定性因素。同样地，在高速列车的站点停车控制中，Liu 等人[36]也利用 MPC 来处理制动系统的时滞和运行环境的变化，确保列车能够按照期望的速度和距离准确停车。他们设计的 MPC 控制器以期望速度和距离作为控制目标，并通过求解二次规划问题来计算控制律，从而在保证停车准确性的同时，也兼顾了乘坐舒适度。此外，Zhong 等人[37]考虑到了高铁的动态运行条件，特别是在节能方面的需求，他们重点关注了具有节能特性的列车速度曲线在线生成问题，通过将这一问题纳入 MPC 框架进行建模，他们能够实时地将运行条件（如临时速度限制）纳入考虑，实现列车的在线调度。而 Wang 等人[38]则提出了一种新颖的两层分层 MPC 模型，旨在在线管理高速铁路的延误并优化列车控制。通过这种分层 MPC 框架，他们不仅可以在全局层面上管理列车运行的目标，还能在下层实现满足上层给定的运行时间要求并节约能源的目标。这种综合方法不仅有效减少了列车延误，而且在各种干扰场景下都展现出了出色的鲁棒性能。这些 MPC 方法的应用，不仅提升了高速列车的运行效率，也为铁路系统的安全和可靠性提供了有力保障。

3）模型参考自适应控制

MRAC 是一种灵活且强大的控制方法，它将一个已知的稳定模型作为参考，通过实时比较被控对象的输出与参考模型的输出，自动调整控制器的参数。这种自适应机制使得控制系统能够迅速响应系统的不确定性和变化，有效抑制外界干扰和内部随机变化的影响，确保被控对象的输出始终逼近理想状态。因此，模型参考自适应控制不仅提高了控制系统的鲁棒性，还优化了系统的整体性能。

谭畅团队成功运用 MRAC 方法，有效应对列车运行系统中的不确定性问题。在文献[39]中，他们运用状态反馈状态跟踪的自适应控制策略，不仅实现了高速列车的精准停车，更成功克服了系统中的未知扰动和时变特性，展现了 MRAC 在提升列车控制精度方面的关键作用。随后，文献[40]中步聚焦于高速列车对理想速度曲线的精确跟踪问题，通过自适应控制解决了未知扰动和输入时滞带来的挑战，从而确保了列车运行的平稳性和舒适性。而在文献[41]中，自适应控制更是发挥了至关重要的作用，它实时调整参数以应对不确定运行阻力和模型误差等系统误差，实现对给定速度曲线的渐近跟踪，显著提高了控制精度，确保了列车在复杂运行环境下的安全可靠运行。值得一提的是，Muniandi 等人在文献[42]中巧妙地运用 MRAC 方法，通过实时对比稳定的参考模型与列车运行状态，精准调整控制参数，以应对不确定性、非线性和外界干扰，确保列车能够稳定且精准地跟踪预设轨迹，进而大幅提升了列车运行的稳定性和乘客的舒适度。这一系列研究不仅彰显了 MRAC 在列车控制领域的卓越性能，也为实现更加智能、高效的列车运行提供了有力支持。

4）鲁棒控制

RC 是列车运行控制领域的关键技术，其原理在于通过设计能够抵御系统不确定性、参数变化和外界干扰的控制器，确保列车在各种复杂环境下仍能稳定运行。RC 通过优化控制算法，使列车在面对轨道条件变化、天气影响等不确定因素时，仍能准确跟踪预定轨迹，实现安全、高效、舒适的运输。

文献[43]深入探究了纵向动力学中的时变不确定性和未建模动态问题，提出了一种鲁棒自适应列车跟踪控制算法，精准控制列车运行，确保安全与稳定。在此基础上，文献[44]进一步针对高速列车运行中的不确定性因素和外界干扰，设计了基于采样数据的鲁棒控制器，使列车能够稳定、安全地跟踪期望速度，并维持稳定位移，从而增强了列车运行的安全性和舒适性。随后，文献[45]针对多辆高速列车在外部干扰下的分布式巡航控制问题，利用图形理论设计了有效的 RC 策略，使列车能够稳定跟踪目标速度，保持适当间距，实现安全、高效与舒适的运行。最后，文献[46]以 RC 为核心，设计了输出反馈控制器，应对高速列车速度与位移网络化控制中的挑战，利用时滞状态信息确保系统稳定性，有效应对耦合力和数据传输延迟，进一步提升了列车运行的安全性和稳定性。这些研究不仅展示了 RC 在高速铁路领域的广泛应用，也凸显了其在确保列车安全、高效运行时的核心作用。

5）滑模控制

滑模控制是一种非线性控制方法，它通过引入一个滑模面来使系统状态在该面上快速滑动，从而实现对系统的精确控制。在列车控制中，滑模控制能够使列车状态在受到参数变化和外部扰动时，仍能够快速收敛到滑模面上，并沿着该面进行滑动，从而保持列车运行的稳定性和安全性。这种控制方法具有较强的鲁棒性，能够在一定程度上应对系统的不确定性和干扰，提高列车运行的可靠性和性能。

滑模控制在高速铁路领域的应用广泛而深入。在文献[47]中，它实现了列车纵向动力学模型的自适应容错控制，有效应对不确定性、干扰及执行器故障，确保列车运行的稳定与可靠；在文献[48]中，全局终端滑模设计出精准的速度跟踪算法，应对复杂环境需求，确保列车在各种运行条件下都能实现稳定、高效的自动驾驶；文献[49]中，非奇异快速终端滑模使列车在强风等恶劣条件下迅速收敛，有效提升了列车系统的响应速度和跟踪性能，从而确保列车在各种复杂环境下的安全运行；而文献[19]则结合滑模控制与神经网络、补偿规则，以应对动车组运行过程中复杂多变的动力学特性，提升动车组的速度跟踪精度与稳定性。这些研究共同展现了滑模控制在提升列车运行安全与效率方面的卓越作用。

### 2. 基于数据驱动模型的控制方法

基于数据驱动模型的控制方法的特点在于它直接利用被控对象的在线或离线输入输出（I/O）数据来设计控制器，全程无须依赖受控过程的显式或隐式数学模型信息。在合理的假设下，这种方法能够确保系统的稳定性和收敛性[50]。与传统的基于模型的控制方法相比，基于数据驱动模型的控制方法的一大显著优势在于它突破了未建模动态和鲁棒性问题的限制。这种方法涵盖了多种控制策略，如 PID 控制、无模型自适应控制（Model-free Adaptive Control，MFAC）、迭代学习控制（Iterative Learning Control，ILC）、无模型自适应迭代学习控制（Model-free Adaptive Iterative Learning Control，MFAILC）、广义预测控制（Generalized Predictive Control，GPC）、神经网络控制等，它们共同构成了数据驱动控制方法的丰富体系。

1）PID 控制

数据驱动控制方法中，PID 控制无疑是应用得最为广泛的一种。自 20 世纪初该方法问世以来，PID 控制因其不需要被控对象模型信息、结构简单、应用灵活以及性能稳定可靠等优点，受到了国内外学者的广泛关注与研究。

在理论研究方面，PID 控制器的参数整定一直是研究的重点。从早期的 Ziegler-Nichols 调节规则，到 Cohen-Coon 响应曲线法，再到 Kappa-Kau 调节方法，这些经典方法都展现了一定的抗干扰能力，但它们的局限性也显而易见，通常只适用于满足特定经验公式条件的系统[51]-[53]。为了克服这些限制，后续研究中引入了模糊控制、神经网络控制以及自适应控制理论等方法，对 PID 参数进行整定，取得了显著的效果[54]-[56]。此外，PID 控制器的改进也是研究的一个大方向。例如，分数阶 PID 控制的出现，为 PID 控制效果的改善提供了新的思路[57]。在实际工程控制应用中，PID 控制器的应用更是无处不在。特别是在列车自动驾驶技术中，PID 控制的应用尤为广泛。文献[58]利用模糊 PID 软切换控制实现列车自动驾驶，这种方法结合了 PID 控制与模糊控制的优点，有效缓解了 PID 控制中快速性和超调的矛盾关系，并解决了模糊控制在系统误差小时反应不敏捷的问题。然而，这种控制算法对切换时机的要求较为严格，实际应用中可能存在一定的不便。此外，文献[59]将预测模糊 PID 控制应用于高速列车运行控制，实现了对期望速度曲线的精确跟踪，提高了列车控制的精度和舒适度。自适应模糊 PID 算法和滑模 PID 组合控制方法也都在列车控制中得到了应用，前者通过模糊算法整定参数，提高了列车控制的快速性和准确性；后者则利用滑动超平面的概念，实现了列车的精确速度跟踪，并展现出对列车参数不确定性的优良鲁棒性[60],[61]。

综上所述，PID 控制作为数据驱动控制方法中的重要一员，不仅在理论研究上取得了丰硕的成果，更在实际应用中展现出了强大的生命力和广泛的应用前景。

2）无模型自适应控制

MFAC 作为一种自适应控制方法，由侯忠生教授于 1994 年提出，它基于等效动态线性化数据模型的基本思想，特别适用于一般离散非线性系统的控制。该方法的核心在于利用伪偏导数的新概念，在各工作点建立动态线性化数据模型，并通过被控对象的输入和输出数据实现伪偏导数的在线估计，从而设计出高效的控制器[62]。

经过三十多年的深入研究，MFAC 在理论和应用层面均取得了显著的进展。在理论研究方面，多种动态线性化方式被相继提出，如紧格式、偏格式和全格式。这不仅丰富了 MFAC 的理论体系，还从理论上证明了系统输入输出有界且跟踪误差收敛[63],[64]。此外，针对受干扰的非线性系统，文献[65]利用径向基函数神经网络设计干扰观测器，显著增强了 MFAC 方法的鲁棒性。同时，改进的跟踪微分器和抗噪声无模型自适应控制方法的引入，进一步提高了控制系统的抗噪声干扰能力[66]。在列车应用方面，MFAC 同样展现出了强大的潜力。文献[67]将无模型自适应容错控制应用于地铁列车系统中，利用神经网络对不确定性故障进行逼近，实现了地铁列车的精准控制。这些应用实践不仅证明了 MFAC 在列车领域的有效性，还展示了其在实际应用中的灵活性和可靠性。无论是面对列车系统的复杂非线性特性，还是应对各种不确定性和干扰因素，MFAC 都能通过自适应调整控制策略，实现对列车的稳定、精确控制。

3）迭代学习控制

ILC 算法，作为专门针对重复性系统的控制方法，通过利用之前批次的控制输入信息和控制误差，不断修正并优化控制策略，以实现精确的轨迹跟踪。自 1978 年 Uchiyama 首次将其应用于机械手控制并取得成功后[68]，ILC 算法便在理论层面得到了广泛的拓展研究。

众多学者针对 ILC 算法进行了深入研究，提出了多种改进算法。文献[69]提出了高阶迭代学习算法，充分利用先前几次迭代的信息，显著提高了算法的收敛速度。文献[70]通过结合粒子群自适应算法，对 ILC 算法进行了优化，不仅提高了收敛速度，还有效克服了系统扰动。此外，文献[71]将 ILC 算法与专家控制相结合，利用历史数据建立专家系统知识库，并加入反馈补偿单元，进一步提升了控制性能。

鉴于高速列车运行过程中蕴含的丰富重复性信息，ILC 控制思想在列车领域也取得了显著的研究成果。文献[72]将 ILC 算法应用于列车的运行控制，实现了列车的精确控制。针对列车重复运行以及速度约束下的轨迹跟踪问题，ILC 算法在列车自动驾驶中得到了有效应用[73]。此外，考虑到测量噪声的影响，文献[74]设计了鲁棒迭代学习控制算法，实现了高速列车的精确控制。为了充分利用每次重复操作后的有价值信息数据，动态建模和范数最优迭代学习控制方法也被引入到高速列车运行控制中[75]。同时，约束空间自适应迭代学习控制器的设计，使得列车在具有未知参数/非参数不确定性和速度约束的情况下，仍能实现位移速度轨迹的精确跟踪[76]。综上，ILC 算法在列车领域的应用研究取得了丰硕的成果，为列车的精确控制和稳定运行提供了有效的解决方案。

4）无模型自适应迭代学习控制

近年来，Chi 和 Hou 等人[77]发现 ILC 与 MFAC 在某些方面存在本质的相似关系，基于此，提出了无模型自适应迭代学习控制（MFAILC）方法。MFAILC 方法结合了两者的优点，不仅具有自适应特性，能够处理系统的不确定性，还具有迭代结构，能够利用系统的重复性信息进行优化。同时，由于其不是基于模型控制理论的解析形式，使得控制系统易于使用，计算量相对较少[78]。因此，MFAILC 在理论研究和实际应用中都展现出了巨大的潜力。

有诸多学者对 MFAILC 方法进行了改进，并将其应用于高速列车运行控制中。例如，通过在指标函数中引入节能因子，实现了高速列车的节能运行，但在控制精度和收敛速度方面仍有待提高[79]。此外，还有研究考虑了数据丢失对控制性能的影响，提出了基于补偿协作的 MFAILC 方法，确保了地铁列车的速度跟踪误差沿迭代轴有界，并将车头间距稳定在安全范围内，但尚未充分考虑列车行驶过程中可能存在的随机扰动问题[80]。另外，针对速度传感器故障和超速保护等情况，也有研究提出了基于 MFAILC 的容错控制方案，虽然实现了地铁列车速度跟踪，但在控制精度方面仍有提升空间[81]。为解决传统 MFAILC 方法收敛速度慢的问题，叶美翰[82]将高阶 MFAILC 方法引入高速列车运行系统中，该方法通过设计高阶学习律，充分利用了列车历史批次输入信息，从而极大地提高了系统的收敛速度和控制精度。综上所述，无模型自适应迭代学习控制在列车运行控制领域具有广阔的应用前景，但仍需进一步深入研究以解决实际应用中遇到的各种挑战。

5）广义预测控制

GPC 是一种先进的控制策略，它基于对象的模型进行多步预测，结合滚动优化和反馈校正，实现对未来控制行为的优化。通过在线辨识对象参数并构造预测模型，该控制方法能够灵活应对系统的不确定性，有效改善系统的动态性能，实现对复杂工业过程的精确控制。

文献[83]中，GPC 被确立为精确列车停车控制技术的核心。通过自适应设计，它实时优化控制策略，同时在线识别模型参数，确保列车在复杂环境中实现高精度停车，满足乘客舒适度要求，为列车自动运行提供稳健控制策略。Sun 等人[84]则运用数据驱动建模方法，基于实际运行数据构建线性模型，并通过 GPC 实现对高速列车速度的精准跟踪控制。这有效应对了列车运行中的非线性特性，增强了列车运行的稳定性与安全性。文献[85]进一步采用聚类方法构建多模型集合，为每个集合建立线性模型，并设计多模型 GPC 控制器处理模型参数不确定性和未建模部分，从而提升自动驾驶系统的控制性能。文献[86]针对单一控制器在列车启动与制动阶段的不足，研究利用双自适应策略优化 GPC，实时辨识模型参数，并通过自适应建模和调优参数修正，配合稳定监督机制，实现高精度速度跟踪，展现了对未知干扰的鲁棒性。文献[87]则针对传统 GPC 在列车控制中的局限，提出一种基于控制器匹配的参数调优方法。通过调优策略，优化后的 GPC 能更精准地控制列车运行，实现速度的高精度跟踪。耿睿[88]在集成模型基础上，采用梯度辨识算法精确估计模型参数，设计带有未建模动态补偿的非线性 GPC，进一步提升了目标速度的跟踪精度。这些研究不仅加强了 GPC 在列车控制中的应用，也通过不同策略和方法间的衔接与互补，使列车控制更为连贯和高效。

### 3. 轮轨间黏着控制方法

轮轨黏着作用对高速列车控制性能至关重要，受外部天气和列车型号的影响显著。因此，防止列车空转或滑行的黏着控制系统得到了广泛应用，通过调整牵引电机转矩指令，确保列车在空转或滑行时能够稳定运行[89]。根据控制形式，黏着控制可分为再黏着和优化黏着，前者迅速调整转矩以恢复平稳牵引，后者则通过控制算法优化电机输出，使列车在最佳黏着状态运行，提高牵引利用率、平稳性、安全性和舒适性[90],[91]。

#### 1）再黏着控制研究现状

再黏着控制是一种重要的列车防滑技术，其原理在于当列车车轮发生空转或滑行时，通过迅速调整牵引电机的转矩，使列车重新恢复到稳定的牵引状态。这种控制方法能够及时响应列车运行中的异常情况，有效防止车轮空转或滑行带来的安全隐患，保障列车的平稳性和安全性。

日本学者在再黏着控制领域的研究积淀深厚，其再黏着控制方法利用模块化设计实现实时转矩调整，有效提升了列车运行的稳定性和安全性。相比之下，虽然我国在再黏着控制领域已经取得了一系列重要成果，但与日本等国家的成熟技术相比，还存在一定的技术差距。传统的再黏着控制方法通过实时监测和调整电机转矩，防止列车空转或滑行，但调节过程较长，影响了列车的牵引性能和运行效率。因此，我国当前的研究重点不能仅停留于优化再黏着控制策略，提高调节效率，更要通过技术创新，推动国内再黏着控制技术的快速发展，以满足高速铁路日益增长的运营需求。

#### 2）优化黏着控制研究现状

鉴于传统再黏着控制方法的不足，国内外学者致力于研发优化黏着控制方法[92]。传统方法存在滞后性，而优化黏着控制方法能够实时搜索列车运行时的最佳黏着状态点，通过动态调整车辆控制力，确保列车在黏着特性曲线的稳定区域内运行。这不仅有效减少了空转或滑行的发生，还确保了列车能够实时发挥最佳控制效能[93]。随着研究的深入，黏着控制方法日益丰富多样。目前，基于模型的控制、跟踪最优蠕滑速度控制、基于黏着曲线斜率的最优点控制等方法都得到了广泛应用。同时，不依赖于模型的模糊控制、神经网络控制等新型方法也展现出巨大的潜力[94]-[96]。这些方法各具特色，相互补充，共同推动着黏着控制技术的发展，为列车的安全、高效运行提供了有力保障。

（1）最优蠕滑速度跟踪法。

最优蠕滑速度跟踪法是一种先进的黏着控制策略，其核心在于通过精确调整蠕滑速度来寻找并维持轮轨间的最优黏着状态。该方法基于蠕滑速度与黏着系数之间的特性曲线变化规律，以不断变化的蠕滑速度为自变量，求解因变量黏着系数的最优值。在列车运行过程中，随着车速的提升，轮速与车速之间的差值即蠕滑速度也开始逐渐增加，同时黏着系数也相应提升。然而，实验数据显示，黏着系数在达到峰值后会随着蠕滑速度的增加而减小，呈现出负相关趋势。因此，黏着力与列车牵引力也会随之先增后减。

为了精确控制黏着系数在最优值附近，最优蠕滑速度跟踪法采用了一种动态的调节方式。在蠕滑速度从零开始增加的过程中，黏着系数随之增大，直至达到峰值。此后，通过及时减小蠕滑速度的调整，确保黏着系数保持在最优值附近。若在调整过程中出现偏差，导致黏着系数低于最优值，则通过递进式调整蠕滑速度，使黏着系数重回峰值点附近。这种不断微调蠕滑速度的方式，虽不能确保黏着系数时刻处于最优值，但能够使其稳定在最优值附近的一个较小范围内。当列车运行环境发生变化时，该方法能够迅速有效地找到并维持当前状态下的最优黏着状态，确保列车稳定运行。

为了解决列车的黏着控制问题，研究者们进行了大量研究。文献[97]提出了一种基于积分滑模控制的最优蠕滑率防空转方法，通过引入积分滑模控制算法，实现对蠕滑速度的精确跟踪和黏着系数的优化。文献[98]则采用滑模极值搜索算法设计控制器，通过滑模观测器对黏着系数进行实时观测，实现对最优黏着状态的快速搜索和稳定维持。而文献[26]则提出了一种动态面控制算法，在已知系统不确定性边界的条件下，实现对蠕滑速度的有效跟踪和黏着系数的优化控制。这些研究不仅丰富了最优蠕滑速度跟踪法的理论体系，也为实际列车运行中的黏着控制提供了有力的技术支持。

最优蠕滑速度跟踪法通过精确调整蠕滑速度来寻找并维持最优黏着状态，为列车的安全、高效运行提供了重要保障。随着研究的深入和技术的发展，相信未来会有更多创新性的黏着控制方法出现，推动铁路交通事业持续进步。

（2）黏着特性曲线斜率寻优法。

黏着曲线斜率寻优法是一种高效且实用的黏着控制策略。其核心思想在于通过分析黏着特性曲线的斜率变化，寻找斜率为零的特征点（即黏着系数的峰值点）。在曲线的左侧，斜率大于零，蠕滑速度与黏着系数正相关，这一区域被称为蠕滑区；而在曲线的右侧，斜率小于零，蠕滑速度与黏着系数负相关，这一区域则被定义为空转区。为了在不同轨面环境下搜索列车的最优蠕滑点，需要实时对黏着特性曲线的斜率进行精确判断。因此，黏着曲线斜率的准确判断是实现最佳黏着点搜寻的关键。然而，在实际运行过程中，实时获取完整的黏着特性曲线是非常困难的。为此，研究者们提出了一系列间接获取黏着曲线斜率的方法，如通过对黏着系数求导或采用相位移法等，从而实现对最优蠕滑点的有效追踪[99]。

研究者们对黏着曲线斜率寻优法进行了深入的探讨和实践。文献[100]提出了一种基于最小二乘算法和动态遗忘因子的最优蠕滑率估计方法，通过引入动态遗忘因子，提高了估计的准确性和实时性。文献[101]则设计了一种基于滑模观测器的智能黏着系数传感器,通过观测负载转矩并计算轮轨黏着系数,为实时控制提供了关键数据支持。而文献[102]则采用传统的最小二乘算法对曲线斜率进行辨识，并对算法进行了改进，以防止陷入局部最优解。同时，该文献还通过设置斜率梯度函数，提高了识别速度，为高效黏着控制提供了有力保障。这些研究不仅丰富了黏着曲线斜率寻优法的理论体系，也为实际应用提供了有益的参考和借鉴。综上，黏着曲线斜率寻优法通过精确判断黏着特性曲线的斜率变化，实现了对最优蠕滑点的有效追踪和控制。

（3）智能控制法。

智能控制方法，尤其是模糊控制和神经网络控制，为轮轨黏着控制提供了有效的解决方案。模糊控制不依赖于精确的数学模型，具有强大的鲁棒性，能够应对轮轨黏着控制系统中的建模难、干扰多以及不确定性强的问题。其通过构建模糊规则库，模拟人类处理模糊概念的逻辑，从而实现对列车行为的精确控制。然而，模糊控制器的参数选择对其控制效果具有显著影响，因此在实际应用中需要仔细调整。另一方面，神经网络控制凭借其强大的自我学习能力，能够处理黏着控制过程中的复杂性和模糊性。通过将轮速、车速、列车状态等作为输入层的神经元，电机的转矩控制量作为输出层，神经网络能够不断学习和调整，实现对列车黏着特性的精确控制。

截至目前，研究者们对智能控制方法在轮轨黏着控制中的应用进行了广泛的研究。文献[103]通过引入智能优化算法，提高了传统模糊控制参数寻优的效率和易操作性。文献[104]在研究列车防滑控制器时，成功应用了模糊逻辑控制。文献[105]则基于列车空间域运行模型，提出了迭代学习控制算法，有效实现了对列车运行的目标速度跟踪控制。此外，文献[106]利用神经网络控制方法，通过自我学习功能不断调整输入数据，实现了对列车黏着特性的精确控制。文献[107]结合了智能控制方法和优化算法，对机车黏着控制进行了深入研究。文献[108]引入 RBF 神经网络控制方法，解决了 PID 控制器的参数整定问题，提升了控制器的性能。

除了智能控制方法外，研究者们还从系统建模、容错控制等角度对黏着控制进行了探索。文献[109]通过建立合适的系统模型，提高了高速列车在不同轨面状态下的控制性能。文献[110]设计了一种鲁棒自适应容错控制策略，增强了系统对不确定性和故障的鲁棒性。文献[111]引入了一种离散积分滑模控制策略，考虑了列车防滑约束从而进行最优黏着控制。

对于黏着系数的估计，也是黏着控制中的关键问题。由于直接测量黏着状态的方法尚不存在，研究者们提出了多种间接估计方法。文献[112]提出了鲁棒自适应控制策略，提高了再黏着过程后的黏着利用率。文献[113]采用递归最小二乘法确定车轮黏着状态，计算最佳制动力。文献[114]设计了黏着力观测器进行在线观测。文献[115]提出了一种比例积分控制方法，为确定最优黏着系数提供了参考。

综上所述，随着科学技术的进步，新型黏着控制方法不断涌现，每种方法都有其独特的优势和适用场景。在实际应用中，需要综合考虑各种方法的优缺点，取长补短，不断改进和优化，以实现更加高效、稳定的轮轨黏着控制。

## 1.3 研究目的和意义

### 1.3.1 研究目的

本书的目的在于全面、深入地探讨列车运行过程的建模技术和先进控制方法，以期为列车运行的安全、高效和智能化提供理论支持和技术指导。通过对列车运行过程的精确建模，以及对先进控制方法的研究和应用，提升列车运行的控制精度和稳定性，优化列车的能耗和效率，为铁路交通的可持续发展作出贡献。

（1）系统梳理列车运行建模理论：本书将详细梳理列车运行建模的基本理论和方法，包括基于机理的建模、基于数据驱动的建模、基于黏着控制的建模，分析各种建模方法的优缺点和适用范围，为读者提供全面的建模知识体系。

（2）介绍先进控制方法和技术：本书将介绍目前列车运行控制领域的先进控制方法和技术，包括无模型自适应控制、广义预测控制、鲁棒控制、优化控制、滑模自抗扰控制等，通过仿真实例分析这些方法在高速列车运行控制中的应用效果和前景，为实践应用提供理论支撑。

（3）提供实际应用案例和解决方案：本书将通过实验仿真，展示建模方法和控制方法在列车运行过程中的应用效果，分析解决列车运行中遇到的实际问题的方法和策略，为铁路交通行业的实践工作者提供有价值的参考。

（4）推动列车运行控制技术的发展：本书期望通过深入研究和探讨列车运行建模与先进控制方法，推动该领域的技术创新和进步，为铁路交通行业的安全、高效和智能化发展提供有力支持。

综上所述，本书编写的目的是构建一个全面、深入、实用的列车运行建模与先进控制方法的知识体系，为铁路交通行业的发展提供理论支持和技术指导。

### 1.3.2 研究意义

首先，本书有助于提升列车运行的安全性和可靠性。通过精确建模和先进控制方法的应用，可以实现对列车运行状态的实时监测和精准控制，有效避免或减少运行过程中的安全事故，保障人民群众的生命财产安全。

其次，本书有助于提高列车运行的效率和经济效益。通过优化列车运行过程，减少不必要的能耗和停车时间，可以提高列车的运行速度和准点率，从而提升铁路运输的整体效率。同时，通过降低运营成本，增强铁路运输的竞争力，有助于推动铁路行业的可持续发展。

再次，本书有助于推动相关产业的技术创新和产业升级。列车运行过程建模与先进控制方法的研究涉及多个学科领域的交叉融合，包括控制科学、计算机科学、交通运输工程等。通过本书中研究的开展，可以带动相关产业链的技术创新和产业升级，推动相关产业的发展和进步。

最后，本书对于提升我国在国际铁路交通领域的地位和影响力具有重要意义。随着高速铁路和重载铁路技术的不断发展，我国在国际铁路交通领域的地位日益提升。通过本书研究成果的推广应用，可以进一步提升我国铁路交通技术的国际竞争力，增强我国在国际交通领域的话语权。

综上所述，本书不仅深入探讨了列车运行过程建模与先进控制方法的关键问题，而且具有深远的实践影响和价值。通过提升列车运行的安全性和效率，为乘客提供了更为可靠和高效的运输服务，进一步满足了社会发展和人民群众日益增长的需求。同时，本研究也推动了相关产业的技术创新和产业升级，为铁路交通行业的持续发展注入了新的活力。更重要的是，本研究在响应“十四五”规划、推动交通高质量发展的道路上迈出了坚实的一步。本书致力于通过科技创新，不断提升我国在国际铁路交通领域的竞争力和影响力，为全球铁路交通事业的发展贡献中国智慧和中国方案。

## 1.4 研究框架和章节安排

本书旨在深入探讨高速列车的动力学模型及其控制方法，通过系统地分析高速列车的运行特性，建立准确的动力学模型，并基于这些模型研究高效、安全的控制策略。后文将围绕高速列车的动力学特性、控制理论以及仿真实验等方面展开详细论述。本书的具体安排如下：

第 1 章概述了国内外高速列车的发展历程、研究背景与意义，详细探讨了列车建模及先进控制方法的研究现状，并阐述了本书的研究目的、内容及方法。通过深入分析动力学特性和控制策略，旨在提升列车运行安全性和控制性能，为后续研究奠定坚实基础。

第 2 章详细分析了高速列车的动力学特性，包括牵引力、制动力以及运行阻力等。通过对比不同建模方式，建立单质点模型和多质点模型，并分析其适用性和优缺点。此外，还将介绍高速动车组强耦合模型，探讨其系统描述、模型建立以及实时辨识模型参数策略等方面的内容。最后针对黏着控制模型，介绍相关的轮轨滚动接触与黏着理论。

第 3 章研究基于轮轨模型研究高速列车的速度跟踪控制问题。首先介绍经典 PID 控制原理和自抗扰控制器的设计与改进方法，然后将其应用于高速列车的速度跟踪控制中。接着，探讨滑模变结构控制理论在高速列车控制中的应用，设计基于轮轨模型的自抗扰滑模速度跟踪控制器。最后研究列车防滑过程中的最优蠕滑率估计方法，并设计最优蠕滑率下的自适应滑模防滑控制器。

第 4 章介绍无模型自适应迭代学习控制原理，并应用于高速列车的控制中。通过对高速列车运行系统的动态线性化处理，设计紧格式、偏格式和高阶无模型自适应迭代学习控制器。通过仿真实验，分析基于单质点模型和多质点模型的控制效果。最后探讨前馈-反馈复合控制以及具有输入约束的控制策略并进行仿真实验分析。

第 5 章通过设计互补滑模控制器，并结合迭代学习算法，实现对高速列车速度的精确跟踪控制，提升列车的运行性能和稳定性。同时，通过仿真实验对比互补滑模控制器在结合迭代学习算法前后的控制效果，进一步验证互补滑模迭代学习控制策略的有效性。

第 6 章研究基于超扭曲算法的高速列车最优黏着控制问题。首先介绍全维状态观测器观测黏着系数的方法以及最优蠕滑速度搜索策略。然后阐述超扭曲滑模控制算法原理，并设计基于超扭曲算法的控制系统。通过仿真实验，分析控制系统的性能。最后探讨基于快速自适应超扭曲滑模的改进控制策略并进行仿真实验分析。

第 7 章研究基于动车组强耦合模型研究速度跟踪控制方法。首先介绍分散鲁棒自适应控制和分散式滑模控制策略在动车组速度跟踪控制中的应用。然后通过仿真实验，分析不同控制策略的效果。

## 本章参考文献


[1] 国家铁路局."十四五"铁路科技创新规划[J]. 铁道技术监督, 2022, 50(01): 9-15+20.

[2] 向爱兵."十四五"我国交通基础设施发展思路与路径[J]. 交通运输研究, 2022, 8(01): 59-66.

[3] 矫阳. 构建高铁技术全新体系[N]. 科技日报, 2006-04-09(001).

[4] 李心萍. 春运 70 年，铁路速度见证时代之变[N]. 人民日报, 2024-02-22(010).

[5] 宋琦，顾青，刘峰，等. 高速列车的自适应速度及位置控制[J]. 控制工程，2010，17(S1): 35-37.

[6] Song Q, Song Y D, Cai W C. Dealing with traction/braking failures in high speed trains via virtual parameter based adaptive fault-tolerant control method [C]. American Control Conference. Montréal, 2012: 362-367.

[7] 吴萌岭，程光华，王孝延，等. 列车制动减速度控制问题的探讨[J]. 铁道学报，2009, 31(1): 94-97.

[8] 李德仓，孟建军，胥如迅，等. 强风下高速列车滑模自适应鲁棒 H∞控制方法[J]. 铁道学报, 2018, 40(7): 67-73.

[9] 张守帅，田长海. 高速铁路长大下坡地段列车运行速度相关问题研究[J]. 中国铁道科学, 2017, 38(3): 124-129.

[10] 卢毓江，肖守讷，朱涛，等. 列车纵向-垂向碰撞动力学耦合模型建模与研究[J]. 铁道学报, 2014, 36(12): 6-13.

[11] 丁莉芬，谢基龙，Shabana A A. 非惯性坐标在列车纵向力分析中的运用[J]. 铁道学报, 2012, 34(1): 13-18.

[12] 李中奇，杨辉，刘明杰，等. 高速动车组制动过程的建模及跟踪控制[J]. 中国铁道科学, 2016, 37(5): 80-86.

[13] 杨辉，张芳，刘鸿恩，等. 基于自适应 LSSVM 模型的动车组运行速度控制[J]. 铁道学报, 2015, 37(9): 62-68.

[14] Wen S H, Yang J W, Ahmad B. Multi-model direct generalized predictive control for automatic train operation system[J]. IET Intelligent Transport Systems, 2015, 9(1): 86-94.

[15] 付雅婷, 杨辉. 基于多工况 ANFIS 模型的高速动车组运行速度控制[J]. 铁道学报, 2019, 41(4): 33-40.

[16] Yin J T, Su S, Xun J, et al. Data-driven approaches for modeling train control models: comparison and case studies [J]. ISA Transactions, 2020, 98(1): 349-363.

[17] Huang D Q, Chen Y, Meng D Y, et al. Adaptive iterative learning control for high-speed train: a multi-agent approach [J]. IEEE Transactions on Systems, Man, and Cybernetics: Systems, 2021, 51(7): 4067-4077.

[18] 顾立雯, 王玉龙, 马浪. 基于迭代学习的多智能体系统协同编队控制[J]. 控制工程, 2021, 28(11): 2178-2184.

[19] 李中奇, 金柏, 杨辉, 等. 高速动车组强耦合模型的分布式滑模控制策略[J]. 自动化学报, 2020, 46(3): 495-508.

[20] Yang H, Fu Y T, Wang D H. Multi-anfis model based synchronous tracking control of high-speed electric multiple unit [J]. IEEE Transactions on Fuzzy Systems, 2018, 26(3): 1472-1484.

[21] Fang X, Lin S, Yang Z, et al. Adhesion control strategy based on the wheel-rail adhesion state observation for high-speed trains[J]. Electronics, 2018, 7(5): 70.

[22] 李中奇, 黄琳静, 周靓, 等. 高速列车滑模自抗扰黏着控制方法[J]. 交通运输工程学报, 2023, 23(02): 251-263.

[23] Lu K, Song Y, Cai W. Robust adaptive re-adhesion control for high speed trains[C]//17th International IEEE conference on intelligent transportation systems (ITSC). IEEE, 2014: 1215-1220.

[24] 江英杰, 张合吉, 陶功权, 等. 防滑控制参数对高速车辆车轮磨耗的影响[J]. 中南大学学报（自然科学版）, 2019, 50(12): 3007-3014.

[25] Chen Y, Dong H, Lü J, et al. A super-twisting-like algorithm and its application to train operation control with optimal utilization of adhesion force[J]. IEEE transactions on intelligent transportation systems, 2016, 17(11): 3035-3044.

[26] 徐传芳, 陈希有, 郑祥, 等. 基于动态面方法的高速列车蠕滑速度跟踪控制[J]. 铁道学报, 2020, 42(02): 41-49.

[27] 曾桂珍, 曾润忠, 曲强, 等. 基于智能模糊控制在机车黏着优化策略中的研究[J]. 铁道机车车辆, 2023, 43(01): 88-94.

[28] 李中奇, 张俊豪. 基于快速自适应超螺旋算法的高速列车最优黏着控制[J]. 铁道科学与工程学报, 2022, 19(08): 2143-2150.

[29] 李宁洲，冯晓云，卫晓娟．采用动态多子群 GSA-RBF 神经网络的机车黏着优化控制[J]．铁道学报，2014, 36(12): 27-34.

[30] Tang J, Alanamu B B, Wang S, et al. High speed train optimal adhesion control method based on a Cubature Kalman filter[C]//International Conference on Smart Transportation and City Engineering (STCE 2023). SPIE, 2024, 13018: 133-139.

[31] Huang D, Yang W, Huang T, et al. Iterative learning operation control of high-speed trains with adhesion dynamics[J]. IEEE Transactions on Control Systems Technology, 2021, 29(6): 2598-2608.

[32] Xiao Z, Wang Q, Sun P, et al. Modeling and energy-optimal control for high-speed trains[J]. IEEE Transactions on transportation electrification, 2020, 6(2): 797-807.

[33] Liu H, Yang L, Yang H. Cooperative optimal control of the following operation of high-speed trains[J]. IEEE Transactions on Intelligent Transportation Systems, 2022, 23(10): 17744-17755.

[34] Li S, Yang L, Gao Z. Distributed optimal control for multiple high-speed train movement: An alternating direction method of multipliers[J]. Automatica, 2020, 112: 108646.

[35] 刘晓宇，荀径，高士根，等．高速列车精确停车的鲁棒自触发预测控制[J]．自动化学报，2022, 48(1): 171-181.

[36] Liu X, Xun J, Ning B, et al. An approach for accurate stopping of high-speed train by using model predictive control[C]//2019 IEEE Intelligent Transportation Systems Conference (ITSC). IEEE, 2019: 846-851.

[37] Zhong W, Li S, Xu H, et al. On-line train speed profile generation of high-speed railway with energy-saving: A model predictive control method[J]. IEEE Transactions on Intelligent Transportation Systems, 2020, 23(5): 4063-4074.

[38] Wang Y, Zhu S, Li S, et al. Hierarchical model predictive control for on-line high-speed railway delay management and train control in a dynamic operations environment[J]. IEEE Transactions on Control Systems Technology, 2022, 30(6): 2344-2359.

[39] 谭畅，李毅清．具有输入时滞特性的列车自适应制动控制[J]．铁道科学与工程学报，2022, 19(4): 1071-1080.

[40] 谭畅，李毅清，杨辉．存在扰动和时滞的高速列车自适应制动控制[J]．华东交通大学学报，2021, 38(4): 64-71.

[41] 谭畅，张末末，杨辉，等．基于特征模型的高速列车自适应误差补偿控制[J]．华东交通大学学报，2023, 1: 1-11.

[42] Muniandi G, Deenadayalan E. Composite model reference adaptive sliding mode controller for automatic train operation[J]. IET Control Theory & Applications, 2019, 13(15): 2425-2435.

[43] Gao S G, Dong H R, Chen Y, et al. Approximation-based robust adaptive automatic train control: an approach for actuator saturation[J]. IEEE Transactions on Intelligent Transportation Systems, 2013, 14(4): 1733-1742.

[44] Li S, Yang L, Li K, et al. Robust sampled-data cruise control scheduling of high speed train[J]. Transportation Research Part C: Emerging Technologies, 2014, 46: 274-283.

[45] Wang X, Zhu L, Wang H, et al. Robust distributed cruise control of multiple high-speed trains based on disturbance observer[J]. IEEE Transactions on Intelligent Transportation Systems, 2019, 22(1): 267-279.

[46] Shi R, Shi G. Robust control for TS fuzzy multi-particle model of high-speed train with disturbances and time-varying delays[J]. International Journal of Control, Automation and Systems, 2022, 20(9): 3063-3074.

[47] Mao Z, Yan X G, Jiang B, et al. Adaptive fault-tolerant sliding-mode control for high-speed trains with actuator faults and uncertainties[J]. IEEE Transactions on Intelligent Transportation Systems, 2019, 21(6): 2449-2460.

[48] Weidong L, Uugantsetseg T, Yang L. High speed train tracking control based on global terminal sliding mode method[C]//2020 Chinese Control And Decision Conference (CCDC). IEEE, 2020: 2360-2364.

[49] Zhang T, Kong X. Adaptive fault-tolerant sliding mode control for high-speed trains with actuator faults under strong winds[J]. IEEE Access, 2020, 8: 143902-143919.

[50] Hou Z, Xu J X. On Data-driven control theory: the state of the art and perspective [J]. Acta Automatica Sinica, 2009, 35: 650-667.

[51] Ziegler J G, Nichols N B. Optimum settings for automatic controllers [J]. Journal of Fluids Engineering, 1942, 64(8): 759-768.

[52] Cohen G H, Coon G A. Theoretical consideration of retarded control [J]. Trans. ASME, 1953, 75(5): 827-834.

[53] Hagglund T, Astrom K J. Automatic tuning of PID controllers [J]. ISA, 1988: 14-19.

[54] 常满波，胡鹏飞．基于 MATLAB 的模糊 PID 控制器设计与仿真研究[J]．机车电传动，2002, 5(1): 34-36.

[55] Wang Z, Lin T. Neural network based online self-learning adaptive PID control [C],

Proceedings of the 3rd World Congress on Intelligent Control and Automation. TianJin, 2000: 908-910.

[56] Astrom K J, Hagglund T, Hang C C. Automatic tuning and adaptation for PID controllers-A survey [J]. 1993, 1(4): 699-717.

[57] Podluby I. Fractional-order systems and PID controllers [J]. IEEE Transactions on Automatic Control, 1999, 44(1): 208-214.

[58] 高冰. 基于模糊 PID 软切换的列车自动驾驶系统控制算法及仿真研究[D]. 北京: 北京交通大学, 2009.

[59] 杨宏阔, 侯涛, 陈昱. 基于预测模糊PID控制算法的高速列车优化控制研究[J]. 铁道运输与经济, 2022, 44(8): 130-136.

[60] 罗强. 基于模糊 PID 的列车自动驾驶算法研究[J]. 自动化应用, 2015(9): 26-28.

[61] 杨艳飞, 崔科, 吕新军. 列车自动驾驶系统的滑模 PID 组合控制[J]. 铁道学报, 2014, 36(6): 61-67.

[62] 侯忠生. 非线性系统参数辨识, 自适应控制及无模型学习自适应控制[D]. 沈阳: 东北大学, 1994.

[63] Hou Z S, Xiong S S. On Model-free adaptive control and its stability analysis[J]. IEEE Transactions on Automatic Control, 2019, 64(11): 4555-4569.

[64] Hou Z S, Jin S. A novel data-driven control approach for a class of discrete-time nonlinear systems[J]. IEEE Transactions on Control Systems Technology, 2011, 19(6): 1549-1558.

[65] Hou Z S, Bu X H, Yu F S, et al. Model free adaptive control with disturbance observer[J]. Control Engineering and Applied Informatics, 2012, 14(4): 42-49.

[66] Dong N, Lv W J, Li D H, et al. Anti-noise model-free adaptive control and its application in the circulating fluidized bed boiler[J]. Proceedings of the Institution of Mechanical Engineers Part I-journal of Systems and Control Engineering, 2021, 235(8): 1472-1481.

[67] Wang H J, Hou Z S. Model-free adaptive fault-tolerant control for subway trains with speed and traction/braking force constraints[J]. IET Control Theory & Applications, 2020, 14(12): 1557-1566.

[68] Uchiyama M. Formation of high-speed motion pattern of a mechanical arm by trial [J]. Transactions of the Society of Instrument and Control Engineers, 1978, 14(6): 706-712.

[69] Li C D, Ma F Duan S K. High-order ILC with initial state learning for discrete-time delayed systems[J]. Cybernetics and Systems, 2012, 43(1): 48-61.

[70] Gu Q, Hao X H. Adaptive iterative learning control based on particle swarm optimization [J]. Journal of Supercomputing, 2020, 76 (5): 3615-3622.

[71] Liu Z J, Liu Z H, Yang P. Flexible iterative learning control based expert system and its application[J]. International Journal of Fuzzy Logic and Intelligent systems, 2009, 9(3): 185-190.

[72] Sun H Q, Hou Z S, Tang T. An iterative learning approach for train trajectory tracking control[J]. IFAC Proceedings Volumes, 2011, 44(1): 14916-14921.

[73] Li Z X, Hou Z S, Yin C K. Iterative learning control for train trajectory tracking under speed constrains with iteration-varying parameter[J]. Transactions of the Institute of Measurement and Control, 2015, 37: 485-493.

[74] Li Z X, Hou Z S. Adaptive iterative learning control based high speed train operation tracking under iteration-varying parameter and measurement noise[J]. Asian Journal of Control, 2015, 17: 1779-1788.

[75] Yu Q X, Hou Z, Xu J X. D-type ILC based dynamic modeling and norm optimal ILC for high-speed trains[J]. IEEE Transactions on Control Systems Technology, 2018, 26(2): 652-663.

[76] Li Z X, Yin C K, Ji H H, et al. Constrained spatial adaptive iterative learning control for trajectory tracking of high speed train[J]. IEEE Transactions on Intelligent Transportation Systems, 2022, 23(8): 11720-11728.

[77] Chi R H, Hou Z S. Dual-stage Optimal Iterative Learning Control for Nonlinear Non-affine Discrete-time Systems[J]. Acta Automatica Sinica, 2007, 33: 1061-1065.

[78] Hou Z S, Chi R H, Gao H J. An overview of dynamic-linearization-based data-driven control and applications[J]. IEEE Transactions on Industrial Electronics, 2017, 64(5): 4076-4090.

[79] 段莉. 数据驱动迭代学习控制及在列车自动驾驶控制系统中的应用[D]. 北京: 北京交通大学, 2020.

[80] Qian W, Jin S T, Hou Z S. Compensation-based cooperative MFAILC for multiple subway trains under asynchronous data dropouts[J]. IEEE Transactions on Intelligent Transportation Systems, 2022, 23(12): 23750-23760.

[81] Zheng J M, Hou Z S. Model free adaptive iterative learning control based fault-tolerant control for subway train with speed sensor fault and over-speed protection[J]. IEEE Transactions On Automation Science And Engineering, 2022, 99: 1-13.

[82] 叶美瀚. 基于无模型自适应迭代学习的高速列车运行控制方法研究[D]. 南昌: 华东交通大学, 2023.

[83] Wu P, Wang Q. Research of the automatic train stop control based on adaptive generalized predictive control[C]//Proceedings of the 33rd Chinese Control Conference. IEEE, 2014: 3399-3404.

[84] Sun T, He L. Implicit generalized predictive control method for high-speed train[C]//Journal of Physics: Conference Series. IOP Publishing, 2021, 1861(1): 012111.

[85] 杨辉, 张坤鹏, 王昕, 等. 高速列车多模型广义预测控制方法[J]. 铁道学报, 2011, 33(08): 80-87.

[86] 李中奇, 杨振村, 杨辉, 等. 高速列车双自适应广义预测控制方法[J]. 中国铁道科学, 2015, 36(06): 120-127.

[87] 李中奇, 丁俊英, 杨辉, 等. 基于控制器匹配的高速列车广义预测控制方法[J]. 铁道学报, 2018, 40(09): 82-89.

[88] 耿睿. 基于未建模动态补偿的高速列车预测控制方法研究[D]. 南昌: 华东交通大学, 2022.

[89] 李江红, 马健, 彭辉水. 机车黏着控制的基本原理和方法[J]. 机车电传动, 2002, 31(06): 4-8.

[90] 冯俞钧. 基于轴重转移补偿和多轴协调的黏着控制方法研究[D]. 成都: 西南交通大学, 2018.

[91] 孟凡晖. 基于最优蠕滑率的列车制动防滑控制方法[D]. 南昌: 华东交通大学, 2020.

[92] Ye D, Wang K, Yang H, et al. Integral barrier lyapunov function-based adaptive fuzzy output feedback control for nonlinear delayed systems with time-varying full-state constraints[J]. International Journal of Adaptive Control and Signal Processing, 2020, 34(11): 1677-1696.

[93] Haq I U, Khan Q, Khan I, et al. Maximum power extraction strategy for variable speed wind turbine system via neuro-adaptive generalized global sliding mode controller[J]. IEEE Access, 2020, 8(99): 128536-128547.

[94] Diao L, Zhao L, Jin Z, et al. Taking traction control to task: high-adhesion-point tracking based on a disturbance observer in railway vehicles[J]. IEEE Industrial Electronics Magazine. 2017, 11(1): 51-62.

[95] De C R, Araujo R E, Freitas D. Wheel slip control of evs based on sliding mode technique with conditional integrators[J]. IEEE Transactions on Industrial Electronics.

2013, 60(8): 3256-3271.

[96] Xu G, Xu K, Zheng C, et al. Optimal operation point detection based on force transmitting behavior for wheel slip prevention of electric vehicles[J]. IEEE Transactions on Intelligent Transportation Systems. 2016, 17(2): 481-490.

[97] 左新甜. 基于最优蠕滑率的重载机车防空转控制[D]. 株洲: 湖南工业大学, 2019.

[98] 李燕飞. 基于极值搜索的重载机车最优黏着控制研究[D]. 株洲: 湖南工业大学, 2018.

[99] Kawamura A, Takeuchi K, Furuya T, et al. Measurement of the tractive force and the new adhesion control by the newly developed tractive force measurement equipment[C]. Power Conversion Conference. 2002(2)：879-884.

[100] 李中奇, 孟凡晖, 杨辉. 基于最优蠕滑率的列车防滑控制研究[J]. 控制工程, 2021, 28(12): 2312-2317.

[101] Zhao K H, Li P, Zhang C F, et al. Online accurate estimation of the wheel-rail adhesion coefficient and optimal adhesion antiskid control of heavy-haul electric locomotives based on asymmetric barrier lyapunov function[J]. Journal of Sensors, 2018, 2018(27): 95-108.

[102] 雷延显. 基于最小二乘法估计黏滑曲线斜率的高速动车黏着控制方法研究[D]. 兰州: 兰州交通大学, 2019.

[103] 李宁洲, 冯晓云. 基于自适应子群协作 QPSO 算法的机车黏着智能模糊优化控制[J]. 中国铁道科学, 2014, 35(6): 100-107.

[104] Fozia H, Tayab M, Farzana R A, et al. Fuzzy logic based anti-slip control of commuter train with fpga implementation[J]. International Journal of Advanced Computer Science and Applications, 2020, 11(4): 293-301.

[105] 杨晚秋. 黏着动态环境下的高速列车迭代学习控制研究[D]. 成都: 西南交通大学, 2019.

[106] 来海森. 基于 RBF 网络逼近与鲁棒容错的列车自适应黏着控制[D]. 北京: 北京交通大学, 2016.

[107] 李宁洲. 机车黏着智能优化控制研究[D]. 成都: 西南交通大学, 2015.

[108] 柳海科. 基于黏滑特性的高速列车最优黏着控制研究[D]. 兰州: 兰州交通大学, 2020.

[109] 张硕. 高速列车黏着控制中关键状态估计方法及其仿真研究[D]. 北京: 北京交通大学, 2019.

[110] 陆宽. 基于鲁棒与自适应容错的高速列车黏着控制研究[D]. 北京: 北京交通大学, 2015.

[111] 付雅婷, 朱虹燕, 杨辉. 一种考虑系统不确定性估计的重载列车最优黏着控制[J]. 铁道科学与工程学报, 2022, 19(06): 1734-1742.

[112] Caglar U, Metin G, Seta B. Re-adhesion control strategy based on the optimal slip velocity seeking method[J]. Journal of Modern Transportation, 2018, 26(01): 36-48.

[113] Chen Z M, Luo R. Adhesion control of high speed train under electric-pneumatic braking[J]. Advanced Materials Research, 2011, 1168(05): 1074-1079.

[114] 马天和, 吴萌岭, 田春. 基于黏着力观测器的列车空气制动防滑控制[J]. 同济大学学报（自然科学版）, 2020, 48(11): 1668-1675.

[115] Abdulkadir Z, Altan O. A novel anti-slip control approach for railway vehicles with traction based on adhesion estimation with swarm intelligence[J]. Railway Engineering Science, 2020, 28(04): 346-364.

# 第 2 章　高速列车的动力学模型建立

在研究高速列车运行的复杂力学问题时，需要综合考虑受到的内外力影响，包括牵引/制动力、运行阻力以及车辆间的耦合力等。利用机理建模法或数据驱动建模法建立精确的高速列车动力学模型，可以模拟计算得到列车在实际运行情况下的速度、位移等数据，从而验证列车运行控制方法的有效性。本章内容涵盖高速列车动力学分析，详细探讨了高速列车运行过程中所受内力和外力对列车运行状态的影响，并介绍了高速列车单质点、多质点纵向动力学模型的建立方法。此外，考虑到高速列车的运行环境复杂多变（包括轨面的不同情况及轮轨间黏着力的变化情况等），本研究还将分析影响轮轨间黏着力的主要因素，为后续高速列车轮轨间的黏着控制研究提供重要参考，并对牵引/制动系统、电机模型进行分析和介绍。

## 2.1　高速列车运行动力学分析

### 2.1.1　高速列车牵引力和制动力

高速动车组列车通常由动力车辆和非动力车辆组成。动力车辆内部装备有专用的牵引电机，其核心作用在于将电能与机械能进行相互转化，进一步通过驱动轮与铁轨间的接触摩擦力，为列车提供必要的牵引力/再生制动力以实现列车加速/减速。非动力车辆未配备牵引电机，主要负责承载乘客或货物。此种设计不仅优化了高速动车组的能效和动力系统的效率，还确保了其运行的高效性和稳定性，从而促进了整体列车系统性能的提升[1]。

在列车牵引工况下，动力车辆的驱动轮与钢轨之间的接触产生摩擦力，此力量使得牵引电机输出的机械能被转化为施加于驱动轮上的扭矩，从而生成轮周牵引力。该牵引力是实现动车组加速及保持其运行状态所必需的关键动力，如图 2-1 所示。

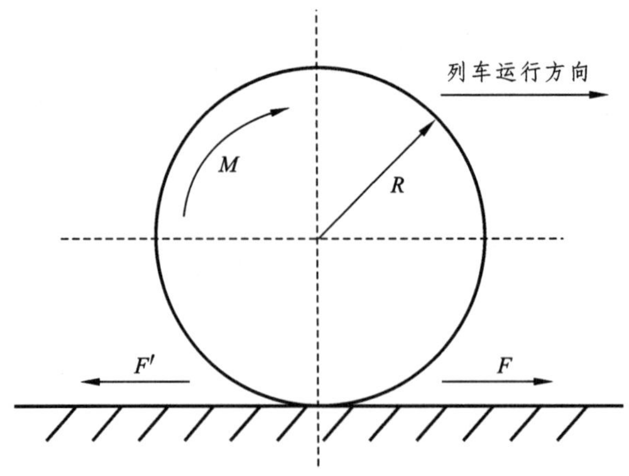


图 2-1　轮周牵引力示意

通过牵引电机产生的作用力 $M$，只需要保持轮轨间的静摩擦状态不被破坏，动轮就会对钢轨产生作用力 $F'$，钢轨也会对动轮产生大小相等方向相反的反作用力 $F$。其中，$R$ 为动轮的半径，$R_0$ 表示动车组动轮的标称半径。$\partial$ 表示动轮的磨损阈值，其对应关系为

$$F = \frac{M}{R} \tag{2-1}$$

$$R = R_0 - \partial \tag{2-2}$$

在实际应用中，每节动力车辆牵引力的大小通常由牵引电机所对应的牵引特性曲线决定，不同型号电机的牵引特性曲线通常会有所差异。牵引特性曲线是经试验得出的一条关于列车牵引力随速度变化的曲线，如图 2-2 所示。

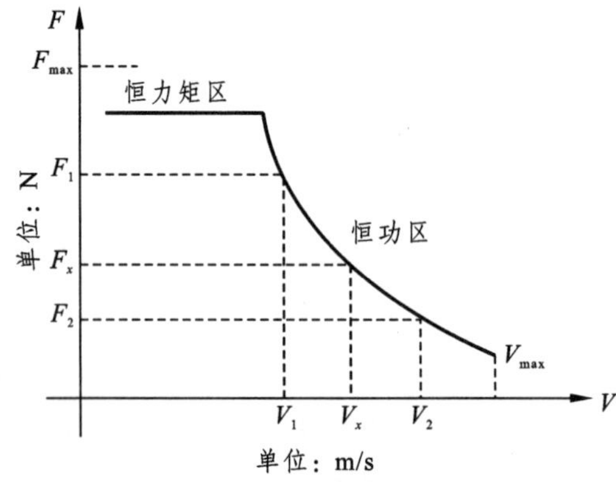


图 2-2　动车组牵引特性示意

由图 2-2 可见，牵引力的大小可通过当前牵引手柄级位和列车的运行速度，利用线性插值或曲线拟合法获得。假设 $(V_1,F_1)$ 和 $(V_2,F_2)$ 为曲线上的两个已知点，点 $(V_x,F_x)$ 为速度 $V_x$ 对应所求牵引力 $F_x$ 的点，则由线性插值方法可求得该点的牵引力大小为

$$F_x = F_1 + \frac{(V_x - V_1)(F_2 - F_1)}{V_2 - V_1} \tag{2-3}$$

此外，当动车组编组类型确定后，牵引力与速度的关系为

$$F = f(v,h) \tag{2-4}$$

式中，$h$ 为当前动车组的牵引级位。

在我国的高速铁路网络中，列车通常采用先进的微处理器控制的直通式电气空气制动系统。此类制动系统可以有效地管理列车的速度，尤其在超速情况下可以迅速实施制动以确保列车运行安全。该系统不仅限于高速列车上使用，在地铁交通中也有广泛的应用。列车电空制动系统包括微处理器制动控制单元、电气空气阀、中继阀及其他基本制动装置，它们共同构成了完整的制动机制。

在动车组执行电空混合制动的过程中，其 LKJ 的主要目标是最小化空气制动所引发的摩擦负荷，并且兼顾能源的有效节约。因此，当出现制动需求时，系统将优先采用再生制动。再生制动不仅减少了对摩擦制动的依赖，还能将一部分动能转换为电能，回馈到电网中或用于车辆的其他电力需求，从而实现能源的高效利用。仅在再生制动力不足以满足调速要求的情况下，空气制动系统才会介入，以提供额外的制动力，满足列车调速需求。

此外，动车组的制动策略还高度依赖于其当前的载荷工况。系统能够智能地根据列车的实际载荷状况，首先利用电制动力执行制动任务。随后根据需要，再将载荷情况按比例适当分配给空气制动力，确保制动过程既高效又平稳。这种灵活的制动力分配机制，不仅保证了制动的有效性，同时也优化了能源的使用，确保了制动过程的经济性与环境友好性。

电制动力的计算与牵引力计算方法类似，也是根据特定的制动特性曲线利用线性插值的方法来计算当前制动力的大小。电制动力与速度和级位的关系表达式为

$$B = b(v,h) \tag{2-5}$$

式中，$B$ 为电制动力的大小；$v$ 为当前时刻的速度；$h$ 为当前时刻所对应的手柄级位。

在高速列车的实际运营中，列车所遭遇的运行阻力是影响其运行状态的关键因素。这些运行阻力主要可分为两大类：基本阻力和附加阻力。基本阻力涵盖了列车与外界环

境的相互作用所产生的阻力，如空气阻力，以及列车自身结构与运行机制相关的阻力，包括轮对与钢轨间的摩擦阻力、轴承以及其他零部件在运行过程中因冲击与振动产生的阻力。此外，附加阻力指的是列车在特定路况下所遇到的额外阻力，这通常与列车通过隧道、桥梁或是在曲线行驶等在特殊路段的情形有关。

在进行高速列车运行效率和性能分析时，这两类阻力都是不可忽视的重要参数。基本阻力和附加阻力的准确测量和计算对于优化列车设计、提高能效以及确保列车安全运行具有重要意义。通过深入理解和精确计算这些阻力，可以更好地预测列车的运行性能，为高速列车的技术发展和运营管理提供科学依据。

### 2.1.2 高速列车运行阻力

高速列车实际运行过程中，运行阻力是决定列车运行工况的重要因素。运行阻力分为基本阻力和附加阻力。基本阻力包括外界空气阻力、轮对与钢轨的摩擦阻力以及轴承等零部件冲击与振动产生的阻力。附加阻力是列车处于特定路况时产生的额外阻力。基本阻力和附加阻力在实际计算中不可忽略。

#### 1. 基本阻力

在低速运行阶段，机械阻力，尤其是轮对与钢轨之间的摩擦阻力以及轴承等零部件的冲击与振动产生的机械阻力，在总阻力中占据较大的比例。这是因为在低速条件下，空气阻力相对较小，机械阻力则是列车运行的主要阻力来源。随着列车速度的增加，空气阻力逐渐开始占据主导地位。特别是当列车的速度提升至高速阶段，空气阻力会因与列车速度的平方成正比增长而迅速上升，从而成为影响列车运行的主要阻力因素。空气阻力占比与列车速度的关系如表 2-1 所示。

表 2-1 不同速度时空气阻力占比

| 速度/（km/h） | 20 | 50 | 100 | 160 | 300 |
| --- | --- | --- | --- | --- | --- |
| 空气阻力占比 | 2% | 15% | 41% | 55% | 75%～95% |

通过以上分析，高速列车实际运行情况下基本阻力取决于众多因素，其与列车自身的结构、实际线路情况、外界环境条件以及列车实际运行速度等都有关系。正因为基本阻力受到各类复杂因素的相互影响，难以用理论公式精确计算。一般情况下，列车运行单位基本阻力采用试验所得经验公式来计算。通过大量的实验数据论证后，单位基本阻力可以由式（2-6）近似计算，即

$$f_j = a_i + b_i\dot{x}_i + c_i\dot{x}_i^2 \tag{2-6}$$

式中，$\dot{x}$ 为每节车辆的速度；$a_i + b_i\dot{x}_i$ 表示轮轨之间的滑动阻力和回转阻力；$c_i\dot{x}_i^2$ 表示空气阻力；$a_i$、$b_i$、$c_i$ 为阻力系数，其大小与动车组的型号有关。

### 2. 附加阻力

列车在实际运行过程中不可避免地会遇到多样化的路况，诸如坡道、隧道、弯道等，这些特定的路况对列车运行产生了额外的阻力效应，统称为附加阻力。为确保高速列车在这些复杂路况下安全、高效地运行，对附加阻力的科学分析与计算显得尤为重要。附加阻力主要由坡道附加阻力、曲线附加阻力及隧道附加阻力三部分构成，下文将对这三种附加阻力进行逐一阐述。

坡道附加阻力是列车行驶于坡道时，列车自身重力沿下坡方向的分力。

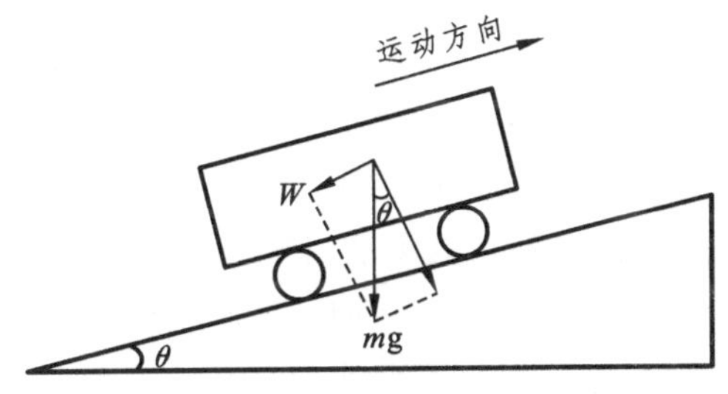


图 2-3　坡道附加阻力示意

参照图 2-3 所示的坡道附加阻力示意图，并依据物理学的基本原理，可以导出计算坡道附加阻力的公式为

$$W = mg * \sin\theta \tag{2-7}$$

高速铁路线路考虑安全等因素，坡道通常都较小，常用 $\tan\theta$ 代替 $\sin\theta$，得到单位坡道附加阻力为

$$w_p = \frac{W}{mg} * 1\,000 = 1\,000\tan\theta \tag{2-8}$$

曲线附加阻力是列车行驶在弯道时，离心力导致列车外侧的车轮轮缘与外轨的摩擦力增加，同时因为列车处于弯道，外轨稍长于内轨使得外侧车轮滚动长度略长于内侧车轮，导致两侧车轮相对滑动产生的额外阻力。一般都采用式（2-9）的经验公式计算：

$$w_r = \frac{A}{R} \tag{2-9}$$

式中，$A$ 是根据实验确定的常数，通常取值为 600；$R$ 是列车过弯道的曲线半径。

隧道附加阻力是列车通过隧道时，空气流动的截面积减小，使得空气流速加快，且列车头部空气被压缩而车尾处空气被稀释的情况相比隧道外更加剧烈，导致列车空气阻力增大的额外阻力。根据经验，隧道附加阻力计算公式为

$$w_s = k_s L_s \tag{2-10}$$

式中，$k_s$ 为常数，一般取值为 0.000 13；$L_s$ 为隧道长度。

### 2.1.3　车间作用力

高速列车的车间作用力主要通过车钩相互传递，车钩是高速列车车辆之间连接装置最重要的组件之一，车辆通过车钩相互连接并保持一定距离，同时依靠车钩传递和缓解高速列车行驶过程中的冲击力和纵向作用力。高速列车为满足运行过程中的安全要求、舒适要求与技术要求，车辆间采用了密接式车钩进行连接。密接车钩禁止相连车钩在垂直方向发生位移，但允许相连车辆的水平方向上存在一定限度的由车辆弹簧形变造成的平移和角位移。密接车钩的应用使得车钩间隙相对于老式车钩得到了缩减，对于高速列车运行过程的舒适性与稳定性起到了极大作用。

将列车车钩等效描述为图 2-4 所示的场景，图中止档表述为车钩缓冲器行程容量，即表示车钩与车钩之间存在的微小间隙，弹簧-阻尼器并联系统缓冲器表述为车钩连接弹性系统[2]。进而，就可以针对图 2-4 进行弹簧-阻尼器系统（车钩）约束下两节相邻车辆的运行特性分析。

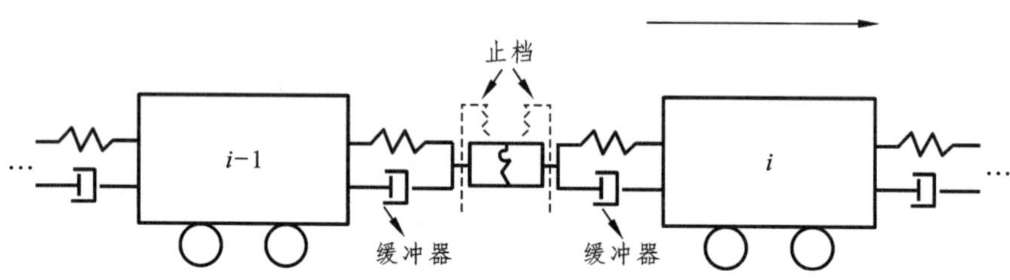


图 2-4　动车组车辆与车辆连接简易图

一般情况下，列车在运动过程中因为车辆耦合力的作用会造成车辆与车辆之间产生微小的距离变化，当运行方向后车辆比前车辆位移大时，车钩处于压缩状态，对 $i$ 车辆表现为动力，对 $i-1$ 车辆表现为阻力。当运行方向前车辆比后车辆位移大时，车钩处于拉伸状态，对 $i$ 动力车表现为拉力，对 $i$ 动力车表现为动力。若车辆 $i$ 与车辆 $i-1$ 的距离分别用 $x_i(t)$ 与 $x_{i-1}(t)$ 表示，此时通过车钩装置简易模型的物理学特性可以计算得到车辆间相互耦合力为

$$F_{(i-1)i}=\begin{cases} L^{-1}\left(\dfrac{e^{-T_2 s}}{T_1 s+1}\right)[c_i(\dot{x}_{i-1}-\dot{x}_i)+k_i(x_{i-1}-x_i)] & |x_{i-1}-x_i|\leqslant \delta_{\max} \\ 0 & x_{i-1}-x_i|>\delta_{\max} \end{cases} \tag{2-11}$$

式中，$F_{(i-1)i}$ 表示两节车辆运行过程中的耦合作用力，且可以简单实时计算；$s$ 为拉普拉斯算子；$L^{-1}[e^{-T_2 s}/(T_1 s+1)]$ 表示车钩力的延时环节与惯性环节，并且在列车实际运行中在一定范围内变化[3]，为简化分析，可将该参数视为已知常量；$k_i(x_{i-1}-x_i)$ 表示车钩弹簧刚度力；$c_i(\dot{x}_{i-1}-\dot{x}_i)$ 表示车钩阻尼力；$\delta_{\max}$ 为车钩缓冲器行程容量。通过对图 2-4 的分析，可以将图中的两个缓冲器装置等效为一个，作用规律不变。

## 2.2　高速列车的动力学模型

### 2.2.1　高速列车单质点纵向动力学模型

高速列车单质点纵向动力学模型是一种简化的分析模型，用于研究和模拟高速列车在纵向运动（即沿轨道方向的运动）过程中的动力学行为。该模型通过将整个列车视为一个单一的质点，集中考虑列车的总质量及其在纵向上受到的力（如牵引力、阻力等），来分析列车的加速度、速度以及对外力作用的响应等动力学特性。

在此模型中，列车的复杂结构和质量分布被抽象化，不考虑车辆之间的相互作用、空气阻力对不同车辆的不同影响以及列车内部各部件的动态特性。这样的简化使得模型专注于研究列车作为一个整体在纵向上的动力学行为，便于通过解析或数值方法求解列车运动的基本方程。在区间内运行时列车整体受到的纵向作用力如图 2-5 所示。

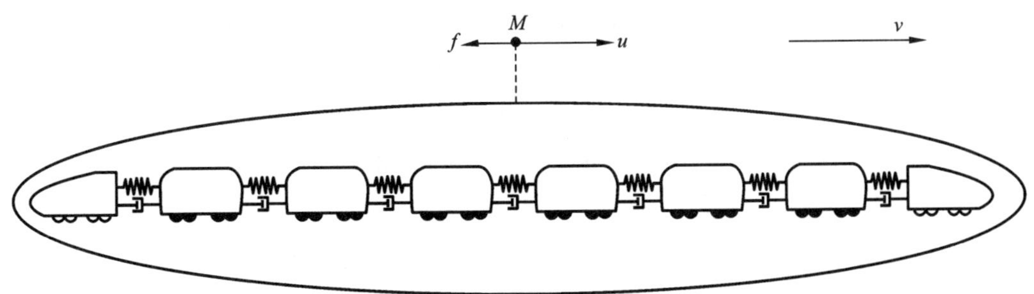


图 2-5　单质点列车受纵向作用力分析

通过对图 2-5 进行受力分析，可将单质点高速列车纵向动力学模型表示如下：

$$\begin{cases}\dot{x}=v \\ \dot{v}=\eta(u-w) \\ f=w_0+w_p+w_r+w_s \\ w_0=\theta_0+\theta_1 v+\theta_2 v^2\end{cases} \tag{2-12}$$

式中，$x$ 是列车运行距离；$v$ 是列车运行速度；$u$ 为列车的控制力；$\eta=1/m$ 是列车加速度系数；$f$ 为运行阻力与列车速度、路况相关；$\theta_0$ 、$\theta_1$ 、$\theta_2$ 为列车的空气阻力系数。

采用列车单质点模型可以有效地进行初步动力学分析，评估列车的运行性能，如最大运行速度、加速和制动性能等。这种方法在高速列车的设计、性能评估及运行策略制定等方面具有重要应用价值。然而，由于模型的简化性，它无法准确反映列车内部各车辆之间的动态互作用以及复杂的轨道条件对列车运行性能的影响。因此，在需要进行详细分析或解决特定问题时，可能需采用更复杂的动力学模型，以获得更为精确的结果。

### 2.2.2　高速列车多质点纵向动力学模型

将列车运行模型设计为多质点模型，可以极大提升建模的准确性。将每节车辆视为一个质点，每个质点间通过车钩缓冲器系统相互连接，每节车辆的受力情况与列车的单质点模型受力情况类似，不同之处在于对高速列车进行建模时，需要考虑车辆的类型和车间作用力对列车运行的影响。对于列车运行控制系统而言，只有更加真实且精准的作用力关系，才能更好地满足列车控制性能的高精度要求。列车的多质点模型受力分析如图 2-6 所示。

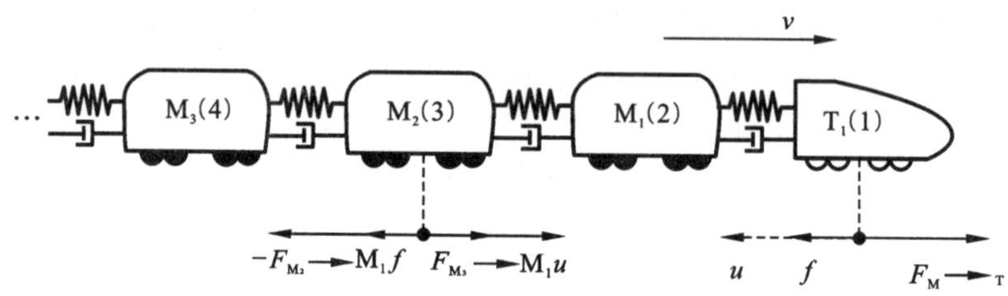


图 2-6　多质点列车车辆受力分析

如图 2-6 所示，以六动两拖编组的动车组（两端车辆均为拖车，中间车辆均为动车）为例，分别对高速列车的两端车辆与中间车辆进行受力分析如下：

在运行过程中，对拖车 T 进行动力学分析，它受到车钩对它的作用力 $F_{\mathrm{M}\to\mathrm{T}}$ ，受到与运行前进方向相反的阻力 $f_{\mathrm{T}}$ ，仅当列车在制动时，拖车受到制动力 $u_{\mathrm{T}}$ ，由于拖车在牵引阶段不输出控制力，所以图中用虚线表示。对动车 $\mathrm{M}_2$ 进行动力学分析，它受到与前进方向相同的由驱动系统提供的驱动状态变化的控制力 $u_{\mathrm{M}_2}$ ，受到前车车钩对它的作用力

$-F_{M_2 \to M_1}$，还受到后车车钩对它的作用力 $F_{M_3 \to M_2}$，同时受到与运行前进方向相反的阻力 $f_{M_2}$。其他多节车辆受力情况均分别与以上分析的两种车辆受力情况类似，故不再重复分析。

综上所述，高速列车的多质点模型动力学方程总结如下：

$$\begin{cases} m_{T_1}\ddot{x}_{T_1} = u_{T_1} + k(x_{M_1} - x_{T_1}) + c(\dot{x}_{M_1} - \dot{x}_{T_1}) - \dfrac{f_{T_1}}{1\,000} m_{T_1} g \\ m_{M_1}\ddot{x}_{M_1} = u_{M_1} + k(x_{M_2} - 2x_{M_1} + x_{T_1}) + c(\dot{x}_{M_2} - 2\dot{x}_{M_1} + \dot{x}_{T_1}) - \dfrac{f_{M_1}}{1\,000} m_{M_1} g \\ m_{M_2}\ddot{x}_{M_2} = u_{M_2} + k(x_{M_3} - 2x_{M_2} + x_{M_1}) + c(\dot{x}_{M_3} - 2\dot{x}_{M_2} + \dot{x}_{M_1}) - \dfrac{f_{M_2}}{1\,000} m_{M_2} g \\ m_{M_3}\ddot{x}_{M_3} = u_{M_3} + k(x_{M_4} - 2x_{M_3} + x_{M_2}) + c(\dot{x}_{M_4} - 2\dot{x}_{M_3} + \dot{x}_{M_2}) - \dfrac{f_{M_3}}{1\,000} m_{M_3} g \\ m_{M_4}\ddot{x}_{M_4} = u_{M_4} + k(x_{M_5} - 2x_{M_4} + x_{M_3}) + c(\dot{x}_{M_5} - 2\dot{x}_{M_4} + \dot{x}_{M_3}) - \dfrac{f_{M_4}}{1\,000} m_{M_4} g \\ m_{M_5}\ddot{x}_{M_5} = u_{M_5} + k(x_{M_6} - 2x_{M_5} + x_{M_4}) + c(\dot{x}_{M_6} - 2\dot{x}_{M_5} + \dot{x}_{M_4}) - \dfrac{f_{M_5}}{1\,000} m_{M_5} g \\ m_{M_6}\ddot{x}_{M_6} = u_{M_6} + k(x_{T_2} - 2x_{M_6} + x_{M_5}) + c(\dot{x}_{T_2} - 2\dot{x}_{M_6} + \dot{x}_{M_5}) - \dfrac{f_{M_6}}{1\,000} m_{M_6} g \\ m_{T_2}\ddot{x}_{T_2} = u_{T_2} - k(x_{T_2} - x_{M_6}) - c(\dot{x}_{T_2} - \dot{x}_{M_6}) - \dfrac{f_{T_2}}{1\,000} m_{T_2} g \end{cases} \tag{2-13}$$

将上式整理简化为下式的矩阵形式，即

$$\boldsymbol{M}\ddot{\boldsymbol{X}} = \boldsymbol{U} + \boldsymbol{K}\boldsymbol{X} + \boldsymbol{C}\dot{\boldsymbol{X}} - \frac{\boldsymbol{M}\boldsymbol{f}\mathrm{g}}{1\,000} \tag{2-14}$$

式中，$\boldsymbol{X}$ 为各节车辆的位移矩阵；$\dot{\boldsymbol{X}}$ 为各节车辆的速度矩阵；$\ddot{\boldsymbol{X}}$ 为各节车辆的加速度矩阵；$\boldsymbol{M}$ 为各节车辆质量矩阵；$\boldsymbol{U}$ 表示每节车辆的控制力矩阵，矩阵内参数为每节车辆当前时刻输出的控制力；$\boldsymbol{f}$ 表示每节车辆运行阻力矩阵，矩阵内参数是每节车辆当前时刻的所受到的单位阻力之和；$\boldsymbol{C}$ 与 $\boldsymbol{K}$ 分别为阻尼器系数与弹簧系数的系数矩阵，矩阵内参数为车钩的阻尼器系数与弹性系数；g 为重力加速度。具体形式如下：

$$\boldsymbol{X} = [x_{T_1}, x_{M_1}, x_{M_2}, x_{M_3}, x_{M_4}, x_{M_5}, x_{M_6}, x_{T_2}]^{\mathrm{T}};$$

$$\dot{\boldsymbol{X}} = \boldsymbol{V} = [\dot{x}_{T_1}, \dot{x}_{M_1}, \dot{x}_{M_2}, \dot{x}_{M_3}, \dot{x}_{M_4}, \dot{x}_{M_5}, \dot{x}_{M_6}, \dot{x}_{T_2}]^{\mathrm{T}}$$

$$\ddot{\boldsymbol{X}} = [\ddot{x}_{T_1}, \ddot{x}_{M_1}, \ddot{x}_{M_2}, \ddot{x}_{M_3}, \ddot{x}_{M_4}, \ddot{x}_{M_5}, \ddot{x}_{M_6}, \ddot{x}_{T_2}]^{\mathrm{T}};$$

$$\boldsymbol{M} = diag(m_{T_1}, m_{M_1}, m_{M_2}, \cdots, m_{M_5}, m_{M_6}, m_{T_2})$$

$$\boldsymbol{U} = [u_{T_1}, u_{M_1}, u_{M_2}, u_{M_3}, u_{M_4}, u_{M_5}, u_{M_6}, u_{T_2}]^{\mathrm{T}};$$

$$\boldsymbol{f}=[f_{\mathrm{T}_1},f_{\mathrm{M}_1},f_{\mathrm{M}_2},f_{\mathrm{M}_3},f_{\mathrm{M}_4},f_{\mathrm{M}_5},f_{\mathrm{M}_6},f_{\mathrm{T}_2}]^{\mathrm{T}}$$

$$\boldsymbol{C}=\begin{bmatrix}-c & c & & & \\ c & -2c & c & & \\ & \ddots & \ddots & \ddots & \\ & & c & -2c & c \\ & & & c & -c\end{bmatrix}_{8\times 8} \quad \boldsymbol{K}=\begin{bmatrix}-k & k & & & \\ k & -2k & k & & \\ & \ddots & \ddots & \ddots & \\ & & k & -2k & k \\ & & & k & -k\end{bmatrix}_{8\times 8}$$

## 2.3 高速动车组强耦合模型的建立

### 2.3.1 高速动车组强耦合模型系统描述

动车组的强耦合模型，作为一种建立在列车动力学基础上的机理模型，旨在补充某些以假设参数为基础的模型所存在的局限性，例如环境因素的持续变化或是因运行磨损导致内部组件与模型之间的不匹配问题[4]。此外，该模型能够有效避免某些控制策略可能出现的失效情况。此方法作为一种有效的建模手段，在现阶段的研究中不断被运用。

在高速动车组的运行过程中，列车的运动状态常受到车钩不确定性耦合作用力的影响。为减轻此影响，两节车厢之间通常通过拉索阻尼器复合系统进行连接。车钩力的表现往往与车钩材质及其连接方式相关，表现为一种弹性系统。明确识别并量化车钩耦合作用力的具体大小及其作用机制，对于列车系统建模是一项关键补充。通常，车钩力在两节相邻车辆间的作用表现为具有时延性和惯性的拉力及阻力。为了描述这些特性，建立了动车组强耦合运动模型。

本章节提出的多质点强耦合运动模型与传统的高速动车组多质点动力单元模型相比，具有显著的区别和优势。该模型明确区分了列车中的拖车和动力车，特别强调了车辆间耦合作用力的重要性。这种复杂的耦合作用力虽是由整节列车共同产生[5]，但实际上仅仅由相邻车辆作用完成，并且反作用于相邻车辆。在列车的实际运行中，拖车部分没有动力控制的输入，仅受到制动力的影响；而动力车不仅提供动力控制，也负责制动力的输入。该强耦合运动模型详细描述了车钩力如何复杂地影响各车辆的运行状态，从而与多动力单元模型和一般形式的多质点单位移模型相比，更接近实际运行情况的分析框架。

图 2-7 所示为动车组强耦合运动示意图，T 表示该节车辆为拖车，M 表示该节车辆为动车。在图中，包括了动车组的具体车辆功能特性、各节车辆的车钩连接状态、每节车辆的位置变化信息与速度变化信息等，它们共同描述了先前所述的高速列车的强耦合运动机理。其中列车黑色轮表示该节车辆为动车，白色轮表示该节车辆为拖车。

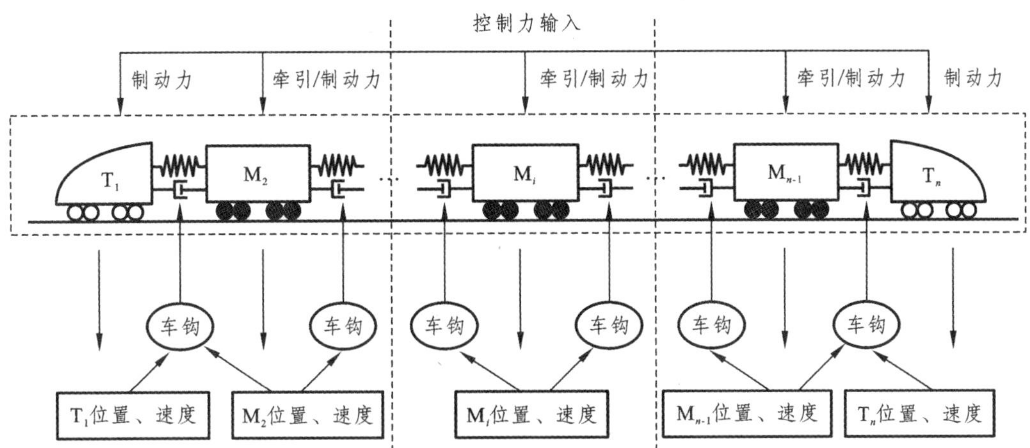


图 2-7　动车组强耦合运动示意

通过将每节车辆视为独立的质点并考虑到运行阻力及车钩弹性构件的时间依赖特性，本方法揭示了车钩力的行为模式，优势在于其能够精确模拟列车的实际行驶情况。这种方式通过提高模型的精细度，并结合适当的采样频率以及实时更新技术，能够准确捕捉到动车组在特定时刻的动力学行为，从而模拟动车组相互间的紧密作用。得益于其直观的物理解释和简化的计算过程，此方法具有一定的实际应用价值。

### 2.3.2　基于弹簧-阻尼器系统的动车组强耦合模型

一般来说，高速动车组运行过程复杂，其构建的动力学模型反映了对研究对象的认识程度，并且直接对列车实际控车性能具有较大的影响。本章基于高速动车组运行的实际情况，采用了一种非线性连接的多质点振动系统的描述方式，视每节车辆作为单独的研究单元，从而构建了一个既符合实际操作情况又能紧密反映动力单元作用机制的多质点强耦合动力学模型。这种方法不仅准确描绘了动车组内部各车辆之间的相互作用，而且更贴合其在实际运行中表现出的动态特性。动车组强耦合模型动力学分析如图 2-8 所示。其中“←—”表示为单节车辆运行阻力，“⇐══”表示为单节车辆牵引力，“←---”表示为车辆间耦合车钩力。

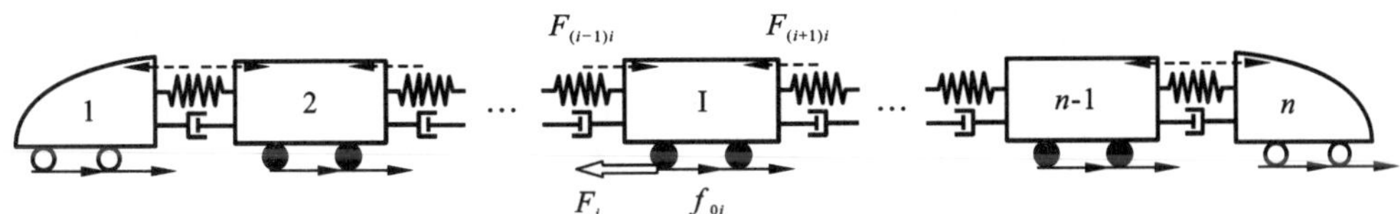


图 2-8　车辆之间相互耦合的多质点受力分析

根据图 2-8，可以得到每节车辆在运行过程中的动力学规律，如式（2-15）所示：

$$m_i\ddot{x}_i = F_i + F_{(i+1)i} - F_{(i-1)i} - f_{0i} \tag{2-15}$$

式中，$i$ 表示为车辆编号；$m_i$ 表示第 $i$ 节车辆的质量；$\ddot{x}_i$ 表示第 $i$ 节车辆的加速度；$F_i$ 表示第 $i$ 节车辆产生的牵引力（拖车为零）；$F_{(i+1)i}$ 、$F_{(i-1)i}$ 分别为两侧相邻车辆的耦合车钩力，分别反作用于相邻车辆，列车的首尾车辆仅受一个车辆运动的影响；$f_{0i}$ 表示第 $i$ 节车辆的运行阻力。为了研究运行阻力参数时变特性，根据高速铁路牵引计算规范，式（2-15）中 $f_{0i}$ 项也可以由式（2-16）近似计算出，即

$$f_{0i} = \alpha_i + \beta_i v_i + \gamma_i {v_i}^2 \tag{2-16}$$

式中，$\alpha_i + \beta_i v_i$ 表示车辆的机械阻力；$\gamma_i {v_i}^2$ 表示车辆的空气阻力；$[\alpha_i, \beta_i, \gamma_i]$ 表示第 $i$ 节车辆运行阻力系数。进一步，高速动车组耦合模型可以写成式（2-17），即

$$\boldsymbol{M}\ddot{\boldsymbol{X}} = (\boldsymbol{C} - \boldsymbol{\beta})\dot{\boldsymbol{X}} - \gamma diag(diag(\dot{\boldsymbol{X}}\dot{\boldsymbol{X}}^{\mathrm{T}})) + \boldsymbol{K}\boldsymbol{X} - \boldsymbol{\alpha} + \boldsymbol{F} + \boldsymbol{d}(\boldsymbol{t}) \tag{2-17}$$

式中，$\boldsymbol{F}$ 矩阵表示每节车辆的动力输入（制动力输入）；$\boldsymbol{C}$ 矩阵与 $\boldsymbol{K}$ 矩阵为阻尼器系数、弹簧系数的广义系数矩阵；$\boldsymbol{d}(\boldsymbol{t})$ 表示为高速动车组运行期间未知因素的扰动；$\boldsymbol{M}$ 为各节车辆包含回转质量系数修正的广义质量矩阵。具体如下：

鉴于高速动车组在运行过程中面临着乘客流动性较大的现象，导致各节车辆的质量呈现出一种相对稳定的动态变化态势，本研究旨在准确反映这种质量变化的特点。因此，在式（2-17）所提供的基础框架上，进一步发展并提出了式（2-18）。该公式的构建不仅深化了对动车组质量变动规律的理解，而且为高精度的动力学分析与车辆性能评估提供了重要的数学工具。

$$\boldsymbol{M} = \begin{bmatrix} m_1 & & & & & \\ & m_2 & & & & \\ & & \ddots & & & \\ & & & m_i & & \\ & & & & \ddots & \\ & & & & & m_n \end{bmatrix}_{n\times n}, \ddot{\boldsymbol{X}} = \begin{bmatrix} \ddot{x}_1 \\ \ddot{x}_2 \\ \vdots \\ \ddot{x}_i \\ \vdots \\ \ddot{x}_n \end{bmatrix}_{n\times 1}, \boldsymbol{C} = \begin{bmatrix} -c & c & & & & \\ c & -2c & c & & & \\ & & \ddots & & & \\ & & c & -2c & c & \\ & & & & \ddots & \\ & & & & c & -c \end{bmatrix}_{n\times n},$$

$$\boldsymbol{\beta} = \begin{bmatrix} \beta_1 & & & & & \\ & \beta_2 & & & & \\ & & \ddots & & & \\ & & & \beta_i & & \\ & & & & \ddots & \\ & & & & & \beta_n \end{bmatrix}_{n\times n}, \ddot{\boldsymbol{X}} = \begin{bmatrix} \dot{x}_1 \\ \dot{x}_2 \\ \vdots \\ \dot{x}_i \\ \vdots \\ \dot{x}_n \end{bmatrix}_{n\times 1}, \boldsymbol{K} = \begin{bmatrix} -k & k & & & & \\ k & -2k & k & & & \\ & & \ddots & & & \\ & & k & -2k & k & \\ & & & & \ddots & \\ & & & & k & -k \end{bmatrix}_{n\times n},$$

$$\boldsymbol{\gamma}=\begin{bmatrix}\gamma_1 & & & & & \\ & \gamma_2 & & & & \\ & & \ddots & & & \\ & & & \gamma_i & & \\ & & & & \ddots & \\ & & & & & \gamma_n\end{bmatrix}_{n\times n},\boldsymbol{X}=\begin{bmatrix}x_1\\x_2\\\vdots\\x_i\\\vdots\\x_n\end{bmatrix}_{n\times 1},\boldsymbol{\alpha}=\begin{bmatrix}\alpha_1\\\alpha_2\\\vdots\\\alpha_i\\\vdots\\\alpha_n\end{bmatrix}_{n\times 1},\boldsymbol{d}(\boldsymbol{t})=\begin{bmatrix}d_1\\d_2\\\vdots\\d_i\\\vdots\\d_n\end{bmatrix}_{n\times 1},\boldsymbol{F}=\begin{bmatrix}F_{\mathrm{M}_1}\\F_{\mathrm{M}_2}\\\vdots\\F_{\mathrm{M}_i}\\\vdots\\F_{\mathrm{M}_n}\end{bmatrix}_{n\times 1}$$

$$\boldsymbol{C}=\begin{bmatrix}-c & c & & & & \\ c & -2c & c & & & \\ & & \ddots & & & \\ & & c & -2c & c & \\ & & & & \ddots & \\ & & & & c & -c\end{bmatrix}_{n\times n},\boldsymbol{K}=\begin{bmatrix}-k & k & & & & \\ k & -2k & k & & & \\ & & \ddots & & & \\ & & k & -2k & k & \\ & & & & \ddots & \\ & & & & k & -k\end{bmatrix}_{n\times n}$$

$$(\boldsymbol{M}+\boldsymbol{N}_M(\mu,\delta^2))\ddot{\boldsymbol{X}}=(\boldsymbol{C}-\boldsymbol{\beta})\dot{\boldsymbol{X}}-\boldsymbol{\gamma}diag(diag(\dot{\boldsymbol{X}}\dot{\boldsymbol{X}}^{\mathrm{T}}))+\boldsymbol{K}\boldsymbol{X}-\boldsymbol{\alpha}+\boldsymbol{F}+\boldsymbol{d}(\boldsymbol{t}) \tag{2-18}$$

其中，$\boldsymbol{N}_M$ 为零均值，均方差的随机对角矩阵。

$$\boldsymbol{N}_M=\begin{bmatrix}n_1 & & & & & \\ & n_2 & & & & \\ & & \ddots & & & \\ & & & n_i & & \\ & & & & \ddots & \\ & & & & & n_n\end{bmatrix}_{n\times n}$$

或者，也可以写成另一种形式的整列车强耦合运动模型，如式（2-19）所示。

$$\boldsymbol{M}\ddot{\boldsymbol{X}}=\boldsymbol{F}+\boldsymbol{F}_{\mathrm{fc}}-\boldsymbol{F}_{\mathrm{rc}}-\boldsymbol{f} \tag{2-19}$$

式中，$\boldsymbol{M}$ 表示各节车辆的广义质量矩阵；$\ddot{\boldsymbol{X}}$ 表示各节车辆的加速度；$\boldsymbol{F}$ 表示各节车辆的动力或制动力输入；$\boldsymbol{F}_{\mathrm{fc}}$ 表示各节车辆运行方向前车钩的耦合作用力；$\boldsymbol{F}_{\mathrm{rc}}$ 表示各节车辆运行方向后车钩的耦合作用力；$\boldsymbol{f}$ 表示各车辆的运行阻力。具体矩阵表示为

$\boldsymbol{M}=diag(m_1,m_2,\cdots,m_i,\cdots,m_n)$；$\ddot{\boldsymbol{X}}=[\ddot{x}_1,\ddot{x}_2,\cdots,\ddot{x}_i,\cdots,\ddot{x}_n]^{\mathrm{T}}$；$\boldsymbol{F}=[F_1,\cdots,F_i,\cdots,F_n]^{\mathrm{T}}$；

$\boldsymbol{F}_{\mathrm{fc}}=[F_{21},\cdots,F_{(i+1)i},\cdots,F_{n(n-1)},0]^{\mathrm{T}}$；$\boldsymbol{F}_{\mathrm{rc}}=[0,F_{21},\cdots,F_{(i+1)i},\cdots,F_{n(n-1)}]^{\mathrm{T}}$；

$\boldsymbol{f}=[\alpha_1+\beta_1v_1+\gamma_1{v_1}^2,\alpha_2+\beta_2v_2+\gamma_2{v_2}^2,\cdots,\alpha_i+\beta_iv_i+\gamma_i{v_i}^2,\cdots,\alpha_n+\beta_nv_n+\gamma_n{v_n}^2]^{\mathrm{T}}$。

需要说明的是，文献[6]和文献[7]强调的车钩耦合力是由全车产生的，弱化了由两节车辆运行状态决定车钩耦合力的实质。式（2-19）明确了单节车辆的两个车钩力对当前车辆的实时影响，只要从车钩缓冲器模型出发，明确车钩力的大小与规律，便可以直观描述对单节车辆的运行状态影响。参考 2.1.3 节的车钩模型，可以得到高速动车组弹簧-阻尼器系统强耦合模型，如式（2-20）所示：

$$\begin{cases} m_1\ddot{x}_1 = F_1 + L^{-1}\left(\dfrac{e^{-T_{12}s}}{T_{12}s+1}\right)[c(\dot{x}_2-\dot{x}_1)+k(x_2-x_1)]-f_1 \\ \cdots \\ m_i\ddot{x}_i = F_i + L^{-1}\left(\dfrac{e^{-T_{i(i+1)}s}}{T_{i(i+1)}s+1}\right)[c(\dot{x}_{i+1}-\dot{x}_i)+k(x_{i+1}-x_i)] \\ \qquad -L^{-1}\left(\dfrac{e^{-T_{(i-1)i}s}}{T_{(i-1)i}s+1}\right)[c(\dot{x}_i-\dot{x}_{i-1})+k(x_i-x_{i-1})]-f_i \\ \cdots \\ m_n\ddot{x}_n = F_n + L^{-1}\left(\dfrac{e^{-T_{(n-1)n}s}}{T_{(n-1)n}s+1}\right)[c(\dot{x}_{n-1}-\dot{x}_n)+k(x_{n-1}-x_n)]-f_n \end{cases} \tag{2-20}$$

式（2-20）也可以写成式（2-21）的矩阵形式，即

$$\boldsymbol{M\ddot{X}} = \boldsymbol{F} - \boldsymbol{CA\dot{X}} - \boldsymbol{KAX} - \boldsymbol{\rho}^{\mathrm{T}}\boldsymbol{\varphi} \tag{2-21}$$

式中，$\dot{\boldsymbol{X}} = [\dot{x}_1, \dot{x}_2, \cdots, \dot{x}_i, \cdots, \dot{x}_n]^{\mathrm{T}}$，$\boldsymbol{\rho} = diag([\alpha_i, \beta_i, \gamma_i]^{\mathrm{T}})$，$\boldsymbol{\varphi} = diag([1, x_i, \dot{x}_i{}^2]^{\mathrm{T}})$。

$$\boldsymbol{A} = \begin{bmatrix} 1 & -1 & & & & 0 \\ & \ddots & & & & \\ & & -1 & 2 & -1 & \\ & & & & \ddots & \\ & 0 & & & -1 & 1 \end{bmatrix}_{n\times n};$$

$$\boldsymbol{C} = L^{-1}\left(\frac{e^{-T_{\bullet}s}}{T_{\bullet}s+1}\right)\times\begin{bmatrix} c_{12} & & & & 0 \\ & \ddots & & & \\ & -c_{(i-1)i} & c_{(i-1)i}+c_{i(i+1)} & -c_{i(i+1)} & \\ & & & \ddots & \\ 0 & & & & c_{(n-1)n} \end{bmatrix}_{n\times n};$$

$$\boldsymbol{K}=L^{-1}\left(\frac{e^{-T_{\bullet}s}}{T_{\bullet}s+1}\right)\times\begin{bmatrix} k_{12} & & & & 0 \\ & \ddots & & & \\ & -k_{(i-1)i} & k_{(i-1)i}+k_{i(i+1)} & -k_{i(i+1)} & \\ & & & \ddots & \\ 0 & & & & k_{(n-1)n} \end{bmatrix}_{n\times n};$$

动车组强耦合模型描述的列车运行状态是考虑了每一节车辆均设置有控制输入，即每节列车均有执行机构，动力车可以进行牵引及制动，拖车仅能进行列车车辆的制动，符合动车组强耦合运动规律。

从式（2-21）中可以发现，本书建立的高速动车组强耦合模型是一个与车辆期望运行方式相关的过程。式（2-21）可以描述为图 2-9 的两种车辆间耦合作用方式。

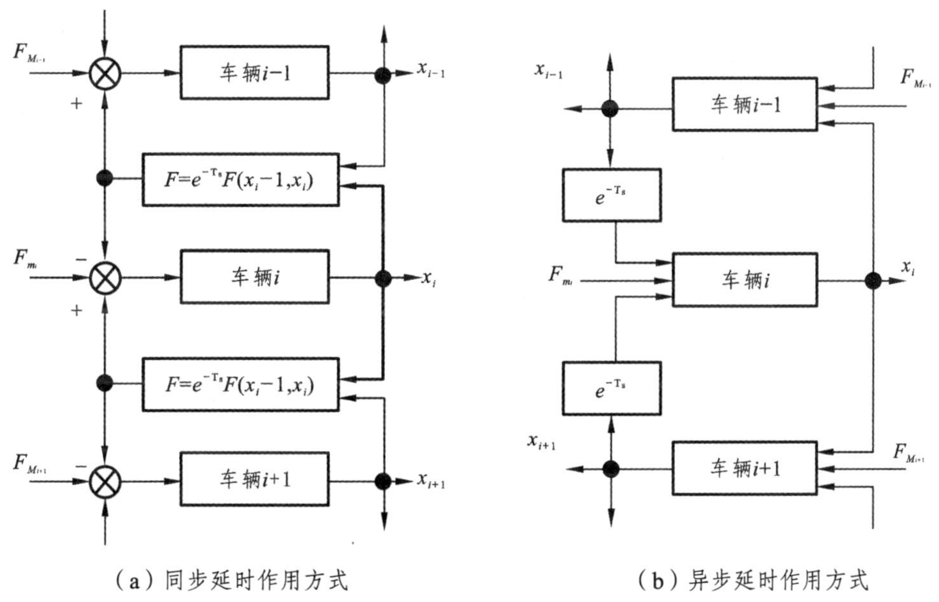


（a）同步延时作用方式　　　　（b）异步延时作用方式

**图 2-9 列车车辆间车钩力作用规律**

图 2-9 展示了在高速动车组初始位置因素差异化的背景下,其运行性能指标呈现出的不同变化趋势。为实现既定目标，依据实际情形进行细致的分析显得尤为重要。

至此，针对高速动车组的强耦合动力学模型及其内在作用机制的探讨已全部完成。通过该模型的深入分析，考虑到了车辆间的耦合作用力、车辆质量变动、运行特性以及运行阻力的时间依赖性和输入非线性等因素，较为准确地描述了复杂系统的运行过程。此外，模型所产生的数据和性能指标也为后续控制器的研究和设计提供了一定参考。

### 2.3.3 实时辨识模型参数策略

综合 2.3.1 节与 2.3.2 节的分析与合理假设，本小节给出一种动车组强耦合模型中未知参数的计算方法，即对模型中未知运行阻力系数 $\boldsymbol{\rho_i}=[\alpha_i \quad \beta_i \quad \gamma_i]$ 和未知车钩模型系数 $\boldsymbol{v_i}=[c_i \quad k_i]$ 的在线更新方法，实现列车模型的实时更新，$i$ 表示为车辆编号。需要说明的是，依据现阶段的技术手段，可以完全依赖先前经验估算出运行阻力系数 $\boldsymbol{\rho_i}$ 与未知车钩模型系数 $\boldsymbol{v_i}$ 的范围[8],[9]，因此，本书将其大致范围作为已知量。

鉴于粒子群优化算法源自群体进化的机制，它模仿自然界中的启发式规律来进行寻优操作，此算法的显著优势在于其搜索过程不需依赖于梯度或曲率等先验信息。这种特性使得粒子群优化算法特别适宜于在指定范围内探索未知参数的最优解。由于其基于群体智能的搜索方法，该算法能有效地在复杂的参数空间中定位到全局最优或近似最优解，从而在众多领域的优化问题中得到广泛应用。于此，本章建立的高精度列车强耦合运动模型可利用粒子群算法的全局寻优能力在约束条件下单步循环寻优得到[10],[11]，需要辨识的参数设置为未知运行阻力系数与未知车钩模型系数组成的矩阵，即 $\boldsymbol{w_i}=[\boldsymbol{\rho_i} \quad \boldsymbol{v_i}]=[\alpha_i \quad \beta_i \quad \gamma_i \quad c_i \quad k_i]$，为了使得模型不连续变换，加入更新阈值，即 $\|\boldsymbol{w_i}\| \geqslant \delta$ 时，模型更新。

首先，通过动车组的离线数据为 $\boldsymbol{w_i}$ 中的参数确定合适的初始值，此步骤确保解决方案基于理论上的可行性。在此基础之上构建模型，视每一可能解为粒子群中的个体。这些个体各自具备独特的位置和速度属性，并且每个粒子赋予一个适应度值，该值由复杂的耦合运动模型计算得出。在多维空间内，所有粒子依据其速度参数进行移动，旨在通过连续迭代过程寻找最佳解答。此方法综合考虑了问题的动态特性与寻优策略的智能化，有效运用动车组数据指导解决方案的初始设定，并通过粒子群优化算法（PSO）的迭代搜索，探求最优解。

具体以动车组强耦合模型误差最小，即式（2-22）为适应度函数。

$$\min\|\boldsymbol{J}\|=\|\boldsymbol{F}-\boldsymbol{M}\ddot{\boldsymbol{X}}-\boldsymbol{CA}\dot{\boldsymbol{X}}-\boldsymbol{KAX}-\boldsymbol{\rho}^{\mathrm{T}}\boldsymbol{\varphi}\| \tag{2-22}$$

运用如下步骤进行运算，其运算框图如图 2-10 所示。

Step1：首先，基于离线数据，设定 5 个微粒以代表强耦合模型中的各个未知参数。这一步涉及为每个微粒指定起始位置与速度，旨在为解决方案的寻找提供一个明确的出发点。

Step2：通过对每个微粒进行计算，确定模型参数粒子的适应度函数值。这一步涉及计算强耦合模型的误差函数，见式（2-22），以评估每个参数粒子在模型中的表现和适应程度。

Step3：将每个粒子的当前适应度值与其最佳适应度值比较。如果当前值低于预定误差，那么这个位置就被认定为粒子的最佳位置。

Step4：对每个模型参数粒子将其适应度函数值和全局经历过的最好位置的适应度函数值进行比较，若小于设定误差，则将其作为当前的全局最好位置。

Step5：分别对模型参数粒子的速度和位置进行更新。

Step6：如果满足终止条件或达到最大迭代次数，则输出解；否则返回 Step2。

Step7：在第一时刻，重复 Step1 ~ 6 求解 $\boldsymbol{w_i}(1)=[\alpha_i(1)\quad \beta_i(1)\quad \gamma_i(1)\quad c_i(1)\quad k_i(1)]$ 在式（2-22）约束下的最优解，记录并输出。

Step8：在第二时刻，重复 Step1 ~ 6 求解 $\boldsymbol{w_i}(2)=[\alpha_i(2)\quad \beta_i(2)\quad \gamma_i(2)\quad c_i(2)\quad k_i(2)]$ 在式（2-22）约束下的最优解，若 $\|\boldsymbol{w_i}\| \geqslant \delta$ 时，记录并输出，否则输出为上一时刻的解。

Step9：在第 $p$ 时刻，重复 Step1-6 求解 $\boldsymbol{w_i}(p)=[\alpha_i(p)\quad \beta_i(p)\quad \gamma_i(p)\quad c_i(p)\quad k_i(p)]$ 在式（2-22）约束下的最优解，若 $\|\boldsymbol{w_i}\| \geqslant \delta$ 时，记录并输出，否则输出为上一时刻的解。

Step10：直至 $T$ 结束时刻，输出时间序列的参数值。

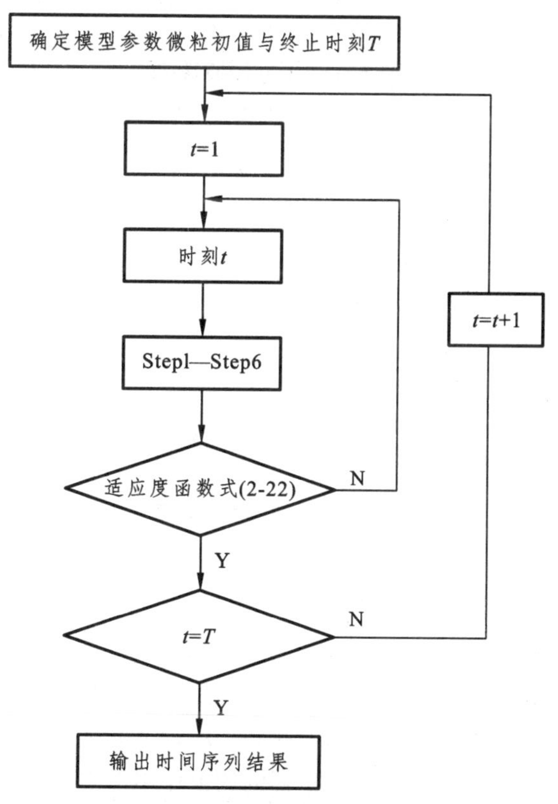


图 2-10　动车组强耦合运动模型时变参数更新策略

### 2.3.4 仿真实验及结果分析

结合作者实验室的现有条件，选用六动两拖的 CRH380A 型高速动车组为仿真验证对象，它由 8 节车辆单位组成，其动力学机理与图 2-8 所描述的相同。将采集到的该型号高速动车组济南至泰安站站间运行的 1 500 组速度牵引力的实际运行数据作为建模样本和跟踪实验数据，控制力数据与运行速度数据如图 2-11、图 2-12 所示。

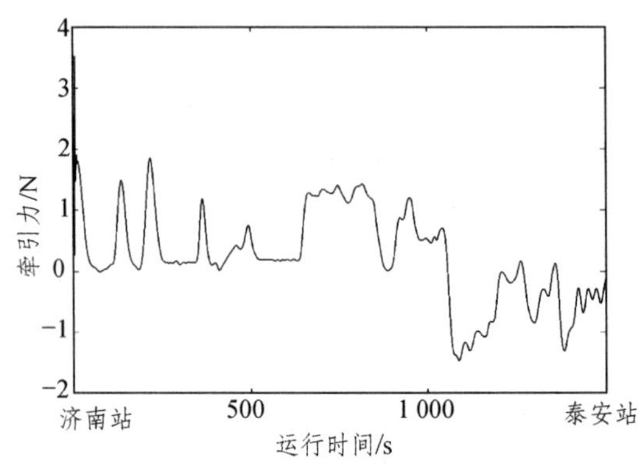


图 2-11　运行控制力数据

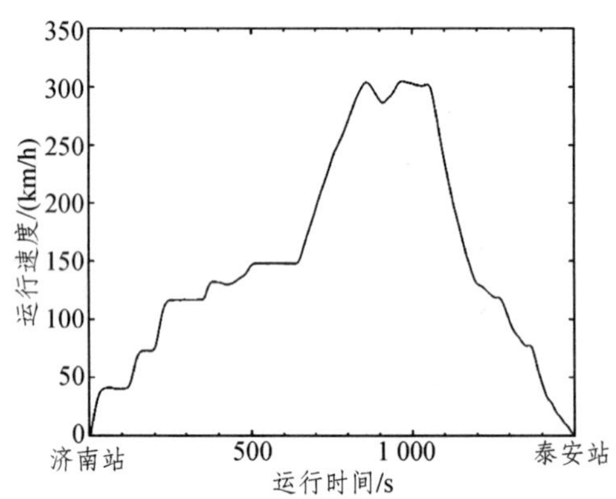


图 2-12　运行速度数据

### 2.3.5 模型精度验证

依据第 2.3.3 节介绍的粒子群优化算法，本书对所构建的动车组强耦合运动模型进行了单节车辆的参数辨识。考虑到动车组由八节车辆组成，且每节车辆均需进行参数辨识，故而产生的数据量较大，难以一一展示。此外，动车组的第一节和第八节车辆为拖车类型，它们通过车钩与动力车连接，并在车钩的约束作用下实现耦合运动，使得这两节车辆的参数辨识结果具有特定的代表性。

结合这两个原因特别列出其第一节与第八节车辆运动模型参数 $w_1$ 与 $w_8$ 数据，分别如图 2-13 与图 2-14 所示，图中蓝线（深色）表示实际辨识值，红线（浅色）表示光滑处理值。第一节车辆的各参数代入模型中的绝对误差如图 2-15 所示，第八节车辆的各参数代入模型中的绝对误差如图 2-16 所示。

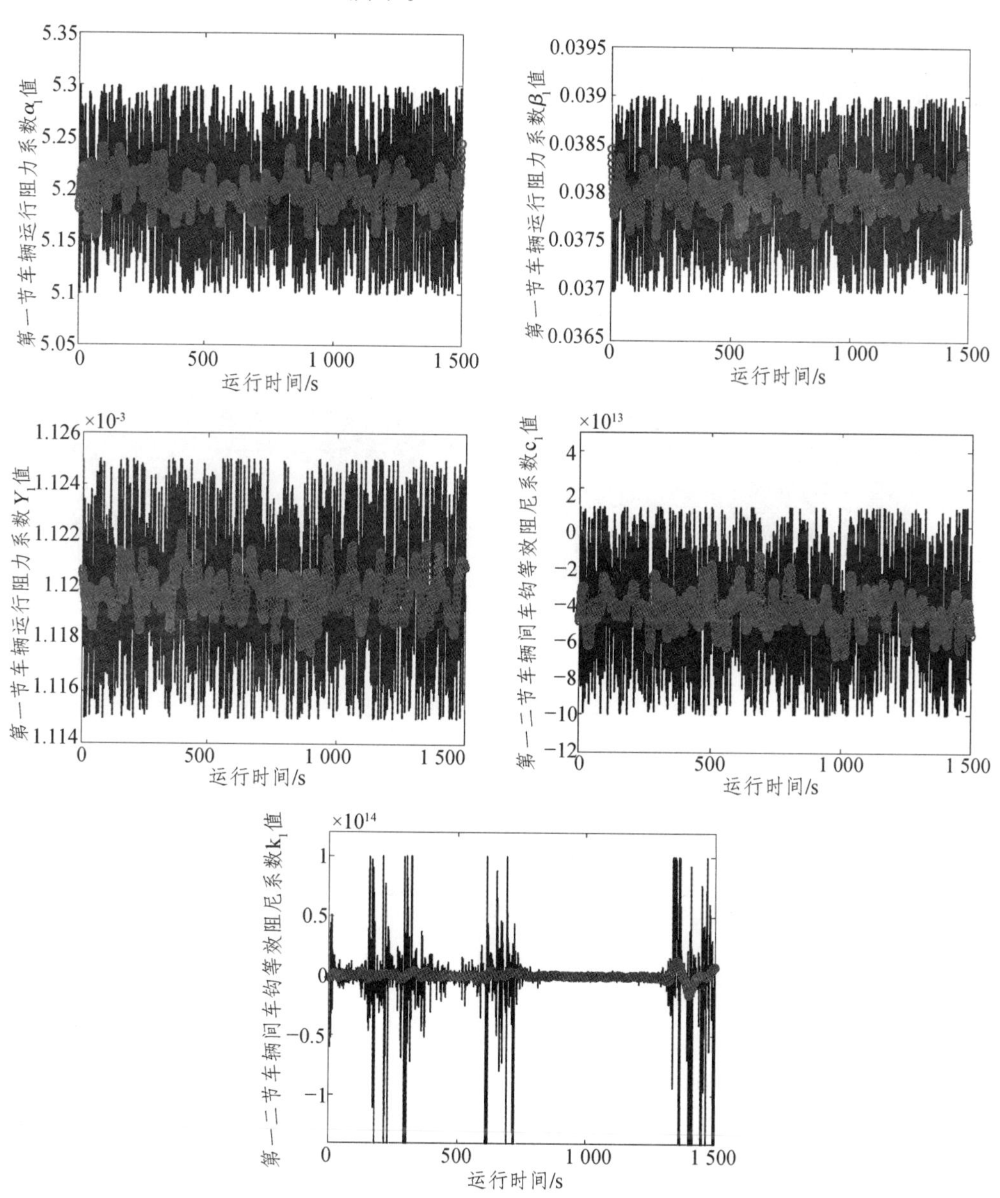


图 2-13　第一节车辆运行阻力系数与车钩系数变化

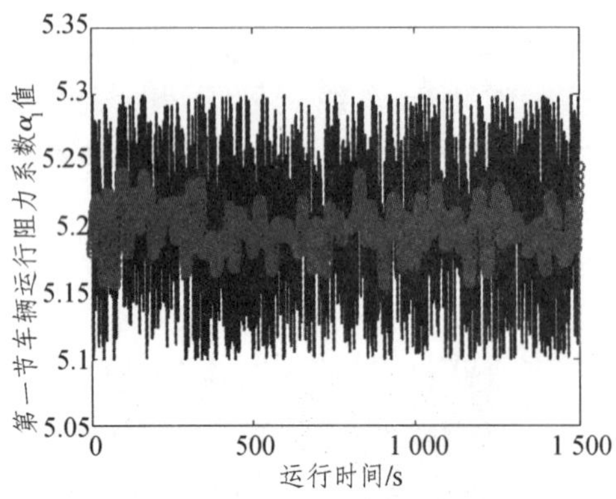


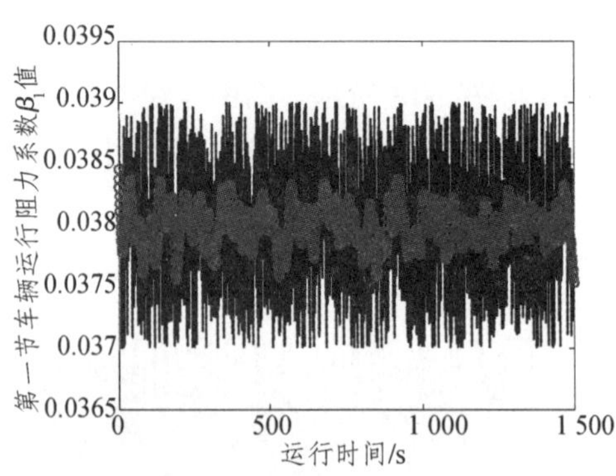


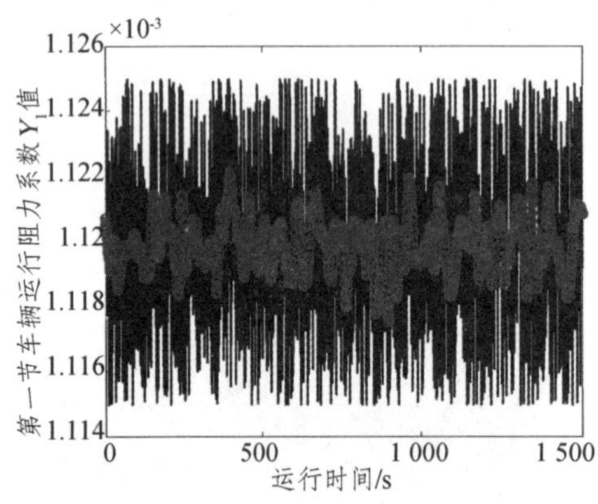


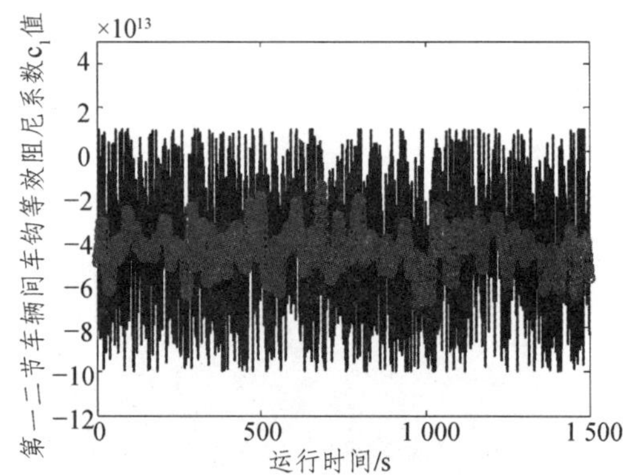


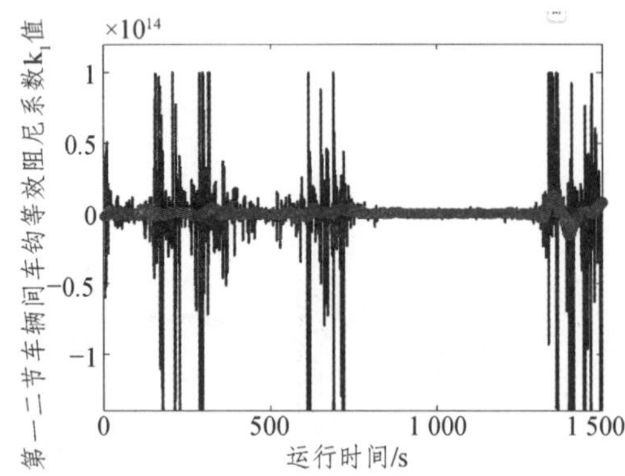


图 2-14　第八节车辆运行阻力系数与车钩系数变化

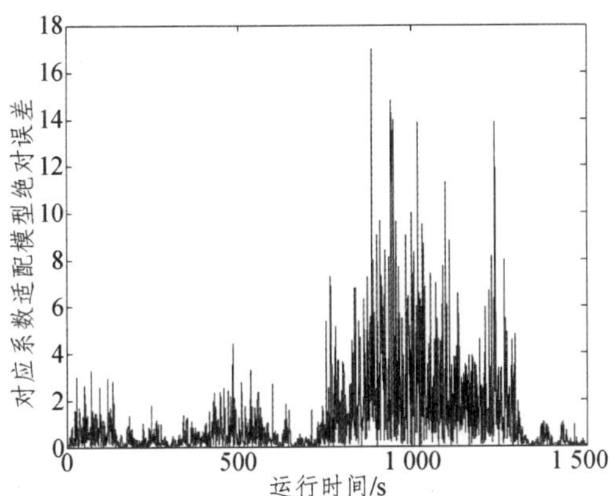


图 2-15　第一节车对应系数适配模型误差

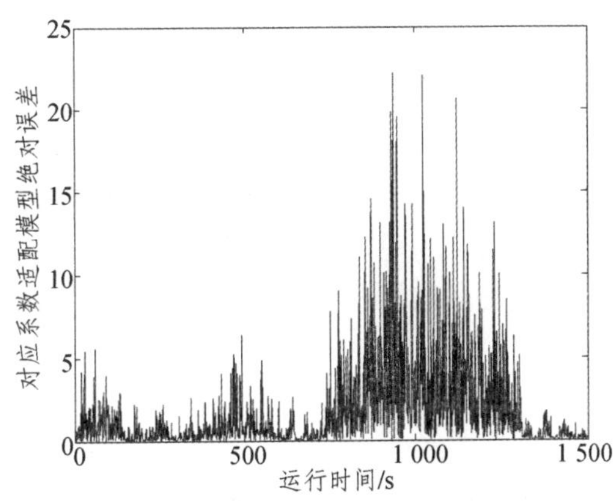


图 2-16　第八节车对应系数适配模型误差

由图 2-13 至图 2-16 可见，运行阻力系数与车钩系数的变化与列车模型的时变特性相一致，同时，车钩的拉伸与压缩状态也反映了列车运行的真实状况。具体来说，第一节车辆通过车钩压缩来驱动运动，而第八节车辆则是依靠车钩拉伸来实现的移动。通过图 2-15 和图 2-16 的对比，可以看出列车在减速过程中的误差相比加速时更大，尽管如此，总体误差依然保持在 0.1%以内。这表明，使用粒子群优化算法进行参数辨识，为模型的评估和验证提供了充分证据。

### 2.3.6　模型分析

通过构建的能够反映高速列车运行规律的动车组强耦合模型，以及应用粒子群算法进行模型参数的优化寻找，本书所得模型在精度上优于传统的多动力单元模型或固定参数的抽象模型。值得注意的是，在加速及匀速运行阶段，动车组的模型误差相较于减速阶段更小。通过设定合理的参数更新阈值，构建准确的列车动力学模型，并通过对适应度误差曲线的分析进一步验证结果的精确性，能为列车的在线建模与优化提供一定的参考。

## 2.4 轮轨滚动接触与黏着理论

在物体相互接触时，滚动摩擦和滑动摩擦现象都可能发生。特别是在轮轨系统中，轮对与钢轨间的接触主要通过滚动产生摩擦力，这种由接触引起的力称为黏着力。传统观点将轮轨接触视作两个刚体间的单一点接触，并假设轮对的旋转速度与其线速度相同。然而，新的研究表明，在接触面上存在相对滑动，并且接触区域不再被局限于单一点，这是本章要重点探讨的轮轨滚动接触与黏着理论。

### 2.4.1 轮轨接触理论基本假设

理论研究通常是基于某些假设进行的，轮轨接触理论亦是如此。目前广泛应用的滚动接触理论中，无论是 Hertz 的接触条件、Carter 的弹性接触理论，还是广受推崇的 Kalker 简化理论，它们的基本出发点均认为轮轨接触属于纯弹性体相互作用，同时忽略两者表面的环境因素等。这些假设极大地简化了研究过程，为轮轨接触的理论探究和实际应用提供了便利[12],[13]。

#### 1. Hertz 接触条件

库伦摩擦定律，作为摩擦力学中的一个经典理论，最初由库伦于 1781 年通过广泛的实验研究后提出。该理论阐释了宏观物体间普遍存在的摩擦力现象。但是，随着科学的发展，研究发现库伦摩擦定律在许多情境下不再适用，特别是在微观尺度的摩擦方面，凸显了其在轮轨接触摩擦中的局限性。Hertz 在 1881 年对库伦的工作进行了扩展，提出了几项重要的假设以简化接触问题的处理：

（1）认为接触区域仅发生微小的形变，并假设该区域呈椭圆形状。

（2）假定相互接触的物体表现为弹性半空间。

（3）假设接触面上仅受到垂直方向上的力。

这些条件下的接触被称作赫兹接触，这一概念显著降低了解决接触问题时的计算难度。然而，在轮轨实际接触场景中，除了垂直力外，轮轨运动还会引发拉伸。

#### 2. Carter 接触理论

在赫兹接触理论的基础上，卡特教授对轮轨间的接触问题进行了深入研究。赫兹理论主要解释了接触面上的法向力影响，而卡特教授则关注于接触面上的横向力。他指出，在轮轨最初接触时，接触面的纵向半轴通常大于横向半轴。但随着磨损的增加，情况会反转，使得接触区域可近似为一个矩形。卡特基于赫兹理论，提出了若干关键性假设。

（1）轮对被视为圆柱体，而钢轨被看作半径无限的圆柱，两者具有相同的弹性系数。

（2）接触区存在滑动，且滑动方向一致。

（3）切向摩擦遵循库伦摩擦定律，而法向摩擦则符合赫兹理论的分布。

卡特接触理论因其与实际工程情况的高度契合，至今仍被铁路技术人员采用，其假设为后续研究提供了新的思路。然而，卡特理论未能解决轮对在接触面产生的自旋蠕滑现象，表明该理论在未来仍有进一步的发展潜力。

#### 3. Kalker 简化理论

卡尔克教授是滚动接触领域的权威专家，他提出了关于轮轨接触面为椭圆形分布的重要假设，这一理念被沿用至今。为深入研究滚动接触引发的轮轨蠕滑效应，他在 1967 年基于赫兹理论探讨了轮轨之间的三维滚动接触问题，并于 1973 年推出了一个简化的理论。此理论认为轮轨接触区完全处于黏着状态，即不存在任何滑动现象，导致切向力与蠕滑率之间形成线性关系[12]，如式（2-23）所述。

$$\begin{cases} F_x = -abGC_{11}\lambda \\ F_y = -abG(C_{22}\eta + \sqrt{ab}C_{23}\varphi) \\ F_z = -abG(\sqrt{ab}C_{32}\eta + abC_{33}\varphi) \end{cases} \tag{2-23}$$

式中，$F_n(n=x,y,z)$ 为纵向、横向和自旋黏着力矩；$C_{ij}(i,j=1,2,3)$ 为蠕滑系数；$G$ 为材料的合成刚度；$\lambda,\eta,\varphi$ 为纵向、横向和自旋蠕滑率。

这个简化理论极大地降低了计算复杂性，同时保证了计算结果的精确性能够满足实际工程需求，在车辆动力学研究中被广泛采用。基于卡尔克的简化理论，随后发展的高级计算理论，如沈氏黏着模型等，都在其基础上进行了进一步的改进和扩展，其中也包括了对卡尔克蠕滑系数的应用。

### 2.4.2　蠕滑形成机理

为了深入理解轮轨间那些不容忽视的作用力，研究团队对滚动接触现象展开了细致的分析与研究。虽然之前的章节中已经对这一主题进行了初步的探讨，但是针对轮轨间的黏着力这一关键因素，还需借助黏着理论进行更为详尽的阐释和研究。此外，轮轨蠕滑效应的存在对行车的安全性有着直接的影响，因此，准确地理解蠕滑现象的成因及其影响机理，对于建立后续黏着系统模型并提供理论支持至关重要。

在当前研究中，列车轮对与钢轨的滚动接触会导致轮轨间发生微小的挤压形变，这与前文讨论的赫兹接触理论相符。由于车轮的运动不仅仅是垂直方向上的，接触点在经历挤压变形的同时，也会产生微观层面的滑动，这种现象被称为蠕滑[14]。在列车运行过程中，随着车轮向前移动，接触区的前沿部分会遭受到钢轨的挤压，导致该部分轮轨相对拉伸，而接触区后沿的情况则正好相反。车轮持续旋转的过程中，原本在前沿被挤压的区域逐渐得到释放，而后沿部分开始受到挤压，从而在轮踏面上形成了滑动区与黏着区的分布。

在黏着区，车轮与钢轨之间不会发生相对滑动，即它们的相对速度保持为零。然而，在滑动区内部则发生滑动，其程度由列车施加的力矩以及当时轨面的条件决定。如果列车施加的制动力矩或牵引力矩过强，蠕滑的速度会相应增加，导致滑动区面积持续扩大。若不适时调整力矩，蠕滑现象引起的黏着力会遭到削弱，最终可能导致黏着区消失，车轮进入全面打滑状态。

对高速列车而言，蠕滑现象既有益处也有潜在的风险。随着速度增加，列车制动时的距离会显著增长。在特定条件下，轮轨接触面的滑动区与黏着区会发生变化，滑动区的面积增大，蠕滑程度加深。这一变化在防止车轮抱死的前提下，允许列车施加更大的制动力矩，从而有效缩短制动距离，对提高列车制动效能是有益的。然而，若轮轨间蠕滑程度过高，超过可控范围，不仅会影响制动力的准确施加，严重时还可能导致列车追尾或发生其他重大事故。

因此，合理利用蠕滑现象对于提升列车安全性和效能至关重要。这就要求列车必须装备高效的防滑控制系统，以精确管理制动过程中的蠕滑现象，确保既利用了蠕滑现象的优势，又避免了其带来的风险[15]。

### 2.4.3 黏着与蠕滑关系

通过分析蠕滑的成因，我们可以大致理解黏着和蠕滑之间的关系。在轮轨接触面上，滑动区域的扩大意味着列车施加的力矩增加，而相对的黏着区域则是车轮维持滚动接触的基础，同时也反映了蠕滑现象的存在。黏着区的存在保证了车轮未发生全面打滑，如果滑动区域完全取代了黏着区，那么蠕滑将转变为宏观滑动，这会对列车的行驶安全构成威胁[16]。

为了量化蠕滑的程度，通常采用蠕滑率这一指标。在车辆动力学领域，Carter 和 UIC 提供了两种计算蠕滑率的方法，这两种方法都与速度相关，但各自侧重点不同，从而适用于不同的分析场景。具体的计算公式可以根据实际需要和研究背景选择适当的方法来应用。

Carter 方式：

$$\lambda=\frac{v-\omega r}{v} \tag{2-24}$$

UIC 方式：

$$\lambda=\frac{v-\omega r}{(v+\omega r)/2} \tag{2-25}$$

Carter 的计算方法是最常用的，它通过将蠕滑速度与车辆实际速度的比例来表示蠕滑率。蠕滑速度的大小是判断车轮滑动程度的一个关键指标，而这种计算方法提供了一个便于工程应用的近似手段。然而，决定蠕滑率的因素并不仅限于这一变量，接触材质、形状以及接触面的状态等都是影响蠕滑率的重要因素。

为深入理解黏着与蠕滑之间的复杂关系，学者 Burckhardt 等人提出了涉及黏着系数与蠕滑率之间的非线性关系的公式[17]。如式（2-26）和式（2-27）所示，其试图更准确地描述蠕滑现象，并考虑到了蠕滑率受多种因素影响的复杂性。这种方法有助于更细致地分析黏着力与蠕滑之间的相互作用，对于改善轮轨接触的性能和列车运行的安全性具有重要意义。

Burckhardt：

$$\mu=c_1(1-e^{-c_2\lambda})-c_3\lambda \tag{2-26}$$

Kiencke：

$$\mu=\frac{\mu(0)\cdot\lambda}{1+p_1\lambda+p_2\lambda^2} \tag{2-27}$$

在 Burckhardt 提出的非线性公式中，$c_1$、$c_2$、$c_3$ 和 $p_1$、$p_2$ 的取值变化代表了不同的轨面状态，反映了轨面黏着系数与蠕滑率之间的关系是如何随环境而变化的。不同的取值意味着不同轨面条件下黏着力和蠕滑现象的相互作用模式，这使得这种表达方式能够适应多样的实际情况。

这两种计算方法（Carter 式和 Burckhardt 式）各自展示了其优势和局限。对于 Burckhardt 的计算方式，尤其在实际应用中，参数的确定往往依赖于经验，这可能导致在特定情况下的应用受到限制。然而，这种方法提供了一个框架，允许通过经验数据调整参数，以适应特定的轨面状态，如表 2-2 所示。这种灵活性是 Burckhardt 方法的显著优点，尽管它依赖于精确且可靠的经验数据来确保计算结果的有效性。

表 2-2　不同轨面的经验系数

| 轨面 | $c_1$ | $c_2$ | $c_3$ |
|---|---|---|---|
| 普通 | 1.28 | 23.99 | 0.52 |
| 沙 | 1.20 | 25.16 | 0.53 |
| 雪 | 0.19 | 94.12 | 0.06 |
| 冰 | 0.05 | 306.39 | 0.005 |
| 油 | 0.01 | 400.74 | 0.001 |

为了更好地直观表达两者之间的关系，利用 Burckhardt 函数公式对潮湿和干燥的轨面进行仿真，在仿真中，钢轨状态变化参数不同，其中湿轨状态取 $c_1$=0.27，$c_2$=40，$c_3$=0.1 干轨状态取 $c_1$=0.37，$c_2$=15，$c_3$=0.5。各接触面条件的黏附特性，如图 2-17 所示。

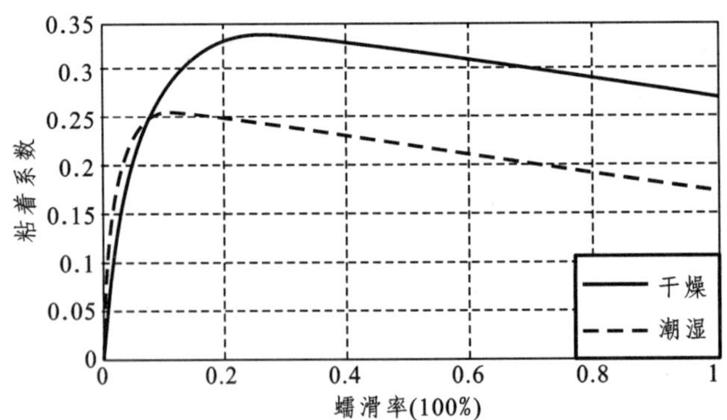


图 2-17　轨面不同黏着系数与蠕滑率示意

无论轨面条件是干燥、潮湿或是其他，黏着系数与蠕滑率之间的关系曲线均遵循相同趋势：先增加至一个峰值，随后下降。该峰值代表最大黏着系数和理想蠕滑率，当列车在此点运行时，轮轨间能够实现最大的黏着效率，保障高效的运行性能。曲线的峰值将其分为左侧的稳定区与右侧的不稳定区。在稳定区内，随着速度的提升，蠕滑率会增加，此时轮轨间达到最佳的黏着状态，不会发生空转。然而，如果控制施加的力矩不当，超出峰值进入不稳定区，蠕滑率的进一步增加会导致列车轮对失稳和打滑，从而严重威胁到列车的运行安全[19]。

基于黏着系数与蠕滑率在不同区域的特性，防滑控制策略也呈现显著差异。在稳定区，由于黏着系数与蠕滑率之间存在正相关关系，列车主要对轮对做低级的调控措施，旨在确保黏着利用率逐渐提升，进而增加制动效能。反观在不稳定区域，随着列车车轮与钢轨之间的滑动幅度加大，轮轨间摩擦的增加可能导致车轮抱死等，此时需要列车采取紧急调控措施，通过减少制动力矩快速使列车回归至最大黏着力范围内，以预防事故的发生[20]。

在我国的列车牵引规程中，尽管未直接阐述黏着系数与蠕滑率之间的具体关系，但明确了适用于我国条件下的黏着力与速度之间的关系公式。鉴于蠕滑率的表征依赖于速度变化，这种方式实际上间接地与蠕滑现象相关联。相关的数学表达式如式（2-28）和式（2-29）所示。通过这两个公式，可以在牵引运算和制动策略设计中考虑到黏着力的变化，从而间接反映蠕滑率对列车运行性能的影响[21]。

潮湿轨面黏着系数计算公式：

$$\mu = 0.0405 + \frac{13.6}{120 + v} \tag{2-28}$$

干燥轨面黏着系数计算公式：

$$\mu = 0.0624 + \frac{45.6}{260 + v} \tag{2-29}$$

式（2-28）和式（2-29）生成的曲线分别如图 2-18 和图 2-19 所示。在干燥的轨面状态下，我国列车的最大黏着系数约为 0.25，而在潮湿轨面状态下，黏着系数降至约 0.15。这两种轨面状态下的黏着系数趋势保持一致，即随着速度的增加，黏着系数呈现下降的趋势。相较之下，尽管在潮湿轨面的黏着系数利用率上略低于我国，但日本列车在干燥轨面状态下的最大黏着系数可达到 0.35，这点显著优于我国。这一差异归因于两国的实际运营环境、车辆类型以及防滑控制技术的差异。

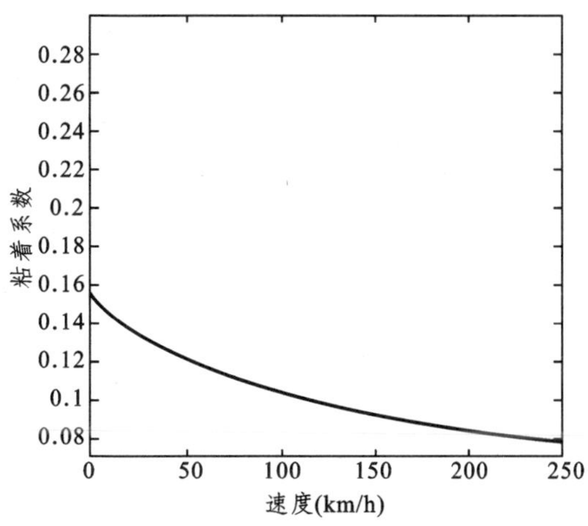


图 2-18　潮湿轨面黏着曲线

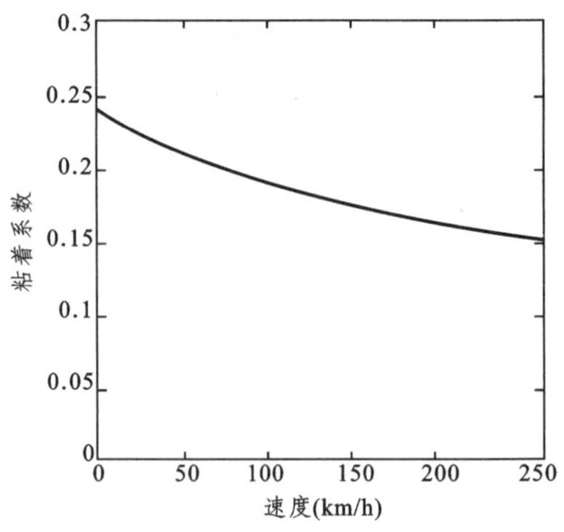


图 2-19　干燥轨面黏着曲线

从上述分析可知，黏着系数、蠕滑率及列车速度之间展现出复杂的非线性关系。为了精确描述这些黏着特性，将黏着系数、蠕滑率以及列车速度的相互关系通过三维图形展示，能够有效揭示不同速度和蠕滑率条件下黏着系数的变化规律。通过三维图形呈现黏着系数、蠕滑率与列车速度之间的关系，为深入分析黏着力变化提供明确的科学基础，有助于优化牵引和防滑控制策略的制定。

随着速度的增加，即使蠕滑率保持恒定，黏着系数也会呈现出下降趋势。这表明，高速列车的黏着系数与速度的非线性关系相较于中低速列车更为复杂。综合分析轮轨间的蠕滑现象表明，虽然其发生在一定程度上是不可避免的，但将蠕滑率控制在一定范围内有助于增强轮轨间的黏着系数。从蠕滑率与黏着系数的关系曲线中可以看出，存在一个最优蠕滑率与最大黏着系数相对应，目标是在此最大黏着系数下稳定列车运行。然而，实际操作中很难始终维持在最大黏着状态，因为一旦超出最大黏着点，可能会导致力矩发生剧烈变化。因此，实时监测轮轨的黏着状态并不断调整以接近最优蠕滑率，成了充分利用黏着力的关键策略[22]。

## 2.5　影响轮轨黏着状态因素

通过分析黏着力与蠕滑现象的关系，可以发现蠕滑率与黏着系数之间存在一个先升后降的趋势。蠕滑率的本质是机车速度与轮对转速差异的反映。仿真研究进一步揭示了黏着系数与速度之间的关系，即随着速度的增加，黏着系数逐渐减少。然而，理论分析的结果与实际线路运行的数据之间还存在明显的差异，影响轮轨黏着的因素尚需深入研究。探索这些因素将促进对黏着机理的全面理解，对于提升铁路运输的效率和安全性具有重要意义。

### 2.5.1　车轮半径和轴重

德国在 20 世纪末进行的一项研究中比较了不同轴重列车轮轨之间的摩擦系数，发现 35 t 轴重的列车摩擦系数达到 0.262，而 25 t 轴重列车的摩擦系数为 0.25。这表明轴重的大小对轮轨黏着有显著影响。根据黏着理论，轮轨间的接触呈椭圆形区域，较大轴重的列车对钢轨的挤压形变超过轴重较小的列车，因此增加了接触区域的黏着范围，从而提升了摩擦系数，即黏着系数。

此外，还观察到一种现象：一些磨损的旧车轮比新车轮展现出更好的黏着性能[23]，这是因为旧车轮产生的接触面积较新车轮大。同理，车轮半径的增加也与轮轨间黏着系数的提升成正比关系。这是由于车轮半径的增大导致其与钢轨的接触面积扩大，从而增强了黏着效果。这一现象本质上与通过增加轴重来提升黏着力的机制相同，即通过扩大接触面积增强黏着效果。

### 2.5.2　轨面环境

轨面环境作为一个关键的外部因素，对轮轨之间的黏着影响显著。例如，秋季落叶覆盖在钢轨上会严重影响列车的制动和牵引能力，如图 2-20 所示。目前，评估防滑控制技术效果的方法之一便是考察控制器对变化复杂的轮轨环境的适应能力。

在轨面环境对黏着影响的研究方面，也有学者进行了深入和全面的探究，并取得了诸多成果。1985 年，日本的 Ohyama 教授对高速行驶条件下车轮在水污染轨面上的黏着进行了研究。研究结果表明，在水存在的轨面上，轮轨接触面会形成水膜，而水膜的面积越大，黏着系数就越低。这一现象主要是由于水膜承受的切向力减小导致[24]。

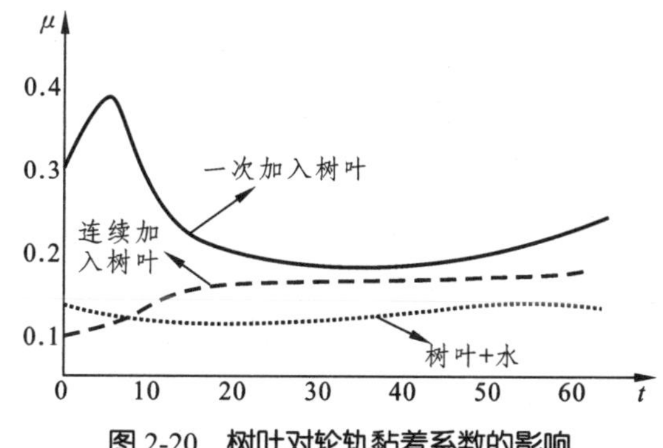


图 2-20　树叶对轮轨黏着系数的影响

随着研究的深入，对轨面复杂程度的模拟实验也变得更加全面，包括对干净轨面、雨天、霜降或结冰轨面以及干燥轨面等不同状态的模拟。这些实验得出了多项结论：在正常的轨面上，列车的运行速度对黏着系数几乎无影响。然而，对于干燥轨面，轮轨的黏着状态受到轨面状况的显著影响，黏着系数的变动范围大约在 0.03 和 0.1 之间。在结冰或湿滑的轨面上，黏着系数的变化幅度更为显著，且列车速度越快，轮轨间的黏着性能越差。此外，轨面上的树叶和泥土等杂质也会对黏着系数产生不利影响。

在我国，主要是西南交通大学和铁道科学研究院围绕轨面状态对黏着性能的影响进行研究。西南交通大学针对不同介质作用下的轮轨黏着特性进行了详细研究，覆盖了树叶对黏着系数的影响、不同湿度条件下黏着系数的变化等方面[25]。主要的研究结论包括：

（1）黏着系数受轨面介质影响而变化，干燥环境下的钢轨与车轮间产生的黏着系数最大，而油水混合状态下的黏着系数最小；在潮湿环境中，随着湿度的增加，黏着系数逐渐减小。

（2）轴重增加对干燥轨面和油水混合轨面的黏着系数影响最为显著，轴重越大，黏着系数越高。

（3）树叶的存在降低了轨面的黏着系数，潮湿的树叶对轮轨黏着的负面影响最大。

（4）通过撒沙可以有效增加轮轨间的黏着力，最高可提高 40%，但同时这种做法会加速轮轨间的磨损。

## 2.6 本章小结

首先，本章对高速列车在实际运行时所受到的纵向力进行详细分析。其次，通过对列车运行过程受力分析，并结合机理建模法建立了高速列车单质点和多质点纵向动力学模型。再次，还介绍了一种考虑车钩模型约束的动车组强耦合模型的建立方法，该方法通过利用粒子群优化算法对模型中的未知参数进行实时寻优，得到最佳参数值，实现高速列车动力学模型的在线建立与在线辨识。通过对所建立的强耦合模型的精度进行验证可知：本章所建立的动车组强耦合模型可以准确反映车辆间相互耦合作用力对相邻车辆运行的影响，其更新算法能有效描述列车运行阻力和未知车钩力参数时变的特性，所建立的模型结构具有较高的准确性，可以为动车组运行控制器的设计提供参考依据。最后，介绍了轮轨间黏着现象的产生机理以及黏着特性的变化特点，分析了避免轮对空转和打滑现象发生的必要性，列举了一些影响轮轨黏着的外在因素，为后续高速列车轮轨黏着控制方法的研究提供一定的参考。

## 本章参考文献


[1] 邵恒，许平，赵士忠，等. 动车组密接式车钩动力学性能碰撞试验研究[J]. 铁道车辆，2017, 55(2): 5-8.

[2] 卢毓江，肖守讷，朱涛，等. 列车纵向-垂向碰撞动力学耦合模型建模与研究[J]. 铁道学报, 2014, 36(12): 6-13.

[3] 赵士忠，王晋乐，田爱琴，等. 动车组中间车钩动态力学性能研究[J]. 铁道科学与工程学报, 2018, 15(5): 1103-1110.

[4] Yang H, Fu Y, Wang D. Multi-ANFIS Model Based Synchronous Tracking Control of High-Speed Electric Multiple Unit[J]. IEEE Transactions on Fuzzy Systems, 2018, 26(3): 1472-1484.

[5] 宋琦. 高速动车组的鲁棒自适应及容错控制[D]. 北京：北京交通大学, 2014: 25-28.

[6] 杨罡，刘明光，喻乐. 高速动车组运行过程的非线性预测控制[J]. 铁道学报，2013, 35 (8): 16-21.

[7] Gao S G, Dong H R, Chen Y, Ning B. Approximation-Based Robust Adaptive Automatic Train Control: An Approach for Actuator Saturation[J]. IEEE Transactions on Intelligent Transportation Systems. 2013, 14(4): 1733-1742.

[8] 杨辉，张坤鹏，王昕. 高速动车组多模型切换主动容错预测控制[J]. 控制理论与应用, 2012, 29(9): 1211-1214.

[9] 何晖，唐涛. 基于小波包滤波列车自动驾驶的研究[J]. 铁道学报, 2018, 40(1): 69-73.

[10] Tang H, Wang Q, Feng X. Robust Stochastic Control for High-Speed Trains With Nonlinearity, Parametric Uncertainty, and Multiple Time-Varying Delays[J]. IEEE Transactions on Intelligent Transportation Systems, 2018, 19(4): 1027-1037.

[11] Liu H , Yang H , Cai B. Optimization for the Following Operation of a High-Speed Train Under the Moving Block System[J]. IEEE Transactions on Intelligent Transportation Systems, 2018, 19(10): 3406-3413.

[12] 李云峰. 基于最优蠕滑率的黏着控制方法研究[D]. 成都：西南交通大学, 2011.

[13] 林凤涛. 高速列车车轮磨耗及型面优化研究[D]. 北京：中国铁道科学研究院, 2014.

[14] 金雪岩，刘启跃，王夏秋. 轮轨黏着-蠕滑特性试验研究[J]. 铁道学报，2000(01): 37-40.

[15] 郭战伟. 基于轮轨蠕滑最小化的钢轨打磨研究[J]. 中国铁道科学, 2011, 32(6): 9-15.

[16] 金学松，沈志云，陈良麒. 单轮对轮轨蠕滑力试验研究[J]. 机械工程学报，1998，8(4): 23-28.

[17] 刘光伟. 重载机车黏着性能参数的极大似然估计[D]. 株洲：湖南工业大学，2018.

[18] Polach O. Creep Forces in Simulations of Traction Vehicles Running on Adhesion Limit[J]. Contact Mechanics and Wear of Rail Wheel Systems, 2005, 258(7): 92-1000.

[19] T. Watanabe. Anti-slip Re-adhesion Control with Presumed Adhesion Force Method of Pressuming Adhesion Force and Running Test Results of High-speed Shinkansen Train[J]. QR of RTRI. 2000. 41(1): 32-36.

[20] 陈哲明，曾京. 高速列车再生制动防滑控制及真研究[J]. 中国铁道科学，2010，31(1): 93-98.

[21] 邱子荣，张征方，梁兴元. 新一代国产电力机车与日本东芝 19E 电力机车黏着性能比较[J]. 机车电传动，2016(1): 14-19.

[22] 丁军君，李芾，黄运华. 基于蠕滑机理的车轮磨耗模型分析[J]. 中国铁道科学，2010，31(5): 66-72.

[23] 陈明韬，王文健，彭亮. 轴重与钢轨滚动接触磨损关系研究[C]. 第八届全国摩擦学大会论文集. 2007.

[24] J. G, J. Chen, eta1. Wheel rail adhesion and analysis by using full scale roller rig[J]. Wear, 2002, 253(1): 82-88.

[25] 吴兵，温泽峰，王衡禹，等. 高速轮轨黏着特性影响因素研究[J]. 铁道学报，2013，35(3): 18-22.

# 第 3 章 高速列车自适应滑模防滑控制策略与优化

## 3.1 基于轮轨模型的高速列车改进自抗扰速度跟踪控制

### 3.1.1 列车轮轨动力学模型建立

由于高速列车蠕滑现象的存在，为确保列车动力学模型的准确性以实现速度跟踪控制，本书基于列车的牵引传动原理构建了轮轨动力学模型，并将轮轨间的黏着性纳入建模考虑因素。高速列车的电力牵引系统将电能转换为机械能，推动列车运行。实际的机车电力牵引传动系统包含牵引电机、车轮箱和车轮三部分，其中电能从牵引电机传递至车轮，最终推动列车运行。其示意图如图 3-1 所示。

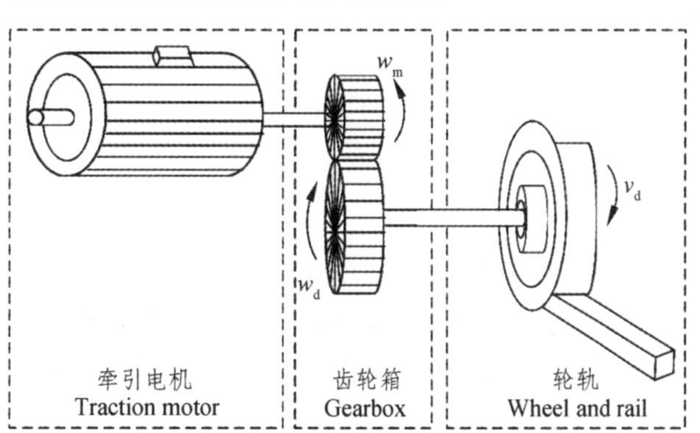


图 3-1 列车牵引传动系统简化模型

列车轮轨系统模型的受力分析如图 3-2 所示。

根据轮轨黏着特性、齿轮传动特性可知，电机输出轴端和车轮端状态方程为

$$\begin{cases} J_m \dot{w}_m = T - T_L \\ J_d \dot{w}_d = T_d - rF_a \end{cases} \tag{3-1}$$

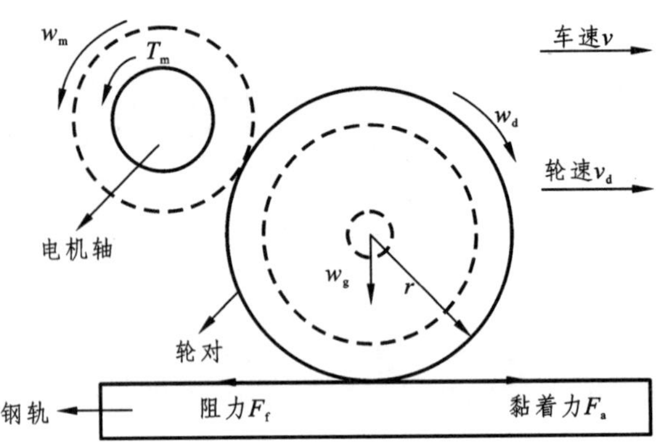


图 3-2　列车轮轨模型受力分析示意

负载转矩 $T_L$ 满足：

$$T_L = \frac{rF_a}{R_g} \tag{3-2}$$

齿轮传动比 $R_g$ 为

$$R_g = \frac{T_d}{T} \tag{3-3}$$

蠕滑速度 $v_s$ 为

$$v_s = v_d - v \tag{3-4}$$

轮对速度 $v_d$ 为

$$v_d = w_d r \tag{3-5}$$

式中，$J_m$ 为牵引电机转动惯量（$kg \cdot m^2$）；$J_d$ 为车轮侧等效转动惯量（$kg \cdot m^2$）；$T$ 为牵引电机输出转矩（N·m）；$T_L$ 为负载转矩（N·m）；$T_d$ 为车轮侧的控制转矩（N·m）；$r$ 为车轮半径（m）；$F_a$ 为单轴牵引电机产生的黏着力（N）；$R_g$ 为齿轮传动比；$w_m$ 为电机转速（rad/s）；$w_d$ 为车轮转速（rad/s）；$v$ 为列车行驶速度（km/h）；$v_d$ 为轮对速度（km/h）；$v_s$ 为蠕滑速度（km/h）。

由于列车每节车辆有 4 对驱动轮对，对高速列车进行分析，根据力学定律可得：

$$M\dot{v} = nF_a - F_f \tag{3-6}$$

其中，列车运行阻力 $F_f$ 满足：

$$F_f = Mg(\alpha_0 + \alpha_1 v + \alpha_2 v^2) \tag{3-7}$$

式中，$M$ 为整车质量（t）；g 为重力加速度（9.8 m/s$^2$）；$F_f$ 为列车运行过程中的阻力（N）；$\alpha_0$、$\alpha_1$、$\alpha_2$ 为基本阻力系数；$n$ 为列车总动力轴数。

由式（3-1）~ 式（3-7），考虑列车的位移 $x$ 和运行速度 $v$ 之间的相互关系，可得出高速列车轮轨动力学模型的表达式。

$$\begin{cases} \dot{x} = v \\ \dot{v} = \dfrac{rnR_g}{Mr^2 + J_d n} T - \dfrac{J_d n}{Mr^2 + J_d n} \dot{v}_s - \dfrac{r^2}{Mr^2 + J_d n} F_f \end{cases} \tag{3-8}$$

### 3.1.2　经典 PID 控制原理

PID 控制器是根据系统输入值 $x(t)$ 与实际输出值 $y(t)$ 之间的误差作为控制偏差来实现控制的，即

$$e(t) = y(t) - x(t) \tag{3-9}$$

控制量由比例环节（P）、积分环节（I）和微分环节（D）线性组合构成，即

$$u(t) = K_p e(t) + K_i \int_0^t e(t)dt + K_d \frac{de(t)}{dt} \tag{3-10}$$

式中，$K_p$ 为比例系数；$K_i$ 为积分系数；$K_d$ 为微分系数。

基于此，尽管 PID 控制器的实施并不依赖于精确的目标数学模型，只根据控制对象的实际输出与期望输入之间的偏差来执行调节，但其在现代工业过程控制中的一些局限性逐渐显露。这些局限性主要表现在以下几个方面：

（1）PID 调节基于系统反馈与目标输入之间的差值进行计算，这种计算方式忽略了输入信号往往为不连续的阶跃函数而输出信号应为连续信号这一事实，导致系统在初始时刻误差过大并可能出现超调现象。为了降低超调，减少控制器的增益可能会使得调节时间延长，形成 PID 控制中超调与响应速度的对立问题。

（2）噪声和其他扰动信号的存在使得从误差信号中提取微分成分变得复杂。

（3）比例、积分和微分的线性组合形式未必总是最优的调节策略，应根据被控对象的特性来定制控制策略。

（4）尽管误差的积分项能够消除稳态误差，但它也可能引起积分饱和，进而影响系统的稳定性。

### 3.1.3 自抗扰控制器的设计与改进

针对高度复杂且受到外界强干扰的工业对象（尤其是高速列车对象），其运行过程异常复杂。传统 PID 控制已无法满足当前对高性能控制的需求。由于实际控制对象通常表现为时变的非线性特性，针对这种情况，我们试图采用一种特殊的 PID 控制方法——自抗扰控制技术（ADRC）来实现高速列车的运行控制。这种控制技术目前已经在多个领域得到广泛应用。

#### 1. 自抗扰控制器的基本结构

自抗扰控制最初由韩京清教授提出，其核心思想是基于 PID 控制，通过观测器对系统的全部未建模动态项进行估计，并输出实时补偿信号以抵消这些影响，从而实现抗干扰的目标。同时，通过合理安排过渡时间来解决超调和快速响应之间的矛盾[2]。ADRC 系统由跟踪微分器（TD）、扩张状态观测器（ESO）以及非线性状态误差反馈（NLSEF）三部分组成。在系统的理想输入下，TD 的输出信号分别为 $v_1$、$v_2$，其中 $v_1 - v$ 是跟踪误差，$v_2$ 是 $v$ 的微分信号。ESO 的输出部分由 $z_1$、$z_2$、$z_3$ 组成，其中 $z_1$ 和 $z_2$ 分别为 $v_1$ 和 $v_2$ 的估计值，$z_3$ 用于观测系统的未建模动态和外部干扰。NLSEF 的输出为 $u_0$，$u$ 是通过扰动补偿最终作用于被控对象的控制力。常见的二阶被控系统自抗扰控制器框图如图 3-3 所示。

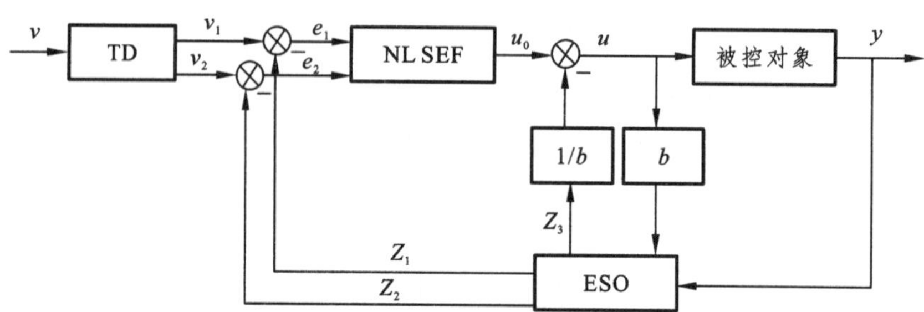


图 3-3 自抗扰控制器结构

根据图 3-3 所示内容，对 ADRC 的各组成部分进行详细介绍。

快速跟踪微分器是一种结构，可跟踪输入信号并提取其近似微分，实现对期望信号的滤波和跟踪[3]。常见的快速跟踪微分器表达式如下，其中 $v_1(k)$ 表示迅速追踪上一级滤波后的输入信号 $v(k)$，而 $v_2(k)$ 表示输入信号 $v(k)$ 的微分。

$$\begin{cases} v_1(k+1) = v_1(k) + hv_2(k) \\ v_2(k+1) = v_2(k) + hfst[v_1(k) - v(k), v_2(k), \delta, h] \end{cases} \tag{3-11}$$

式中，$v(k)$ 代表输入信号；$v_1(k)$ 表示经过滤波处理后的期望信号；$v_2(k)$ 是 $v(k)$ 的微分信号；$h$ 为采样周期，影响滤波效果；$\delta$ 为速度因子，影响跟踪速度；$fst(\cdot)$ 为最大控制综合函数，其定义如下：

$$fst(v_1,v_2,\delta,h)=\begin{cases}-\mathrm{sgn}(a),|a|>d\\ -\delta\dfrac{a}{d},|a|\leqslant d\end{cases} \tag{3-12}$$

$$a=\begin{cases}v_2+\dfrac{a_0-d}{2}\mathrm{sgn}(y),|y|>d_0\\ v_2+\dfrac{y}{h},|y|\leqslant d_0\end{cases} \tag{3-13}$$

式中，$d=\delta h$；$d_0=hd$；$y=v_1+hv_2$；$a_0=\sqrt{d^2+8\delta|y|}$。

在 ADRC 控制中，若初始误差较大，通过选择适当的跟踪微分器作为过渡过程，既可实现在增大控制增益的情况下快速跟踪，又可通过微分提取来解决系统不稳定问题，从而增强系统的鲁棒性，改善控制效果。

ADRC 的核心是 ESO，它能够在缺乏被控对象模型的情况下，通过系统输入和输出对系统的内部未建模动态和外部干扰进行观测和补偿，将这些项视为系统的总扰动，以实现自抗扰的目标。

对于下面的 $n$ 阶时变非线性控制系统，假设 $f[x_1,x_2,...,x_n,w(t)]$ 是可微的，那么此系统可以扩展为式（3-14）的 $n+1$ 阶系统：

$$\begin{cases}\dot{x}_1=x_2\\ \dot{x}_2=x_3\\ \vdots\\ \dot{x}_n=x_{n+1}+bu\\ \dot{x}_{n+1}=\dot{f}[x_1,x_2,...,x_n,w(t)]\\ y=x_1\end{cases} \tag{3-14}$$

式中，$x_1,x_2,...,x_n,x_{n+1}$ 代表系统状态变量；$u$ 是系统输入；$b$ 是控制参数；$y$ 是系统输出；$w(t)$ 是外界扰动；$f[x_1,x_2,...,x_n,w(t)]$ 是由系统总的未建模动态项和干扰项扩张而成的新的状态变量。

则式（3-14）的 $n+1$ 阶扩张观测器可表示为

$$\begin{cases}e=z_1-y\\ \dot{z}_1=z_2-l_1g_1(e)\\ \dot{z}_2=z_3-l_2g_2(e)\\ \vdots\\ \dot{z}_n=z_{n+1}-l_ng_n(e)+bu\\ \dot{z}_{n+1}=-l_{n+1}g_{n+1}(e)\end{cases} \tag{3-15}$$

式中，$e$代表 ESO 的观测误差；$z_i$表示 ESO 对$x_i$的估计，$i=1,\cdots,n+1$；$b$为已知参数；$l_i$是 ESO 中待调节的增益参数；$g_i(e)$是观测误差$e$的非线性函数。

为了减轻被控系统的振荡，韩京清教授选择了非线性连续幂次函数$fal(e,\alpha,\delta)$作为 ESO 中的非线性函数[4]，这种函数在坐标轴原点附近具有一段线性区间。假设$g_i(e)=fal(e,\alpha,\delta)$，则有：

$$fal(e,\alpha,\delta)=\begin{cases}|e|^{\alpha}\operatorname{sgn}(e),|e|>\delta\\ \dfrac{e}{\delta^{1-\alpha}},|e|\leqslant\delta\end{cases} \tag{3-16}$$

式中，$0<\alpha<1$；$\delta$表示线性段的区间长度，有助于有效地减少高频震颤现象。

由于 ESO 内部采用非线性函数$fal(\cdot)$，系统最终是否能够收敛并趋于稳定具有一定困难。此外，由于待整定参数过多，为了减少工作量而不影响控制效果，高志强教授提出了采用观测器误差修改原控制方案[5]，并构建了如下形式的线性 ESO：

$$\begin{cases}e=z_1-y\\ \dot{z}_1=z_2-l_1e\\ \dot{z}_2=z_3-l_2e\\ \vdots\\ \dot{z}_n=z_{n+1}-l_ne+bu\\ \dot{z}_{n+1}=-l_{n+1}e\end{cases} \tag{3-17}$$

为描述 ESO 增益系数，引入带宽理论来描述 ESO 增益系数$l_i$[6]，如下所示：

$$L=[l_1,l_2,..,l_{n+1}]=[w_0\alpha_1,w^2{}_0\alpha_2,...,w^{n+1}{}_0\alpha_{n+1}] \tag{3-18}$$

式中，$w_0>0$；$\alpha_i(i=1,2,..,n,n+1)$的取值应使得特征多项式$s^{n+1}+\alpha_1s^n+...+\alpha_ns+\alpha_{n+1}$满足 Hurwitz 条件。

因此，通过调整参数$w_0$即可实现线性 ESO 的扩张和观测工作，从而显著减少控制器参数调整的工作量。

在非线性状态误差反馈（Nonlinear State Error Feedback，NLSEF）中，经典 PID 控

制直接利用误差信号的相关信息来构成控制变量，然而这种线性组合并非最优选择。大量实验表明，采用非线性控制方法可以有效提高控制品质。鉴于实际被控对象的非线性特性、耦合性等，ADRC 通常采用非线性状态误差反馈（NLESF）的形式。

在反馈控制部分，利用了 TD 和 ESO 的输出信息，即 TD 生成的跟踪信号、各阶微分信号与 ESO 估计的系统各阶状态量。两者相减可得

$$e_i = v_i - z_i \tag{3-19}$$

NLSEF 针对系统的各阶误差量可以表达为

$$u_i = k_i fal(e_i, \alpha_i, \delta) \tag{3-20}$$

式中，$fal(\cdot)$ 为非线性函数，其具体表达式如式（3-16）所示；$k_i (i = 0,1,2)$ 为待整定增益参数。

基于这一推导，我们可以得出被控对象实际接收到的总控制量 $u$，即 NLSEF 产生的误差反馈控制量 $u_0$ 与 ESO 估计的系统补偿量 $\frac{z_{n+1}}{b}$ 的线性组合，即

$$u = u_0 - \frac{z_{n+1}}{b} \tag{3-21}$$

式中，$z_{n+1}$ 为 ESO 的扩张状态输出；$b$ 为 ESO 中参数。

上述 ADRC 技术在应用于高速列车速度跟踪控制时具有以下优势：

（1）ADRC 是一种无须依赖模型的控制方法，即使高速列车运行环境复杂多变，且所建立模型参数发生显著变化，该控制算法仍能维持出色的控制品质。特别是基于高速列车的轮轨模型研究，考虑到不同轨道状况的复杂性、时变性和非线性特性，采用 ADRC 进行速度跟踪控制明显优于其他方法。

（2）ADRC 通过在控制输入端利用 TD 对被控对象进行合理滤波和微分提取，减少了初始较大误差的影响，同时保证了控制过程中的快速跟踪性能和较小超调量。

（3）ADRC 中的 ESO 部分能够观测和补偿系统内部未建模的动态项和未知扰动，具有优异的抗干扰性能。

（4）NLSEF 部分采用控制偏差及其微分的非线性组合形式，与经典 PID 的线性组合形式不同，更符合实际情况，提高了控制精度。

综上所述，这些优点使得 ADRC 成为解决高速列车速度跟踪控制问题的理想选择。然而，ADRC 也存在一些不足，例如，采用的非线性函数 $fal(\cdot)$ 实际上是线性与非线性的切换策略，在切换点不平滑，可能导致抖动问题，并且待调整参数较多。为了解决这些问题，本书计划对传统 ADRC 进行改进，并将其应用于高速列车控制。改进方向主要包

括两个方面：首先是对非线性函数 $fal(\cdot)$ 进行修正；其次是引入其他控制方法改进非线性误差反馈控制律。本节将深入探讨第一个改进方向，包含详细的研究内容和对仿真验证结果的分析。

### 2. 非线性函数的改进

通过上述研究可知，ADRC 中的非线性部分采用了 $fal(\cdot)$ 非线性函数，其非线性特性更贴近实际、控制品质更佳。然而，该非线性函数存在不光滑区间，即在线性与非线性切换处存在高频震荡，同时参数调整较为繁琐，并不符合实际控制需求。为了获得更优秀的控制效果，我们可以考虑采用一种非线性光滑函数进行改进。

所选用的非线性光滑函数应当是连续且处处可导的，具有“小误差大增益，大误差小增益”的工程特性[7]，同时参数调节简单，整定过程便捷。

基于以上分析，我们可以选择类似于双曲正切函数的类双曲正切函数 $\tanh(x,\xi)$ 作为改进的非线性光滑函数，用以替代原有的 $fal(\cdot)$ 函数。双曲正切函数 $\tanh(x,\xi)$ 的数学表达式为

$$\tanh(x)=\frac{\sinh(x)}{\cosh(x)}=\frac{e^{x}-e^{-x}}{e^{x}+e^{-x}} \tag{3-22}$$

式中，$\sinh(x)$ 代表双曲正弦函数；$\cosh(x)$ 代表双曲余弦函数；$\tanh(x)$ 的定义域为实数域。其函数图像如 3-4 所示。

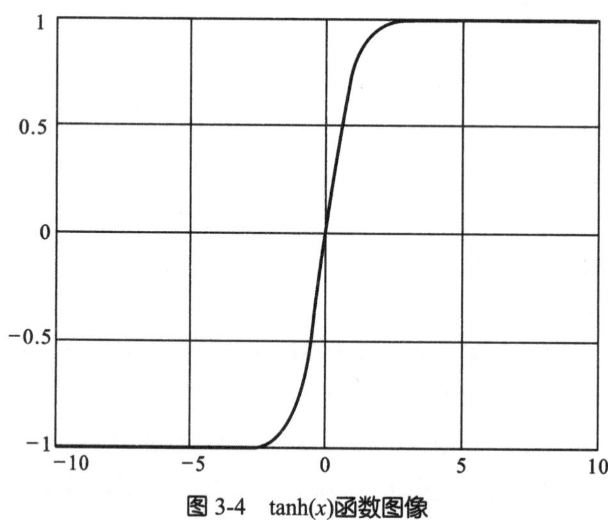


图 3-4　tanh($x$)函数图像

根据双曲正切函数 $\tanh(x)$ 的函数形式，类双曲正弦函数 $\tanh(x,\xi)$ 的函数表达式为

$$\tanh(x,\xi)=\frac{\sinh(x,\xi)}{\cosh(x,\xi)}=\frac{e^{\xi x}-e^{-\xi x}}{e^{\xi x}+e^{-\xi x}} \tag{3-23}$$

式中，$\xi$ 为待调节参数。

在同样的情况下，类双曲正弦函数 $\tanh(x,\xi)$ 在其定义域内是单调递增的，具有连续可导性，参数调节较少，符合改进非线性光滑函数的设计需求。基于类双曲正弦函数的 NLSEF 构造如下：

$$u_0=k_0\tanh(e_0,\xi_0)+k_1\tanh(e_1,\xi_1)+k_2\tanh(e_2,\xi_2) \tag{3-24}$$

式中，$k_i$，$\xi_i$ 为待调节参数；$e_i$ 为期望输入与系统输出之间的误差。

### 3.1.4　基于轮轨模型的高速列车改进型 ADRC 控制器设计

在前一节的研究中考虑到轮轨模型的复杂性、时变性以及非线性特征，为了实现高速列车的高精确跟踪控制，我们选择改进型 ADRC 控制器作为列车的控制算法。

#### 1. 列车轮轨系统控制模型

对列车的高速轮轨动力学状态方程进行整理。

令 $b=\dfrac{rnR_g}{Mr^2+J_{\rm d}n}$，$G(x,v,t)=-\dfrac{J_{\rm d}n}{Mr^2+J_{\rm d}n}\dot{v}_s-\dfrac{r^2}{Mr^2+J_{\rm d}n}F_f$，简化后的列车轮轨系统控制模型状态方程可表示为

$$\begin{cases}\dot{x}=v\\ \dot{v}=bT+G(x,v,t)\end{cases} \tag{3-25}$$

令 $\vec{x}=[x_1,x_2]^{\rm T}=[x,v]^{\rm T}$，对于列车轮轨系统，输入量为列车位移 $x$，控制量为输入转矩 $T$，将 $x_1$、$x_2$ 视作系统的状态量，并输出位移 $y$。因此，列车轮轨模型的二阶控制系统状态方程可表达为

$$\begin{cases}\dot{x}_1=x_2\\ \dot{x}_2=bT+G(x_1,x_2,t)\\ y=x_1\end{cases} \tag{3-26}$$

式中，$T$ 为列车轮轨系统控制输入；$G(x_1,x_2,t)$ 是与 $x_1$，$x_2$ 相关的系统总扰动；$y$ 为系统输出。

#### 2. 改进型 ADRC 控制器设计

改进型 ADRC 速度跟踪控制器由跟踪微分器（TD）、扩张状态观测器（ESO）以及

基于非线性光滑函数的状态误差反馈组成。根据第 3.1.2 节的内容，结合列车的轮轨模型的控制系统状态方程[见式（3-27）]，设计了改进的 ADRC 控制器，具体算法如下所示。

考虑到列车的轮轨模型控制系统状态方程[见式（3-27）]为连续系统，为提升跟踪性能，可引入 Levant 跟踪微分器[8]，其表达式如下：

$$\begin{cases}\dot{v}_1 = x_2 \\ x_2 = v_2 - \lambda\,|\,v_1 - x_1\,|^{1/2}\,\mathrm{sgn}(v_1 - x_1) \\ \dot{v}_2 = -\alpha\,\mathrm{sgn}(v_1 - x_1)\end{cases} \tag{3-27}$$

式中，$\alpha > C$；$\lambda^2 \geqslant 4C\dfrac{\alpha + C}{\alpha - C}$，$C > 0$ 为输入信号导数的 Lipschitz 上界；$v_1$，$v_2$ 为微分器的两个输出。采用本小节的跟踪微分器，可实现 $v_1$ 追踪列车运行时的位移 $x_1$，$v_2$ 追踪列车运行时的速度 $x_2$。

取状态方程中未知部分为 $x_3(t) = G(x_1, x_2, t)$，则列车的轮轨模型的二阶控制系统可表示为

$$\begin{cases}\dot{x}_1 = x_2 \\ \dot{x}_2 = x_3 + bT \\ \dot{x}_3 = \omega(t) \\ y = x_1\end{cases} \tag{3-28}$$

设计线性扩张观测器为

$$\begin{cases}e = y - z_1 \\ \dot{z}_1 = z_2 + \dfrac{\gamma_1}{\varepsilon}e \\ \dot{z}_2 = z_3 + \dfrac{\gamma_2}{\varepsilon^2}e + bT \\ \dot{z}_3 = \dfrac{\gamma_3}{\varepsilon^3}e\end{cases} \tag{3-29}$$

式中，$z_1$，$z_2$，$z_3$ 分别代表线性 ESO 的输出，$z_1$ 和 $z_2$ 分别用于跟踪列车位移和速度状态变量，从而实现对列车轮轨模型中的扰动 $G(x_1, x_2, t)$ 进行估计；$r_1$，$r_2$ 和 $r_3$ 为正实数，$\varepsilon$ 为线性 ESO 的增益系数，其值大于 0。

参照典型的 PD 形式，在本文中设计了一种基于非线性光滑函数——类双曲正切函数 $\tanh(\cdot)$ 的非线性状态误差反馈，具体表达式如下：

$$\begin{cases}e_1 = v_1 - z_1 \\ e_2 = v_2 - z_2 \\ T_0 = k_1\tanh(e_1, \xi_1) + k_2\tanh(e_2, \xi_2)\end{cases} \tag{3-30}$$

式中，$k_1$，$k_2$ 类似于 PID 中的比例系数和微分系数；tanh(·) 表达式如式（3-23）所示，$\xi_1$，$\xi_2$ 为带调节参数且 $\xi_1 > 0$，$\xi_2 > 0$。

通过补偿干扰估计值，可得到实际控制输入：

$$T = T_0 - z_3 \tag{3-31}$$

为了证明系统的稳定性，本节将运用 Lyapunov 函数设计方法。

经过 ESO 扰动估计和补偿后，列车轮轨系统式（3-26）可以表示为

$$\ddot{y} = bT_0 \tag{3-32}$$

系统的误差方程可以表示为

$$\begin{cases} e_1 = v_1 - z_1 = x - y \\ e_2 = \dot{e}_1 \end{cases} \tag{3-33}$$

考虑 $v = 0$，由式（3-32）和式（3-33）可知：

$$\ddot{e}_1 + bT_0 = 0 \tag{3-34}$$

将式（3-30）代入式（3-34）可得：

$$\ddot{e}_1 + b[k_1 \tanh(e_1, \xi_1) + k_2 \tanh(\dot{e}_1, \xi_2)] = 0 \tag{3-35}$$

平衡点 $e_1 = e_2 = 0$，选取 Lyapunov 函数为

$$V = b\int_0^{e_1} k_1 \tanh(x, \xi_1) dx + \frac{1}{2}\dot{e}_1^2 \tag{3-36}$$

由于 tanh(·) 是奇函数，则有：

$$\int_0^{e_1} \tanh(x, \xi_1) dx = \begin{cases} \int_0^{e_1} \tanh(x, \xi_1) dx \geqslant 0, \quad e_1 \geqslant 0 \\ -\int_{e_1}^{0} \tanh(x, \xi_1) dx \geqslant 0, e_1 < 0 \end{cases} \tag{3-37}$$

同时 $\dot{e}_1^2 \geqslant 0$。所以 $V > 0(e_1, \dot{e}_1 \neq 0)$，$V=0(e_1, \dot{e}_1=0)$。

$$\begin{aligned} \dot{V} &= bk_1 \tanh(e_1, \xi_1)\dot{e}_1 + \dot{e}_1\ddot{e}_1 = [bk_1 \tanh(e_1, \xi_1) + \ddot{e}_1]\dot{e}_1 \\ &= -bk_2 \tanh(\dot{e}_1, \xi_2)\dot{e}_1 \leqslant 0 \end{aligned} \tag{3-38}$$

由式（3-35）~ 式（3-38）可知，除平衡点外，$\dot{V}$ 不恒为 0。因此，系统是渐进稳定的。

### 3.1.5　小结

本节的主要包括以下两个方面的内容：

首先，详细介绍了 ADRC 控制算法的基本原理及各部分结构，突显了该算法不受精确数学模型限制的特点，并解释了其在高速列车速度跟踪研究中的优势。该算法通过误差消除误差的方式，同时具备对扰动的观测和补偿能力，表现出强大的抗干扰性能。

其次，通过引入非线性光滑函数——类双曲正切函数 $\tanh(\cdot)$，对传统基于 $fal(\cdot)$ 函数的 ADRC 控制进行了改进。改进型 ADRC 控制器在面对参数突变时，实现了系统快速收敛且无超调的特点，有效解决了系统快速性和超调量之间的矛盾，使系统控制输入量变化更为平稳。

## 3.2 基于轮轨模型的高速列车自抗扰滑模速度跟踪控制

上一节深入探讨了 ADRC 算法及其改进，为了进一步提升在轨面条件切换时的跟踪效果，本节将详细介绍第二种 ADRC 改进方法——引入滑模控制算法。滑模控制具有快速响应、强鲁棒性以及对参数变化和扰动不敏感的特点，将其与 ADRC 相结合可以有效增强系统的鲁棒性，以适应轨面情况的复杂多变性，从而进一步提高跟踪精度。本节将全面阐述滑模控制及基于滑模控制的 ADRC 方法，并通过仿真结果展示该方法的有效性。

### 3.2.1 滑模变结构控制理论概述

在 20 世纪 50 年代，Utkinhe 和 Emelyanov 最先提出了变结构控制（Variable Structure Control，VSC）的理念。VSC 能够根据系统当前状态（如偏差及其各阶导数等）在动态过程中不断自我调整，有针对性地通过变换控制系统形态沿着预设的“滑动模态”状态进行微小震动，并最终趋向稳定。因此，变结构控制常被称为滑模变结构控制[9]，简称滑模控制（SMC）。由于其卓越的控制特性，滑模控制在各个领域都受到了广泛的认可和应用。

#### 1. 滑模控制基本原理

考虑系统：

$$\dot{x} = f(x,u), x \in R^n, u \in R \tag{3-39}$$

在状态空间中，系统存在一个超曲滑模面 $s(x) = s(x_1, x_2, \cdots, x_n) = 0$。随后，可以将曲面的状态空间分为两部分，即 $s > 0$ 和 $s < 0$，在这两部分中被控对象进行一定的运动，如图 3-5 所示。对于被控对象的运动范围，存在以下几种情况：首先，对于通常点 $A$ 点，当它接近 $s = 0$ 时，将穿越至另一侧，与 $s = 0$ 相交于一点；其次，对于起始点 $B$ 点，当它接近 $s = 0$ 附近时，会从曲面的两侧远离；最后，对于终止点 C 点，当它接近 $s = 0$ 附近时，

会经历小范围波动并最终趋向于 C 点，系统达到稳定状态。显然，这种情况是我们最终希望实现的理想状态。

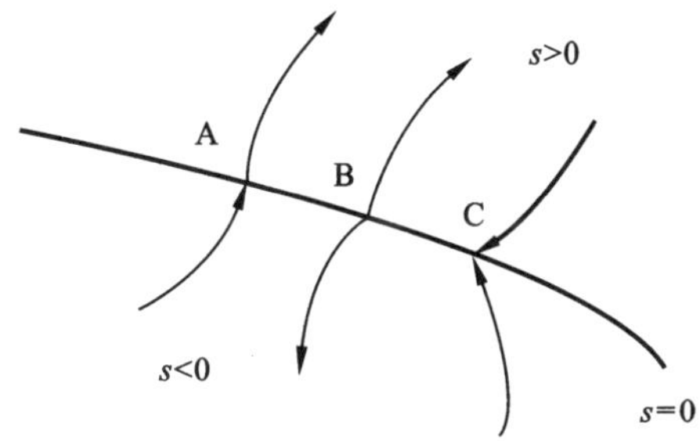


图 3-5　滑模切换面上三种情况

我们通过 Lyapunov 函数来证明滑模控制系统的稳定性条件。为了确保被控系统对象能够达到滑模面，必须满足以下条件：

$$\lim_{s\to 0^+} \dot{s} \leqslant 0 \leqslant \lim_{s\to 0^-} \dot{s} \tag{3-40}$$

式（3-40）也可写成：

$$\lim_{s\to 0} s\dot{s} \leqslant 0 \text{或} s\dot{s} \leqslant 0 \tag{3-41}$$

根据式（3-41），可推断 $s^2$ 的导数为负半定，因此这是滑模控制达到稳定所必须满足的条件。

针对系统式（3-39），需要选取适当的切换函数：

$$s(x), s \in R^m \tag{3-42}$$

则该系统的控制律为

$$u(x) = \begin{cases} u^+(x), s(x) > 0 \\ u^-(x), s(x) < 0 \end{cases} \tag{3-43}$$

式中，$u^+(x) \neq u^-(x)$。

为确保设计的控制律的有效性，该控制系统必须满足以下条件：

（1）存在滑模面，即式（3-39）成立。

（2）系统状态空间中的所有运动点能够在规定时间内到达超曲面。

（3）系统必须是渐进稳定的。

根据以上条件的分析，满足这三个基本条件的控制方式被称为滑模控制。

滑模变结构控制可以根据实际控制需求设计相应的滑动模态，然而，滑动模态的切换势必会导致系统的抖振。实际上，这种抖振现象是不可避免的，只能在一定程度上减弱，无法完全消除。

### 2. 基于趋近律的滑模控制

滑模运动分为趋近运动和滑模运动两个阶段。趋近运动指系统从任何起始状态逼近曲面 $s(x)$ 的过程，即 $s \to 0$；滑模运动则是系统到达曲面 $s(x)$ 后沿着 $s=0$ 进行的运动。接下来，将介绍几种常见的驱动运动中常用的趋近规律。

（1）等速趋近律。

$$\dot{s} = -\eta \operatorname{sgn} s, \eta > 0 \tag{3-44}$$

系统的运动点逼近曲面 $s=0$ 的效率由常数 $\eta$ 决定，其数值越大，趋近速度越快。然而，速度增快也会导致相应的抖振现象加剧。

（2）指数趋近律。

$$\dot{s} = -\eta \operatorname{sgn}(s) - ks, \eta > 0, k > 0 \tag{3-45}$$

在保持逼近速度的同时减小系统的抖振程度，可以通过增大 $k$ 和减小 $\eta$ 来实现。

（3）幂次趋近律。

$$\dot{s} = -k|s|^{\eta} \operatorname{sgn} s, k > 0, 0 < \eta < 1 \tag{3-46}$$

通过调整 $\eta$ 值，可以控制趋近速度和抖振的幅度。

（4）一般趋近律。

$$\dot{s} = -\eta \operatorname{sgn} s - f(s), \eta > 0 \tag{3-47}$$

式中，$f(0)=0$，当 $s \neq 0$ 时，$sf(s) > 0$。

可以看出，上述四种趋近律方法各有其优缺点，但它们都能满足滑模到达条件。

滑模控制中不可避免地会出现抖振现象，这将影响控制效果。因此，滑模控制的关键在于在确保控制品质的同时减弱系统的抖振。许多国内外学者尝试从不同角度研究如何减弱抖振，例如使用连续函数替代切换函数、利用观测器对干扰进行补偿以及结合其他控制方法等。

## 3.2.2 基于轮轨模型的高速列车 SM-ADRC 控制器的设计与改进

在前面的讨论中，我们已经了解到滑模控制是一种具有很高鲁棒性的控制方法，然而其抖振现象却难以完全消除。自抗扰控制器中的 ESO 部分能够有效地实时估计列车轮轨模型中未建模的动态项和轮轨间未知的干扰，并对其进行补偿。尽管如此，自抗扰控制器在面对参数变化时的鲁棒性并不够强，因此采用滑模算法可以进一步优化速度跟踪控制效果。

### 1. SM-ADRC 控制器的设计与改进

根据第 3.2.1 节的内容，考虑列车轮轨模型的控制系统状态方程，设计了 SM-ADRC 速度跟踪控制器。该控制器以 ADRC 算法为基础，在非线性误差反馈处引入滑模控制算法，主要包括跟踪微分器（TD）、扩张状态观测器（ESO）以及滑模控制器这三个部分。各部分的具体算法如下所示。

选取 3.1.2 节所介绍的 Levant 跟踪微分器，其表达式如下：

$$\begin{cases} \dot{v}_1 = x_2 \\ x_2 = v_2 - \lambda \left| v_1 - v_1 \right|^{1/2} \operatorname{sgn}(v_1 - x_1) \\ \dot{v}_2 = -\alpha \operatorname{sgn}(v_1 - x_1) \end{cases} \tag{3-48}$$

式中，$\alpha > C$，$\lambda^2 \geqslant 4C\dfrac{\alpha + C}{\alpha - C}$，$C > 0$ 表示输入信号的导数的 Lipschitz 上界；$v_1$，$v_2$ 表示微分器的两个输出。通过这种跟踪微分器，能够实现 $v_1$ 跟踪列车运行时的位移以及 $v_2$ 跟踪列车运行时的速度。

选取 3.1.3 小节所介绍的线性 ESO，其表达式如下：

$$\begin{cases} e = y - z_1 \\ \dot{z}_1 = z_2 + \dfrac{\gamma_1}{\varepsilon} e \\ \dot{z}_2 = z_3 + \dfrac{\gamma_2}{\varepsilon^2} e + bT \\ \dot{z}_3 = \dfrac{\gamma_3}{\varepsilon^3} e \end{cases} \tag{3-49}$$

式中，$z_1$，$z_2$，$z_3$ 代表线性 ESO 的输出，$z_1$ 和 $z_2$ 分别用于跟踪列车运行时的状态变量位移 $x_1$ 和速度 $x_2$，从而对列车轮轨模型中的扰动 $G(x_1, x_2, t)$ 进行估计；而 $r_1$，$r_2$ 和 $r_3$ 为正实数，$\varepsilon$ 为线性 ESO 的增益系数，其值大于 0。

基于传统 ADRC 算法，SM-ADRC 速度跟踪控制器通过选择适当的滑模面和指数趋近律，在对 ADRC 的非线性误差反馈部分进行改进的基础上，实现了对列车轮轨模型目标速度的有效控制。该控制器具有强大的抗干扰性和鲁棒性。以下是具体的算法描述：

定义误差变量：

$$\begin{cases} e_1 = v_1 - z_1 \\ e_2 = v_2 - z_2 \end{cases} \tag{3-50}$$

定义滑模面：

$$s = ce_1 + e_2 \tag{3-51}$$

对上式求微分得：

$$\dot{s} = c\dot{e}_1 + \dot{e}_2 = ce_2 + \dot{v}_2 - \dot{z}_2 = c(v_2 - z_2) + \dot{v}_2 - \dot{z}_2 \tag{3-52}$$

通过采用式（3-45）中展示的指数趋近律，可以定义 SM-ADRC 控制器在 ESO 观测补偿下对系统整体输入$T$的影响为

$$T = \frac{1}{b}[-c(v_2 - z_2) + \dot{v}_2 + z_3 + \eta \cdot s + k \cdot sgn(s)] \tag{3-53}$$

式中，$sgn(s)$为符号函数；$\eta$，$k$为待调节增益参数。

为了实现良好的速度跟踪控制效果，考虑到轮轨模型中存在大量不确定性和外部干扰，需要经常切换增益项，这可能导致较大的抖振现象。饱和函数$sat(s)$由切换和反馈两种控制方式组成，能有效缓解频繁切换增益项带来的抖振问题。为此，在控制律部分，我们可以选择饱和函数$sat(s)$来取代原有的符号函数，如图 3-6 所示，其具体表达式如下：

$$sat(s) = \begin{cases} 1, s > \Delta \\ ks, |s| \leqslant \Delta, k = 1/\Delta \\ -1, s < -\Delta \end{cases} \tag{3-54}$$

式中，$\Delta$为边界层。

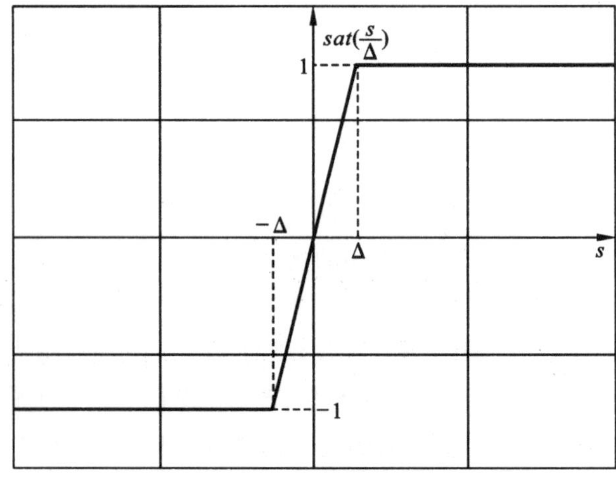


图 3-6　饱和函数图像

在这个基础上，改进型 SM-ADRC 控制器对列车轮轨系统整体控制输入的影响如下：

$$T=\frac{1}{b}[-c(v_2-z_2)+\dot{v}_2+z_3+\eta\cdot s+k\cdot sat(s)] \tag{3-55}$$

2. 稳定性证明

首先，对线性 ESO 的收敛性进行分析：

定义：

$$\eta=[\eta_1,\eta_2,\eta_3] \tag{3-56}$$

式中，$\eta_1=\frac{v_1-z_1}{\varepsilon^2}$，$\eta_2=\frac{v_2-z_2}{\varepsilon}$，$\eta_3=G(x_1,x_2,t)-\sigma$。

由于：

$$\begin{aligned}\varepsilon\dot{\eta}_1&=\frac{\dot{v}_1-\dot{z}_1}{\varepsilon}=\frac{1}{\varepsilon}\left[v_2-\left(z_2+\frac{r_1}{\varepsilon}(y-z_1)\right)\right]\\&=-\frac{r_1}{\varepsilon^2}(v_1-z_1)+\frac{1}{\varepsilon}(v_2-z_2)=-r_1\eta_1+\eta_2\end{aligned} \tag{3-57}$$

$$\begin{aligned}\varepsilon\dot{\eta}_2&=\varepsilon\frac{\dot{v}_2-\dot{z}_2}{\varepsilon}=bT+G(x_1,x_2,t)-[bT+\sigma+\frac{r_2}{\varepsilon^2}(y-z_1)]\\&=-\frac{r_2}{\varepsilon^2}(v_1-z_1)+[G(x_1,x_2,t)-\sigma]h\\&=-r_2\eta_1+\eta_3\end{aligned} \tag{3-58}$$

$$\begin{aligned}\varepsilon\dot{\eta}_3&=\varepsilon[\dot{G}(x_1,x_2,t)-\dot{\sigma}]=\varepsilon\left[\dot{G}(x_1,x_2,t)-\frac{r_3}{\varepsilon^3}(z_1-y)\right]\\&=-\frac{r_3}{\varepsilon^2}(v_1-z_1)+\varepsilon\dot{G}(x_1,x_2,t)=-r_3\eta_1+\varepsilon\dot{G}(x_1,x_2,t)\end{aligned} \tag{3-59}$$

则观测误差状态方程可写为

$$\varepsilon\dot{\eta}=\overline{\boldsymbol{A}}\eta+\varepsilon\overline{\boldsymbol{B}}\dot{G} \tag{3-60}$$

式中，$\overline{\boldsymbol{A}}=\begin{bmatrix}-r_1&1&0\\-r_2&0&1\\-r_3&0&0\end{bmatrix}$，$\overline{\boldsymbol{B}}=\begin{bmatrix}0\\0\\1\end{bmatrix}$。

矩阵 $\overline{\boldsymbol{A}}$ 的特征方程为

$$\left|\lambda \boldsymbol{I}-\bar{\boldsymbol{A}}\right|=\begin{vmatrix}\lambda+r_1 & -1 & 0\\ r_2 & \lambda & -1\\ r_3 & 0 & \lambda\end{vmatrix}=0 \tag{3-61}$$

则可得

$$\lambda^3+r_1\lambda^2+r_2\lambda+r_3=0 \tag{3-62}$$

选择$r_1$，$r_2$，$r_3$使得$\bar{\boldsymbol{A}}$的特征多项式满足 Hurwitz 条件。

对于正定对称矩阵$\boldsymbol{C}$，存在正定对称矩阵$\boldsymbol{P}$满足：

$$\bar{A}^T\boldsymbol{P}+\boldsymbol{P}\bar{A}+\boldsymbol{C}=0 \tag{3-63}$$

定义观测器的 Lyapunov 方程为

$$V_0=\varepsilon\eta^T\boldsymbol{P}\eta \tag{3-64}$$

则：

$$\begin{aligned}\dot{V}_0&=\varepsilon\dot{\eta}^T\boldsymbol{P}\eta+\varepsilon\eta^T\boldsymbol{P}\dot{\eta}=(\bar{A}\eta+\varepsilon\bar{B}\dot{d})^T+\eta^T\boldsymbol{P}(\bar{A}\eta+\varepsilon\bar{B}\dot{d})\\&=\eta^T(\bar{A}^T\boldsymbol{P}+\boldsymbol{P}\bar{A})\eta+2\varepsilon\eta^T\boldsymbol{P}\bar{B}\dot{d}\\&\leqslant-\eta^TC\eta+2\varepsilon\|\boldsymbol{P}\bar{B}\|\cdot\|\eta\|\cdot|d|\end{aligned} \tag{3-65}$$

且$\dot{V}_0\leqslant-\lambda_{\min}(Q)\|\eta\|^2+2\varepsilon L\|\boldsymbol{P}\bar{B}\|\cdot\|\eta\|$。其中：由于$\lambda_{\min}(\boldsymbol{C})$是$\boldsymbol{C}$的最小特征值，因此观测器的收敛条件可由$\dot{V}_0\leqslant 0$推导得出，即

$$\|\eta\|\leqslant\frac{2\varepsilon L\|\boldsymbol{P}\bar{B}\|}{\lambda_{\min}(\boldsymbol{C})} \tag{3-66}$$

因此，参数$\varepsilon$对观测误差$\eta$的逼近速度产生影响。这两者呈反比关系，参数值越大，观测误差逼近速度越慢；反之，参数值越小，观测误差逼近速度越快，最终逐渐趋向于 0。

接下来，我们将利用 Lyapunov 函数对设计的改进型 SM-ADRC 速度跟踪控制器进行稳定性证明。

为了其稳定性条件，选取 Lyapunov 函数为$V=\dfrac{s^2}{2}$，由上式可知：

$$\begin{aligned}\dot{V}&=s\cdot\dot{s}\\&=s[c(v_2-z_2)-(\dot{v}_2-\dot{z}_2)-\beta\cdot s-k\cdot sat(s)]\\&=s[cp-q-\eta\cdot s-k\cdot sat(s)]\\&=s(cp-q)-\eta\cdot s^2-k|s|\end{aligned} \tag{3-67}$$

式中，$p=v_2-z_2$，$q=\dot{v}_2-\dot{z}_2$。当$t\to\infty$时，$p\to 0$，$q\to 0$，在特定取值下，即当$\beta$取特定值时，可以确保系统稳定，从而证明了本文所设计的控制算法具有合理有效性。

### 3.2.3　小结

本小节详细介绍了滑模控制算法的原理，并对几种常见的趋近律进行了阐述。由于滑模控制能够通过不断切换滑动模态以适应不同的系统对象，因此在实际控制过程中表现出强大的鲁棒性，同时解释了滑模控制抖振问题的根源。

## 3.3　列车防滑过程中的最优蠕滑率估计

在轨道交通领域的研究中，通过分析黏着系数与蠕滑率之间的关系，研究者发现存在一个最大黏着系数点，代表着轮轨系统在当前轨道条件下的最大黏着。为确保列车制动性能最佳，需使列车在最大黏着系数附近运行。最大黏着系数对应最佳蠕滑率，确定最佳蠕滑率点并控制列车在该点附近运行，可充分利用轮轨黏着且实现良好防滑效果。图 3-7 所示为最优蠕滑率估计流程图，揭示了这一概念的理论基础和实际应用过程。

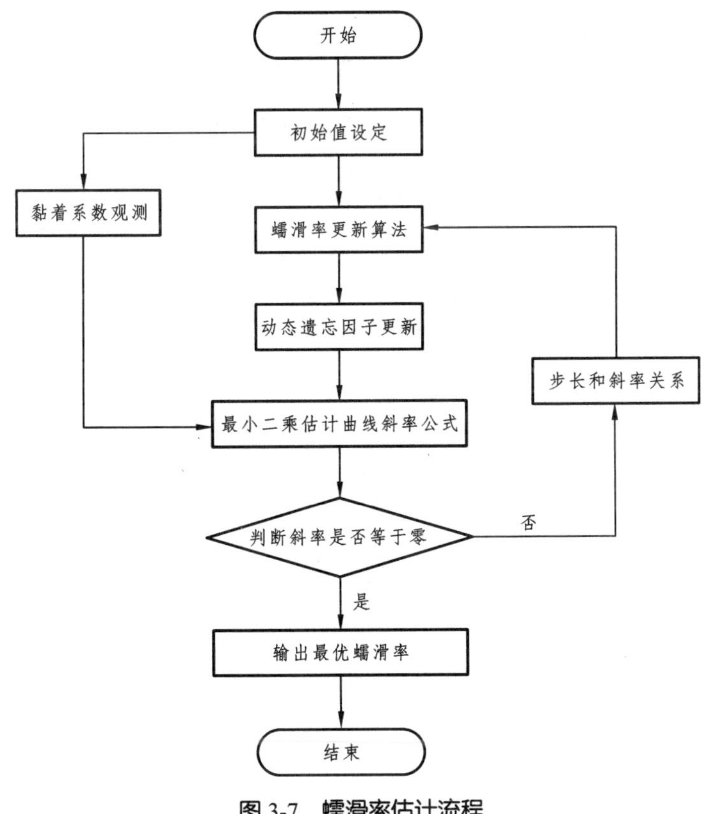


图 3-7　蠕滑率估计流程

### 3.3.1 黏着系数估计模型

轮轨之间的黏着力是时刻在变化的，实时了解黏着力的大小对于列车的防滑控制至关重要。然而，黏着力与轨面状态密切相关，要想准确知晓黏着力的大小，必须准确获取黏着系数的数值。目前，由于缺乏直接测量黏着系数的技术，只能通过间接手段来获取黏着系数的数值。间接获取黏着系数的方法主要有两种：一种是干扰观测器法，另一种是经验估计法。

#### 1. 观测器估计法

干扰观测器在估计干扰时无须建立准确的数学模型来描述干扰信号，其结构相对简单。因此，在预测干扰信号时避免了烦琐的数学计算，有利于满足实时性的需求。在系统设计中，考虑到系统的干扰主要包括外部扰动和由于执行机构与其理想数学模型之间参数变化所导致的误差。因此，通过有效利用干扰观测器对干扰信号进行预测和补偿，可以在一定误差范围内将实际执行机构的模型等效为其参考模型。

在本节中，为了实现对黏着力的估计，设计的干扰观测器基于轮轨间力学模型，旨在确保黏着力估计的准确性并保持结构简单易于实现，具体设计如图 3-8 所示。

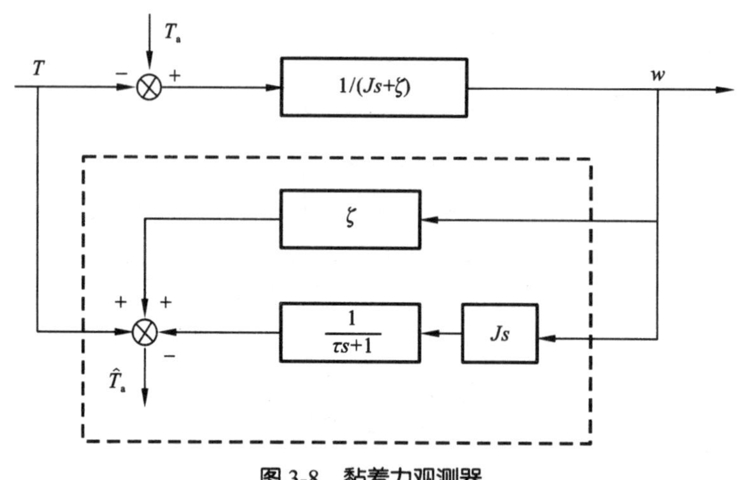


图 3-8 黏着力观测器

在图 3-8 中，符号 $T$ 代表列车的制动力矩，$T_a$ 则表示黏着力矩。黏着力矩的表达式如下所示：

$$T_a = F_x \cdot R = \mu \cdot F_z \tag{3-68}$$

式中，$F_x$ 表示轮轨间产生的纵向黏着力；$\mu$ 代表黏着系数；而 $F_z$ 则是作用在每个轮对上的法向力。

为了估计黏着系数$\mu$，将公式改写成式（3-69）：

$$\mu = \frac{T_a}{F_z R} \tag{3-69}$$

根据轮对转速的动力学模型公式可得

$$T_a = J\dot{w} + w\varsigma + T \tag{3-70}$$

式中，$\varsigma$表示轮对的黏滞摩擦系数，$J$代表转动惯量，对式（3-71）进行拉普拉斯变换得到

$$T_a(s) = Jsw(s) + w(s)\varsigma + T(s) \tag{3-71}$$

为了应对高频噪声的影响，将一个一阶低通滤波器添加到式（3-71）中。这一举措有助于抑制在黏着力观测过程中可能出现的异常数据干扰，从而得到估计的黏着力矩，公式为

$$\hat{T}_a(s) = \frac{Js}{\tau s + 1} w(s) + \varsigma w(s) + T(s) \tag{3-72}$$

式中，$\tau$代表黏着力矩观测器中低通滤波器的时间常数。

改进后的干扰观测器可通过间接手段成功估计时变黏着力矩，从而进一步得到如下的黏着系数估计公式为

$$\hat{\mu} = \frac{\hat{T}_a}{F_z R} \tag{3-73}$$

### 2. 基于经验的模型估计法

由于 Burckhardt 公式的参数估计存在非线性问题，因此在实际在线估计时具有很大难度；相反，利用 Kiencke 公式，可以通过极大似然估计法或简单的最小二乘法对参数进行估计。鉴于本节主要采用最小二乘法作为参数估计方法，因此不涉及极大似然分析。

对于类似高速列车运行这样的复杂非线性系统，其中涉及的未知参数影响因素繁多，用一般理论难以充分描述。在实际运行中，必须对机理模型进行简化，或者利用大量实验数据进行经验建模。然而，在使用经验公式时，需要对采集到的数据中的不确定参数进行准确辨识。在列车防滑控制方面，参数的实时更新至关重要，只有通过它们才能确保有效的防滑效果。为了解决这一问题，可以借助最小二乘算法，其基本思想[10]可概括为：

新的估计值=旧的估计值+修正项

这种方法涉及对旧估计值进行修改以获得新的估计值，不仅可以降低计算和存储负担，还能实现在线估计。由于列车防滑控制系统是参数时变的系统，随着时间的推移，数据会不断积累，可能导致新数据的有效估计受到影响，进而影响数据的实时更新。为了避免这种情况，可以采用带遗忘因子的递推最小二乘法。这种方法是经验模型估计黏着系数时最常见的方法，也是后文中蠕滑率估计所采用的方法。为了直观理解这种辨识算法的工作流程，下面以 Kiencke 模型的未知参数为例进行识别。

Kiencke 模型经验公式为

$$\mu(\lambda)=\frac{k_0\lambda}{1+p_1\lambda+p_2\lambda^2} \tag{3-74}$$

式中，$k_0$ 是黏着特性曲线初始斜率。

对于各种轨面，它们的黏着特性曲线的初始斜率几乎相同；待估参数表示为 $p_1$、$p_2$，通过方程式（3-65），我们可以推导出：

$$\lambda_k=\frac{1}{\sqrt{p_2}},\mu_{\max}=\frac{\mu(0)}{p_1+2\sqrt{p_2}} \tag{3-75}$$

根据上述方程可知，$p_1$、$p_2$ 共同决定了最大黏着系数 $\mu_{\max}$ 的大小，$p_2$ 的数值则决定了最佳蠕滑率 $\lambda_k$ 的大小，$p_1$、$p_2$ 代表待估参数，通过式（3-69）的等价变换可得

$$\mu(0)\lambda-\mu(\lambda)=\mu(\lambda)\lambda p_1+\mu(\lambda)\lambda^2 p_2=[\mu(\lambda)\lambda,\mu(\lambda)\lambda^2]\cdot\begin{bmatrix}p_1\\p_2\end{bmatrix} \tag{3-76}$$

式中，记 $\begin{cases}y_k=\mu(0)\lambda(k)-\mu(k)\\P^T(k)=[p_1(k),p_2(k)]\\\varphi^T(k)=[\mu(k)\lambda(k),\mu(k)\lambda^2(k)]\end{cases}$，并将式（3-76）写成最小二乘估计的形式。

改写结果为

$$y(k)=\varphi^T(k)\cdot P(k) \tag{3-77}$$

采用带遗忘因子的递推最小二乘法，可以对式（3-77）中的变参数矩阵 $P(k)$ 进行估计。在省略中间推导过程的情况下，我们得到以下估计结果：

$$\hat{P}(k+1)=\hat{p}(k)+W(k+1)T(k)\varphi(k+1)[y(k+1)-\varphi^T(k+1)\hat{P}(k)] \tag{3-78}$$

上述式子中，有两个中间变量矩阵，它们的递推式为

$$
\begin{cases}
T(k+1)=\dfrac{1}{\xi}[T(k)-W(k+1)T(k)\varphi(k+1)\varphi^T(k+1)T(k)] \\
W(k+1)=\dfrac{1}{1+\varphi^T(k+1)T(k)\varphi(k+1)}
\end{cases}
\tag{3-79}
$$

式中，$\xi$ 为遗忘因子。

### 3.3.2　最优蠕滑率动态实时估计

为了使列车充分利用轮轨之间的黏着力，考虑到轨面环境的复杂性和多变性，列车应该行驶在最大黏着系数周围。根据黏着系数和蠕滑率的关系，黏着系数的峰值点对应着一个独特的最优蠕滑率，这个蠕滑率即是最佳选择。维持在最优蠕滑率附近可以使系统最大化地利用轮轨黏着力。实验结果显示，当蠕滑率低于最优蠕滑率时，黏着系数随蠕滑率的变化较小；而当蠕滑率高于最优蠕滑率时，黏着系数会随蠕滑率的增加而明显下降。这表明，将车轮保持在最佳蠕滑率处有助于最大程度地利用黏着力，有效地预防空转和滑行的发生[11]。

目前，最优蠕滑率的识别技术主要包括以下几种方法[12],[13]：门限值法、速度传感器法、模糊控制法和曲线斜率法。具体如下：

速度传感器法：首先通过在轮轴上安装传感器，测量施加在轮轴上的扭矩，并经过计算得出轨道的黏着系数，然后实时推算蠕滑率，并不断比较计算得出的蠕滑率，最后选取最大值为最优蠕滑率。这种方法对传感器的精度要求很高。

模糊控制法：基于试验测得的不同黏着系数与蠕滑率特性曲线，模糊控制法设计出最佳的模糊推理规则。在计算过程中，首先输入蠕滑速度，经过模糊推理后输出当前轨面的最优蠕滑率。这种方法适用性广泛，但需要大量试验数据支持。

斜率法：通过实时计算当前黏着系数与蠕滑率特性曲线的斜率，用以进行空转判断。下面将详细介绍这一方法，为建立防滑黏着控制模型奠定基础。

#### 1. 最优蠕滑率估计

为了估计蠕滑率，首要任务是获取黏着系数的数值，图 3-9 所示为黏着特性曲线。这种曲线可分为不稳定区域和稳定区域：稳定区域的曲线斜率为正，而在不稳定区域则为负。在曲线的顶点处分别对应着最优蠕滑率和最大黏着系数，此时曲线的斜率为零。因此，要对曲线的斜率进行分析，首先需要定义曲线的斜率。

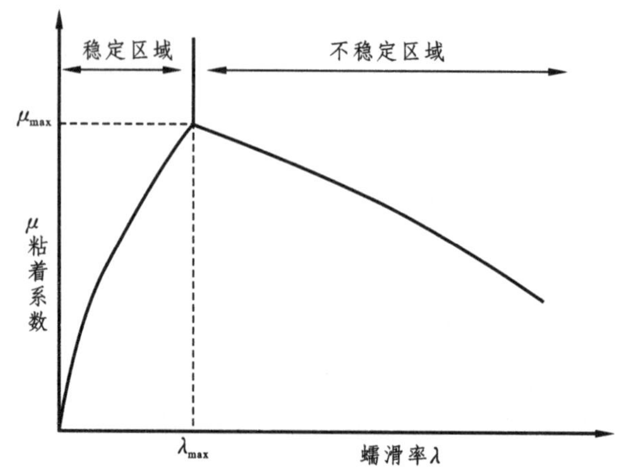


图 3-9　黏着特性曲线

将黏着曲线上黏着系数与蠕滑率之间的曲线斜率定义为 $l$：

$$l = \frac{\partial \mu}{\partial \lambda} = \frac{\partial \mu / \partial t}{\partial \lambda / \partial t} \tag{3-80}$$

式中，$l = \begin{cases} > 0, \lambda < \lambda_{max} \\ = 0, \lambda = \lambda_{max} \\ < 0, \lambda > \lambda_{max} \end{cases}$，在最优估计滑移率搜索算法中，当蠕滑率位于最优蠕滑率的左侧时，表示尚未达到最大黏着系数，需要增加蠕滑率；当蠕滑率处于最佳位置时，即列车正处于最大黏着系数下，此时的蠕滑率即为列车控制的目标；而当蠕滑率超过最大蠕滑率时，随着蠕滑率的增加，黏着系数减小，因此需要采取措施来减小蠕滑率。基于这一理念，最优估计滑移率搜索算法的描述如下：

$$\lambda_{max}(t) = \lambda_{max}(t-1) + \gamma \cdot \text{sgn}(l) \tag{3-81}$$

式中，$\lambda_{max}(t)$ 和 $\lambda_{max}(t-1)$ 是在 $t$ 时刻和 $t-1$ 时刻估计的最优蠕滑率；$\text{sgn}(\cdot)$ 为符号函数；$\gamma$ 为搜索步长。

在研究中发现，当斜率 $l$ 为正时，可以通过调整参数 $\gamma$ 来减少 $\lambda_{max}(t)$；而当斜率 $l$ 为负时，可以通过调整 $\gamma$ 来增加该量。为了找到最佳的蠕滑率，需要对黏着系数 $\mu$ 进行估计。虽然轮轨间的黏着特性可能是未知且时变的，但根据式（3-80）和图 3-9，当轮轨之间的黏着系数达到最大值时，曲线的斜率 $\partial \mu / \partial t$ 将为零。基于此特性和估算值，可以确定最佳的蠕滑率。

在实际列车防滑控制系统中，需要测量噪声。因此，仅依靠单个采样数据很难实现最佳性能[14]。最小二乘法因其原理简单、收敛速度较快以及编程简便而被广泛应用于系统的参数估计中。在本节中，曲线的斜率 $l$ 需要辨识。由于该值可能随着轨道环境变化而突然改变，一些研究人员尝试使用遗忘因子递归最小二乘法以实时获取斜率[15][16]。然而，现有方法中采用的遗忘因子是固定的，无法有效适应轨道表面特性的变化。因此提出了一种改进的遗忘因子方法来识别斜率，其修正结果如下所示：

$$\xi = \frac{1}{1+\chi\left(\frac{\partial \lambda}{\partial t}\right)^2} \tag{3-82}$$

式中，$\xi$ 为修正的遗忘因子；$\chi$ 为遗忘因子调节参数。

以下是根据遗忘因子递归最小二乘算法（FFRLS）推导出的最佳蠕滑率公式：

$$\begin{cases} \hat{\boldsymbol{l}}(t+1) = \hat{\boldsymbol{l}}(t) + \boldsymbol{P}(t+1)\left[\frac{\partial \mu}{\partial t}\frac{\partial \lambda}{\partial t} - \left(\frac{\partial \lambda}{\partial t}\right)^2 \hat{\boldsymbol{l}}(t)\right] \\ \boldsymbol{P}(t+1) = \frac{1}{\xi}\left[P(t) - \frac{P(t)^2\left(\frac{\partial \lambda}{\partial t}\right)^2}{\xi + P(t)\left(\frac{\partial \lambda}{\partial t}\right)^2}\right] \end{cases} \tag{3-83}$$

式中，$\hat{\boldsymbol{l}}(t+1)$ 和 $\hat{\boldsymbol{l}}(t)$ 分别为下一时刻和当前时刻黏着特性曲线的斜率估计值；$\boldsymbol{P}$ 为相关逆矩阵。

这种改进后的 FFRLS 方法能够有效地处理蠕滑率的变化，即使轮轨特性发生改变，也能够通过估计的黏着系数的变化来更新最佳蠕滑率，使估计的最优蠕滑率能够迅速接近理论设定值。在这个过程中，根据黏着曲线的斜率 $l$ 调整式（3-81）中的搜索步长是必要的。搜索步长 $\gamma$ 与斜率 $l$ 的关系可根据表 3-1 调节。

**表 3-1　搜索步长和斜率关系**

| $abs(l)$ | $\gamma$ |
| --- | --- |
| 0 ~ 1 | 0 |
| 1 ~ 5 | 0.03 |
| 5 ~ 15 | 0.05 |
| 15 ~ 30 | 0.2 |
| >30 | 0.5 |

### 2. 状态受限参考蠕滑率

在最佳情况下，当蠕滑率保持在最佳值时，黏附特性会处于峰值位置，此时黏附系数达到最大值。为了维持最佳性能，控制系统必须使车辆的黏附状态保持在一个非稳定的平衡点（即最佳蠕滑率点），以获得最佳黏附力。然而，若控制系统在非稳定的平衡点操作，再微小的干扰也可能导致列车制动力急剧变化，造成车轮失稳和打滑，从而影响控制策略的稳定性。为了克服这些问题，防滑控制应避免将最佳蠕滑率作为参考蠕滑率[17]。

需要强调的是，计算得出的最佳蠕滑率并非直接作为参考蠕滑率，但可以用于参考蠕滑率的设计。参考蠕滑率应尽可能接近最佳蠕滑率，以确保在最佳蠕滑率附近保持在合理范围内。最佳蠕滑率因车辆实际黏附特性的变化而变化，因此将参考蠕滑率确定为受限制的状态参数是合理的。

$$\kappa \leqslant \lambda_{\max} - \lambda_d \tag{3-84}$$

式中，$\kappa$ 为人为设定的参数；$\lambda_{\max}$ 为最佳蠕滑率；$\lambda_d$ 为参考蠕滑率。

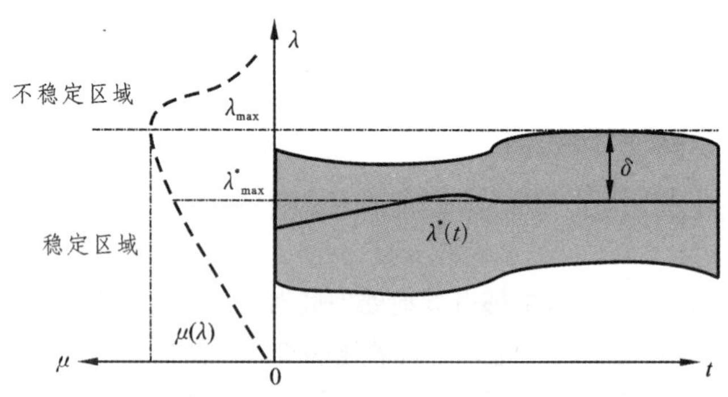


图 3-10　状态受限参考蠕滑率设计

根据图 3-10 所示，根据实际蠕滑率与参考蠕滑率之间的差异变化，列车的黏着特性曲线可被划分为微蠕滑区、稳定蠕滑区和蠕滑区三个区域。在稳定蠕滑区内，车辆的黏着特性处于一个稳定的状态，轮轨之间的黏着系数较高且呈上升趋势，车辆能够获得更为稳定的平均制动力，有效提升列车的制动性能，同时防滑控制系统的效果也能达到最佳状态。因此，防滑控制的目标为在合理调节蠕滑率的基础上，使车辆的实际蠕滑率可以跟随参考蠕滑率变化，以确保车辆的黏着特性始终保持在一个特定范围内（即阴影区域），并尽可能接近其特性曲线的峰值点。这样既能有效防止车轮打滑，又能最大程度地利用轮轨之间的黏着力，从而缩短制动距离，确保高速列车的制动性能得到保障。

### 3.3.3　模型仿真结果分析

#### 1. 黏着系数仿真分析

在 3.3.1 节中，干扰观测器和基于经验模型的黏着系数观测方法已经被建立。尽管利用专家经验方法可用于估计黏着系数，但存在主观性。为了更好地符合实际情况，可通过建立在轮轨动力学模型基础上的干扰观测器方法来获取黏着系数。为了验证干扰观测器的观测效果，选择了不同时间常数条件下观测到的黏着系数值与实际系统黏着系数值进行比较的方法。重要的是，为了使观测器的输出尽可能准确地反映实际情况，时间常数的选择至关重要。适当选择时间常数可以使观测器准确估计当前轨面的黏着系数。因此，又对干扰观测器进行了不同时间常数的仿真研究。

图 3-11 展示了当时间常数 $\tau = 0.05$ 时的干扰观测器黏着系数估计效果，而图 3-12 则展示了 $\tau = 0.01$ 的估计结果。此外，图 3-13 展示了在不同时间常数下的黏着系数估计误差仿真结果。观察这些图表可以发现，时间常数的选择对黏着系数估计结果的准确性有着显著影响。特别地，当时间常数取特定数值 $\tau = 0.05$ 时，干扰观测器的估计效果明显不如 $\tau = 0.01$ 下的结果。因此，在实际仿真环境中，为了提高黏着系数估计的准确性，时间常数通常被设定为 0.01。

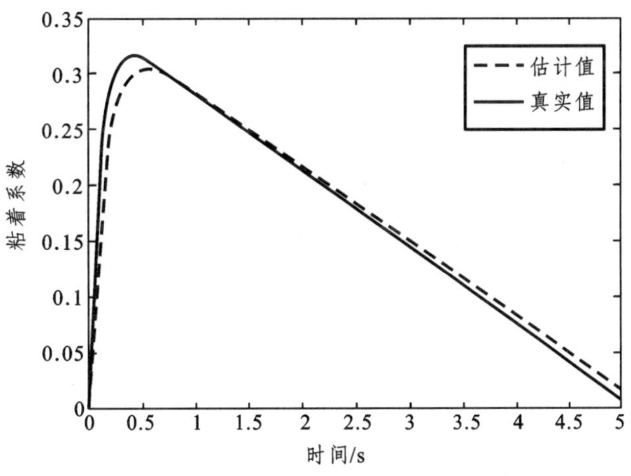


图 3-11　当 $\tau = 0.05$ 时的黏着系数估计效果

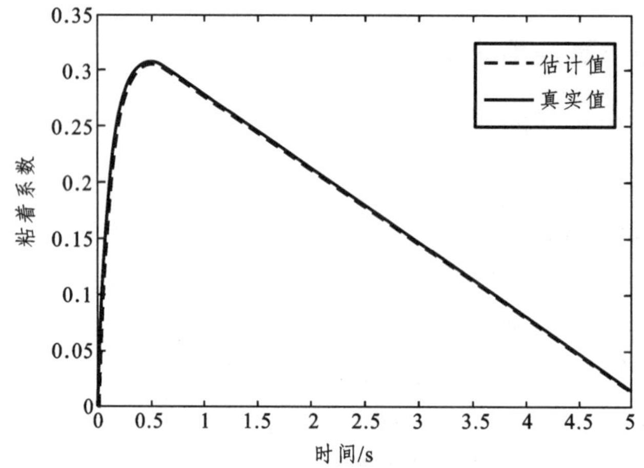


图 3-12　当 $\tau = 0.01$ 时的黏着系数估计效果

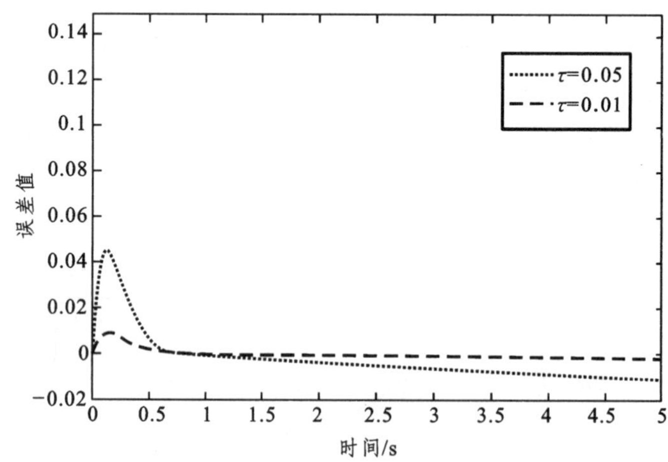


图 3-13　当时间常数 $\tau$ 取不同值时的黏着系数估计误差

## 2. 最优蠕滑率仿真分析

为验证设计的动态遗忘因子在估计黏着系数时的效果，仿真实验选择了干燥轨面和潮湿轨面两种环境下的最优蠕滑率作为理论值，值分别为 0.1 和 0.2。这种选择考虑了不同轨面黏着系数与蠕滑率的特性曲线。为了更全面地评估估计算法的适应性，特别是在轨面条件突然改变时的表现，仿真实验在第 8 s 模拟了轨面环境突然切换的场景，以观察估计效果的响应。具体仿真结果如图 3-14 和 3-15 所示。

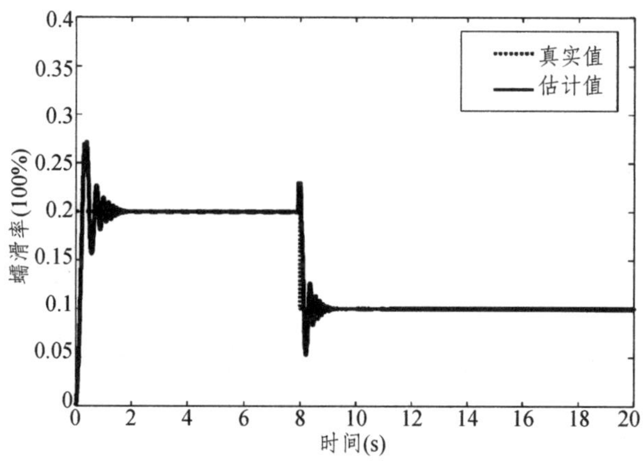


图 3-14　动态遗忘因子法最优蠕滑率估计

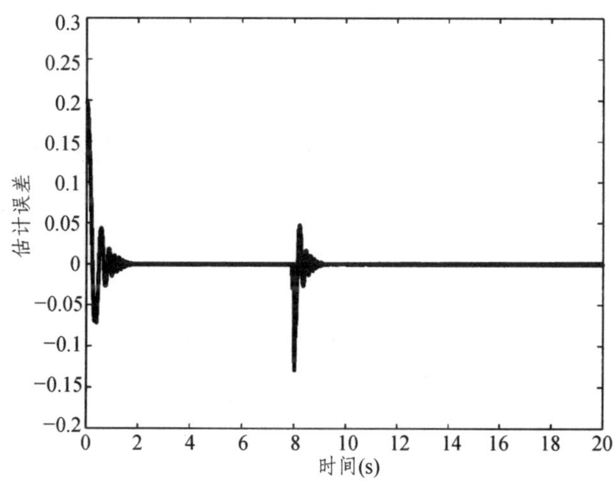


图 3-15　蠕滑率估计误差

根据图 3-14 所示，采用改进的动态遗忘因子最小二乘估计方法对蠕滑率进行估计。在制动初期，观察到蠕滑率估计值与实际值之间存在一定偏差，然而，经过 2 s 后，随着动态遗忘因子的更新，估计值快速逼近最优蠕滑率。当轨面环境在第 8 s 发生突然切换时，算法的估计受到一定影响，但最终趋向于真实值附近。通过图 3-15 中的误差仿真结果可以看出，尽管存在一定波动，但其误差仍在可接受范围内，表明估计效果良好。

### 3.3.4　小结

针对固定遗忘因子可能导致最优蠕滑率无法及时估计的问题，基于先前章节中黏着系数与蠕滑率的关系，提出了一种有效的最优蠕滑率估计算法。该算法首先利用设计的干扰观测器获取轮轨间未知的黏着力信息，然后采用动态遗忘因子最小二乘法实时估计对应于轨面环境的最佳蠕滑率。在列车制动过程中，当铁路轨面环境发生变化时，系统可以实时估算出最佳蠕滑率。最后，考虑到黏着特性的独特性以及下一章中控制器的稳定性，通过估计得到的最优蠕滑率，设计了一种状态受限的参考蠕滑率作为最终的控制目标。

## 3.4 最优蠕滑率下的列车自适应滑模防滑控制

有效的防滑控制算法对于列车防滑系统至关重要。列车在运行过程中会受到多种外部干扰因素的影响，其中包括制动条件下的制动力调节难题，可能影响车轮的正常操作，导致车轮抱死现象。通过先前建立的蠕滑率估计模型，可以得到不同轨面对应的最优蠕滑率。本节旨在通过控制算法确保列车运行在最佳蠕滑率下。自适应滑模控制算法被选定，因为其能够有效抑制非线性扰动，并且其参数具有自适应调节的特性。本节设计的自适应滑模列车防滑控制算法旨在控制列车轮轨之间的滑动现象。同时基于设计的列车轮轨模型，在不同轨面条件下进行了仿真验证。

### 3.4.1 自适应控制原理

自适应控制作为一种反馈控制形式，在建模过程与传统反馈控制有所不同。自适应控制不要求系统参数具体数值，在面对外部干扰时，系统会根据实时信息调整参数，从而更有效地应对干扰。在实际的列车运行中，自适应控制能够有效应对防滑控制中由于不确定参数引起的问题[18]。

自适应控制系统由控制器、被控对象、自适应元件、反馈回路和自适应控制回路等组成。控制器接收输入信号，并输出控制量给被控对象。在理想情况下，被控对象仅接收控制器的信号作为输入，然而实际情况下会受到外部干扰的影响，其中一部分干扰通过控制对象输出，而另一部分则被自适应控制器调整后减弱。减弱的信号重新返回控制器，直至输出最佳或次优状态为止。

自适应系统具备以下特点[19]：

（1）通过传感器技术和系统辨识技术，对控制对象的变化进行监测和记录。

（2）通过调整控制器参数，使控制量能够动态适应外部干扰，从而减小输出误差。

（3）维持被控系统的性能在最佳或次优状态。

在列车防滑控制中，引入自适应算法可以有效应对不确定因素对防滑系统的干扰，这一特性在接下来的自适应滑模控制器设计中将得到体现。

### 3.4.2　具有自适应的滑模控制器设计

1. 滑模控制下的列车防滑系统

为实现在外界干扰情况下稳定的轮轨滑动制动控制，使用自适应滑模控制（Adaptive Sliding Mode Control，ASMC）方案设计车轮滑动制动系统是一种有效的方法。首要任务是设计滑模控制器，在此过程中考虑黏着力矩的随机变化和列车的行进阻力作为系统的不确定性因素。列车的质量和黏滞摩擦系数被视为具有未知变化的参数，需要在控制器设计中予以考虑。

一般来说，滑模面可以采用两种设计形式，即 $s=e$ 和 $s=e+\alpha\int_0^t edt$，其中 $s=e+\alpha\int_0^t edt$ 中包含积分系数 $\alpha$。根据文献[20]的建议，本小节选择了后者作为设计滑模面的形式。蠕滑率误差的表达式为

$$e=\lambda_d-\lambda \tag{3-85}$$

式中，$\begin{cases}\lambda=v-wR\\ \lambda_d=\lambda_{\max}-\kappa\end{cases}$，$\lambda$ 为实际蠕滑速度，$\lambda_d$ 为参考的蠕滑速度。

一般情况下，滑模控制律 $u$ 由等效控制律 $u_{eq}$ 和切换控制律 $u_r$ 组成。系统受到不确定因素影响时可能出现抖振现象。当系统状态远离切换面时，切换控制开始发挥作用，以迫使系统状态返回切换面上。一旦系统状态回到切换面上，等效控制开始生效，而切换控制 $u_r$ 则用于抵消随机扰动[21]。整个滑模控制律的描述如下：

$$u=u_{eq}+u_r \tag{3-86}$$

为了得到等效控制 $u_{eq}$，通过对滑模面进行求导，结合动力学模型，可得

$$\begin{aligned}\dot{s}&=\dot{\lambda}_d-\dot{v}+\dot{\omega}R+\alpha e\\&=\dot{\lambda}_d-\frac{\mu F_z}{MR}+\frac{F_o}{M}+R\left(\frac{\mu F_z R}{J}-\frac{T}{J}-\frac{\omega\varsigma}{J}-\frac{T_d}{J}\right)+\alpha e\\&=\dot{\lambda}_d-\left(\frac{1}{MR}+\frac{R}{J}\right)T_a+\frac{F_o}{M}-\frac{R}{J}T-\frac{R}{J}\omega\varsigma-\frac{T_d}{J}R+\alpha e\end{aligned} \tag{3-87}$$

等效控制是基于理想模型设计的控制策略，不考虑不确定因素的干扰。在式（3-87）中，系统干扰项如列车运行阻力 $F_o$ 和黏滞摩擦系数 $\varsigma$ 的影响被忽略。通过对滑模面进行

导数求解，使得误差为零，这样等效控制$u_{eq}$可以表达为

$$u_{eq}=\frac{J}{R}\left[\dot{\lambda}_d-\left(\frac{1}{MR}+\frac{R}{J}\right)T_a-\frac{R\varsigma}{J}w+\alpha e\right] \tag{3-88}$$

因此，得到了等效控制$u_{eq}$，$\dot{s}$可以写成

$$\dot{s}=\frac{F_o}{M}-\frac{R}{J}w\varsigma-\frac{T_d}{J}R-\frac{R}{J}u_r \tag{3-89}$$

在标准滑模控制中，为了将系统轨迹引向滑模面，到达律一般形式为$\dot{s}=-Ds-K\operatorname{sgn}(s)$，$D>0,K>0$，为确保系统稳定性和对随机扰动的可控性，控制律的设计需要考虑随机扰动的上界。参数$D$和$K$可以通过以下公式确定：

$$D_0|s|+K_0>\left|\left(\frac{F_o}{M}-\frac{R}{J}w\varsigma-\frac{T_d}{J}R\right)\right|+\eta \tag{3-90}$$

式中，$D_0=\frac{R}{J}D,K_0=\frac{R}{J}K$，切换控制$u_r$可以表示为一个符号函数形式$u_r=Ds+K\operatorname{sgn}(s)$，符号函数$\operatorname{sgn}(\cdot)$的存在表明滑模控制是一种非线性控制，因为其控制输入是不连续的。为确保系统的可控性，滑模控制必须满足式（3-91）的可达条件。通过式（3-89）和式（3-90），可以得出下面的可达条件：

$$\lim_{s\to 0}s\dot{s}<0 \tag{3-91}$$

$$\begin{aligned}s\dot{s}&=s\left[\frac{F_o}{M}-\frac{R}{J}w\varsigma-\frac{T_d}{J}R-D_0s-K_0\operatorname{sgn}(s)\right]\\&\leqslant|s|\left[\left|\frac{F_o}{M}-\frac{R}{J}w\varsigma-\frac{T_d}{J}R\right|-D_0|s|-K_0\right]\\&\leqslant-\eta|s|\end{aligned} \tag{3-92}$$

由于$\eta>0$，根据列车防滑系统设计中的滑模控制满足滑模面可到达条件，整个系统必然是可控的。

通过之前的推导，最终得到的滑模控制律为

$$u=\frac{J}{R}\left[\dot{\lambda}_d+\left(\frac{1}{MR}+\frac{R}{J}\right)T_a-\frac{R\varsigma}{J}w+\alpha e\right]+Ds+K\operatorname{sgn}(s) \tag{3-93}$$

在系统状态接近设计的滑模面时，由于控制器在不同控制逻辑之间切换，控制信号

可能会引发高频抖动。本小节采用了一个替代符号函数 sgn($s$) 的函数方法，用于抑制抖动。具体地，该函数被定义为[22]

$$y(s)=\frac{s}{|s|+b} \tag{3-94}$$

式中，参数 $b$ 取不同的值。Ambrosioe 函数变化如图 3-16 所示。

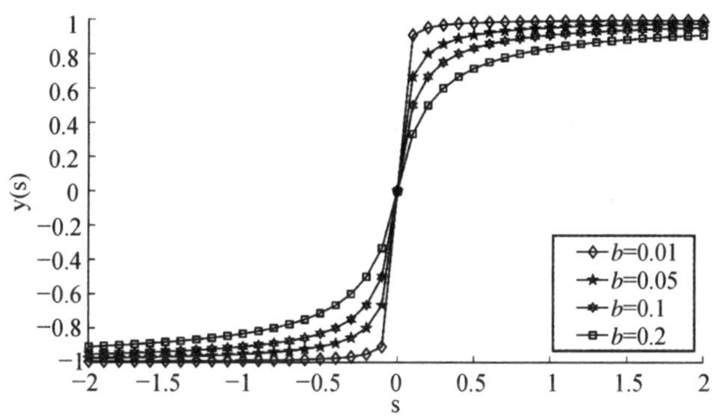


图 3-16　不同参数下函数曲线

当 $b=0$ 时，参数 $y(s)$ 等于 sgn($s$)。在仿真过程中，设定 $b$ 的值为 0.2 以减轻符号函数在切换时可能出现的震荡，从而减少抖动。然而，在整个控制过程中，系统受到最大影响的是外部不确定因素对系统的干扰。这也是导致滑模控制方法产生抖振的主要原因之一。例如，列车的质量 $M$ 和黏着摩擦系数 $\varsigma$ 可能会变化。利用自适应算法便可以解决这类问题[23]。

## 2. 自适应滑模防滑控制设计

在设计自适应律时，首先需要了解不确定变量。在进行列车防滑控制时，列车车轮之间的摩擦系数以及列车质量可能会随时间变化。因此，可以定义一个不确定函数 $\psi$ 为

$$\psi=\frac{1}{RM_r}T-\frac{R\varsigma_r}{J}\omega=\boldsymbol{\theta}^{\mathrm{T}}\boldsymbol{\varphi} \tag{3-95}$$

式中，$\begin{cases}\boldsymbol{\theta}^{\mathrm{T}}=\begin{bmatrix}\dfrac{1}{RM_r} & -\dfrac{R\varsigma_r}{J}\end{bmatrix}\\ \boldsymbol{\varphi}=\begin{bmatrix}T\\ \omega\end{bmatrix}\end{cases}$，符号 $M_r,\varsigma_r$ 代表列车质量和黏着摩擦系数的扰动值。通过自适应律来估计未知量 $\boldsymbol{\theta}$，结合式（3-95），在自适应律的调节下，滑模控制率可以表示为

$$\hat{u}=\frac{J}{R}\left[\dot{\lambda}_d+\left(\frac{1}{MR}+\frac{R}{J}\right)T-\frac{R\varsigma}{J}\omega+\hat{\boldsymbol{\theta}}^T\boldsymbol{\varphi}+\alpha e\right]+Ds+K\frac{s}{|s|+b} \tag{3-96}$$

式（3-96）通过矩阵形式替代了系统中的未知变量。为了获得替代矩阵中未知参数的更新情况，需要利用 Lyapunov 函数对自适应律进行求解。因此，考虑一个 Lyapunov 函数为

$$V=\frac{1}{2}s^2+\frac{1}{2\beta}\tilde{\boldsymbol{\theta}}^T\tilde{\boldsymbol{\theta}} \tag{3-97}$$

式中，$\tilde{\theta}=\theta-\hat{\theta}$，$\tilde{\theta}$是标称值$\theta$和估计值$\hat{\theta}$之间的误差，$\beta$是正参数。式（3-97）滑模面的 Lyapunov 导数表示为

$$\begin{aligned}\dot{V}&=s\left[\dot{\lambda}_d+\left(\frac{1}{MR}+\frac{R}{J}\right)T-\frac{R}{J}\omega\varsigma-\frac{R}{J}\hat{u}+\boldsymbol{\theta}^T\boldsymbol{\varphi}+\alpha e\right]-\frac{1}{\beta}\tilde{\boldsymbol{\theta}}^T\dot{\hat{\boldsymbol{\theta}}}\\&=-Ds^2-K\frac{s^2}{|s|+b}+\tilde{\boldsymbol{\theta}}^T\left(s\boldsymbol{\varphi}-\frac{1}{\beta}\dot{\hat{\boldsymbol{\theta}}}\right)\end{aligned} \tag{3-98}$$

根据 Lyapunov 稳定性要求，仅有适当选择自适应更新律才能确保列车防滑系统的稳定性。因此，为了获得自适应更新律，选取自适应律$\dot{\hat{\boldsymbol{\theta}}}$如下所示：

$$\dot{\hat{\boldsymbol{\theta}}}=\beta s\varphi \tag{3-99}$$

整个列车防滑控制的目标在于有效控制蠕滑率，以使实际黏着系数尽可能接近最大可达值。通过控制算法调节列车制动力矩，使列车在估算的最佳蠕滑率下运行，以最大程度利用轮轨间的黏着力，提高黏着利用率，确保高速列车的制动性能。综合各种文献资料并借鉴黏着力估计方法，采用改进的遗忘因子最小二乘法推导出最优蠕滑率。在此基础上，设计了一套自适应滑模控制算法，其控制策略原理结构如图 3-17 所示。

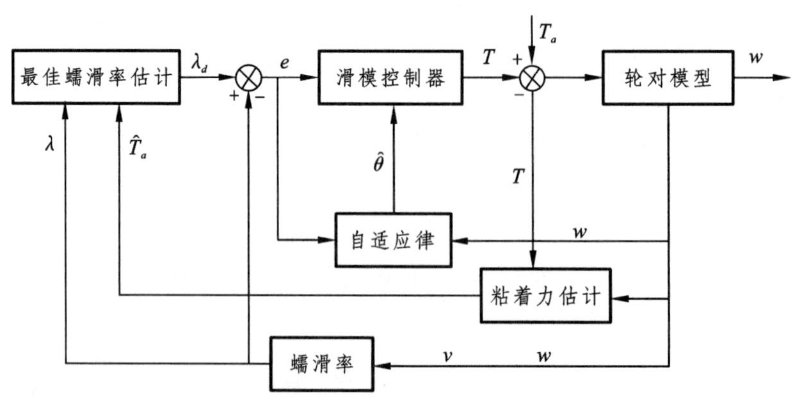


图 3-17　自适应滑模控制框图

### 3.4.3　仿真验证

#### 1. 系统仿真参数设定

为了评估所提出的控制方案的性能，通过仿真软件 MATLAB / Siumlink 进行了计算机仿真。假设列车正常进站时的制动初速度为 100 km/h，低通滤波器参数设定为 $\tau = 0.01$，系统干扰项为 $T_d = 60\cos(t/50)$，而列车运行过程中的空气阻力干扰项选择为 $F_o = 2v^2$。系统的额定参数如表 3-2 所示。

**表 3-2　列车仿真参数**

| 系统参数 | 符号 | 值 | 单位 |
| --- | --- | --- | --- |
| 车轮转动惯量 | J | 100 | kg · m$^2$ |
| 黏性摩擦系数 | ς | $0.25^{-0}$ | kg · m/s |
| 车轮半径 | R | 0.42 | m |
| 列车车体质量 | M | 31 700 | kg |
| 列车制动初速 | $v$ | 100 | km/h |

仿真验证的最终目标在于验证所设计的控制策略能否确保高速列车在未知时变的运行环境下实现平稳制动。即使轨面条件发生显著变化，该策略应能有效防止车轮打滑，同时提高轮轨黏着性的利用，优化黏着利用率，以确保制动性能达到良好水平。在仿真结束后，会得到不同轨面状况下高速列车制动过程所对应的车体速度、转速以及制动缸压力等曲线数据。

#### 2. 车速和轮速分析

在实际仿真中，本书考虑了干燥和潮湿两种不同轨面条件作为列车运行环境。为了更好地展示本书所用方法的有效性，本书进行了与传统滑模控制方法的对比仿真。在仿真中，假设在第 8 s 时轨面状态由干燥变为潮湿，且干燥条件下的蠕滑率是潮湿环境下的两倍。在传统滑模控制方法中，我们分别选取了 $D$、$K$、$\alpha$、$\beta$（增益常数为 1.62、60、1.65 和 $2.1\times10^{-8}$）。图 3-18 展示了传统滑模控制方法下的速度响应曲线，图 3-19 展示了传统滑模控制方法下的蠕滑速度响应曲线，而图 3-20 和图 3-21 分别展示了自适应滑模控制方法下的速度和蠕滑速度响应曲线。

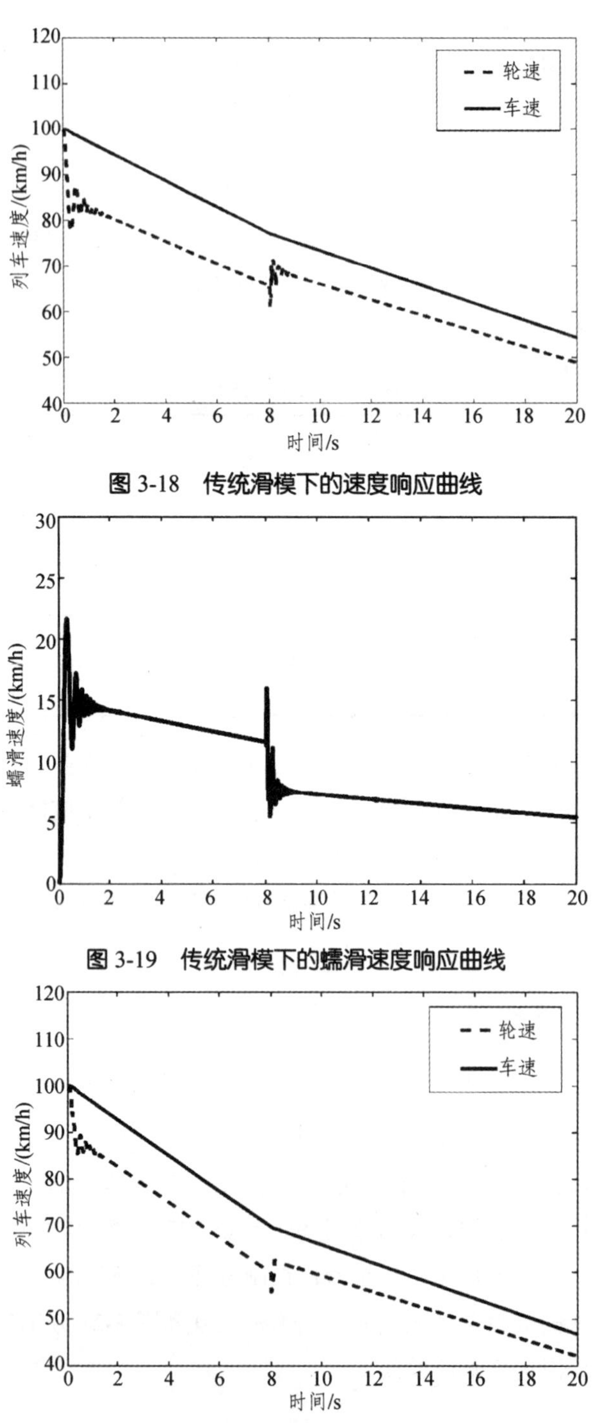


图 3-18 传统滑模下的速度响应曲线

图 3-19 传统滑模下的蠕滑速度响应曲线

图 3-20 自适应滑模下的速度响应曲线

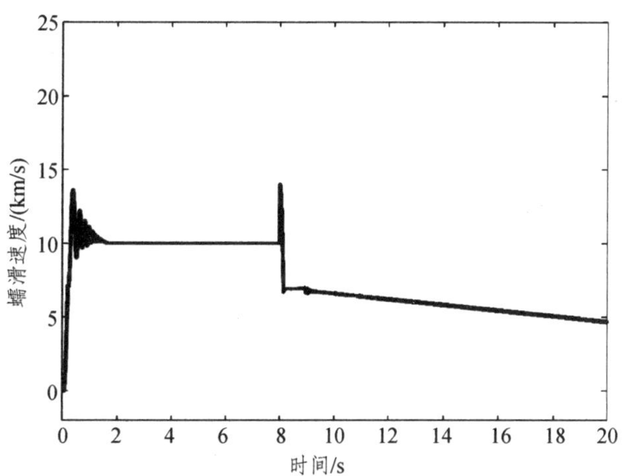


**图 3-21　自适应滑模下的蠕滑速度响应曲线**

从图 3-18 和图 3-19 中可以观察到，在传统滑模控制下，列车在初始制动阶段表现出明显的轮胎滑移，轮速波动幅度较大，并且在轨面条件变化时显示出较为明显的速度变化。尽管蠕滑速度呈现下降趋势，但仍存在明显的波动，其中在干燥轨面条件下达到最大值为 22 km/h，在潮湿轨面条件下达到最大值为 12 km/h。在轨面切换过程中，蠕滑速度的变化速度也表现出明显的波动。

相比之下，从图 3-20 到图 3-21 可以看出，在自适应算法的滑模控制下，列车在初始制动阶段和轨面切换过程中的速度波动小于传统控制方法。在干燥轨面条件下，蠕滑速度的最大值为 14 km/h，在潮湿轨面条件下仅为 7 km/h。整体而言，加入自适应算法的滑模控制防滑算法表现优于传统滑模控制方法。

### 3. 制动缸压力分析

列车制动缸压力的变化反映了列车施加在车轮上的制动力的变化情况，同时也更能准确地展示所采取的防滑控制方法对列车防滑制动效果的影响。图 3-22 展示了在滑模控制方法和自适应滑模控制方法下的列车制动缸压力变化情况。

制动缸压力曲线是对列车制动力变化的重要反映，其在传统滑模控制下的表现如图 3-22 所示。在干燥轨道上，制动缸压力维持在 220 kPa 左右，随着速度减小，轮轨黏着系数下降，发动机输出增加，制动缸压力也随之增加。当列车进入湿润轨道时，制动缸压力迅速调整以减少制动力矩。在潮湿轨道上，制动缸压力维持在 150 kPa 左右，其随着速度减小而逐渐增加，但总体来看，制动缸压力的变化并不平稳。

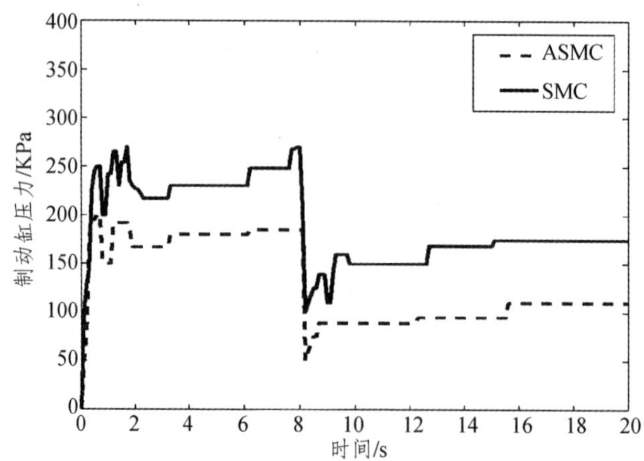


图 3-22　SMC 和 ASMC 防滑控制下的制动缸压力对比

相比传统滑模控制方法，本小节提出的控制方法在制动缸压力方面表现相对平稳。在干燥轨道条件下，制动缸压力为 170 kPa 左右，在湿润轨道环境下为 100 kPa 左右。这表明本小节所提出的控制方法能更有效地发挥列车的制动性能，使制动缸压力明显低于使用滑模方法时的水平。

## 4. 制动距离分析

制动距离在评估列车制动效果时扮演着重要的角色，也间接反映了控制方法对轮轨之间黏着力的利用情况。图 3-23 展示了不同防滑控制方法下列车的制动距离情况。

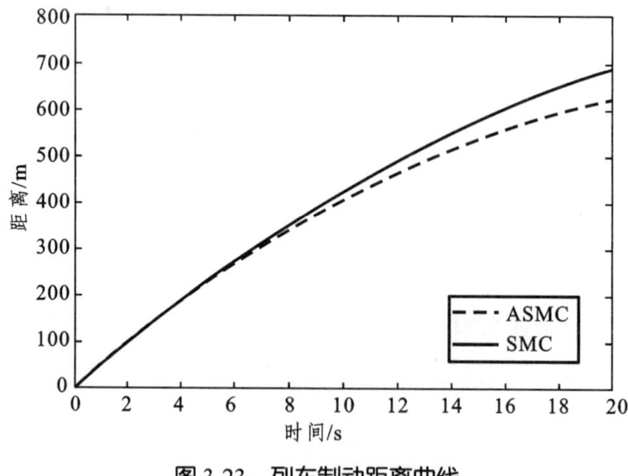


图 3-23　列车制动距离曲线

图 3-23 中的列车制动距离曲线受轨面条件变化的影响，在仿真中，采用自适应滑模

方法时，列车从初速度 100 km/h 完全停下所需的时间为 22 s，制动距离为 650 m。而传统滑模方法下所需时间为 28 s，制动距离为 853 m。轨面在第 8 s 发生变化，导致潮湿状态下列车的制动时间和距离增加，延长了制动过程。总体来看，在相同初速度下，本小节所用方法的列车制动距离表现优于传统控制方法，更有效利用了轮轨间的黏着力，缩短了制动距离。

### 3.4.4　小结

本节主要基于黏着系数和蠕滑率曲线的峰值特性，提出了一种能够估计当前轨面最大黏着系数的观测器。该观测器通过实时观测得到的黏着系数，并结合黏着系数和蠕滑率曲线的斜率来更新最佳蠕滑率。当列车制动过程中铁路轨面环境发生变化时，能够实时估算最佳蠕滑率。在获得最佳蠕滑率的情况下，利用滑模控制对列车制动力进行有效调控，并引入自适应算法以应对外部干扰因素，从而在解决外界环境干扰的同时减弱滑模控制的抖动问题。

## 本章参考文献

[1]　郝建伟，鲍久圣，葛世荣，等. 带式输送机永磁驱动系统自抗扰同步控制策略[J]. 电机与控制应用, 2021, 48(09): 27-35.

[2]　李坤阳. 基于自抗扰控制的高速列车自动驾驶算法研究[D]. 成都：西南交通大学, 2019.

[3]　韩京清，袁露林. 跟踪-微分器的离散形式[J]. 系统科学与数学，1999，19(03): 268-273.

[4]　韩京清. 自抗扰控制技术：估计补偿不确定因素的控制技术[M]. 北京：国防工业出版社, 2013.

[5]　Gao Z. Scaling and bandwidth-parameterization based controller tuning[C]. Proceedings of the 2003 American Control Conference, 2003: 4989-4996.

[6]　Gao Z, Huang Y, Han J. An alternative paradigm for control system design[C]. Proceedings of the 40th IEEE conference on decision and control, 2001: 4578-4585.

[7]　王可煜. 基于自抗扰滑模控制的永磁同步电机直接转矩控制方法研究[D]. 长沙：长沙理工大学, 2019.

[8]　李杰，齐晓慧，万慧，等. 自抗扰控制：研究成果总结与展望[J]. 控制理论与应用, 2017, 34(03): 281-295.

[9] 刘金琨. 滑模变结构控制MATLAB仿真: 先进控制系统设计方法[M]. 北京: 清华大学出版社, 2015.

[10] 谢国, 金永泽, 黑新宏, 等. 列车动力学模型时变环境参数自适应辨识[J]. 自动化学报, 2019, 10(2): 1-12.

[11] 赵凯辉, 李燕飞, 张昌凡, 等. 重载机车滑模极值搜最优黏着控制研究[J]. 电子测量与仪器学报, 2018, 32(3): 88-95.

[12] 陈哲明. 高速列车驱动制动动力学及其控制研究[D]. 成都：西南交通大学, 2010.

[13] Park S H, Kim J S, Cai J J, et al. Modeling and control of adhesion force of railway vehicles[J]. Beijing: journal of China railway university (natural science edition). IEEE control systems, 2008, 28(5)44-58

[14] K. Chun, M. Sunwoo. Wheel slip control with moving sliding surface for traction control system[J]. International Journal of Automotive Technology, 2004, 5(2): 123-133.

[15] 刘国福, 张王己, 王跃科. 防抱制动系统基于模型的最佳滑移率计算方法[J]. 汽车工程. 2004, 26(3): 33-36.

[16] 裴丽君. 列控模型参数辨识及其在线学习算法研究[D]. 北京: 北京交通大学, 2011.

[17] 周媚媚. 基于自适应神经网络的高速列车防滑控制[D]. 北京: 北京交通大学, 2014.

[18] Pang Z. 系统辨识与自适应控制 MATLAB 仿真[M]. 北京: 北京航空航天大学出版社, 2009.

[19] 金光大. 列车横向半主动悬挂自适应控制方法研究[D]. 成都: 西南交通大学, 2014.

[20] Ohyama T. Adhesion Characteristics of Wheel Rail System and Its Control at High Speeds[J]. RailwayTechnical Research Institute Quarterly Reports, 1992, 33(1): 31-34.

[21] 刘波. 基于自适应滑模控制方法的车辆防抱死制动系统的研究[D]. 长沙: 国防科技大学, 2006.

[22] Yuan L, Zhao H Y, Chen H, et al. Nonliinear MPC-based Slid Control for Electric Vehicles with Vehicle Safety Constrains[J]. Mechatronics, 2016, 38(1): 1-15.

[23] A. EI Hadri, J. C. Cadiou and N. K. Msirdi, Adaptive sliding mode control of vehicle traction[J], 15th Triennial World Congress, July 21-26, 2002.

# 第 4 章　基于无模型自适应迭代学习的高速列车运行控制方法

高速列车运行控制方法作为实现高速列车自动驾驶的核心技术之一，近些年成为越来越多研究学者关注的重点。因高速列车运行系统具有非线性、参数不确定以及易受扰动的特性，因故基于模型的传统控制方法难以实现该复杂系统的精确控制。本章结合列车运行过程所包含的线路和任务等大量重复性信息，将无模型自适应迭代学习控制（Model-free Adaptive Iterative Learning Control，MFAILC）方法运用到列车运行系统中，该方法具有不依赖模型信息设计控制器的特点，且能充分学习系统的重复性信息从而实现系统的精确控制。本章主要工作如下：

（1）将列车运行系统进行紧格式和偏格式动态线性化处理，并基于动态线性化数据模型设计相应的 MFAILC 控制器。利用 CRH380A 型高速列车从济南行驶至徐州东的实际运行数据建立列车模型进行仿真实验，实现列车速度跟踪控制。

（2）为解决传统 MFAILC 方法收敛速度慢的问题，将高阶无模型自适应迭代学习控制（High-order Model-Free Adaptive Iterative Learning Control，HOMFAILC）方法引入高速列车运行系统中，该方法通过设计高阶学习律，充分利用了列车历史批次输入信息，从而提高了系统的收敛速度和控制精度。

（3）针对 HOMFAILC 方法实现高速列车运行控制时存在车间作用力过大的问题，并考虑列车运行过程存在随机扰动和参数突变的情况，提出具有输入约束的 HOMFAILC 复合控制方法。该方法考虑列车自身输入约束，设计 HOMFAILC 前馈控制与 PID 反馈控制相结合的复合控制器。复合控制器既减小了重复性误差，提高了收敛速度，又能在列车输入约束下克服随机扰动和参数突变的影响，实现了高速列车快收敛、高精度以及强鲁棒性的运行。

## 4.1 高速列车高阶无模型自适应迭代学习控制

MFAILC 方法针对重复运行系统，能够不依靠系统模型信息完成控制器设计，实现一类重复运行系统的自适应控制。本章主要介绍 MFAILC 方法的原理；将高速列车运行系统进行紧格式和偏格式动态线性化，基于动态线性化数据模型设计传统 MFAILC 控制器；考虑传统 MFAILC 方法实现列车运行控制存在的收敛速度慢的问题，利用 HOMFAILC 方法实现高速列车运行控制，充分学习列车运行过程的重复性信息来提高控制精度，同时充分利用历史输入数据加快系统收敛速度；利用高速列车实际运行数据建立模型进行仿真实验，实验验证控制方法的适用性和有效性。

### 4.1.1 无模型自适应迭代学习控制原理

无模型自适应迭代学习方法控制框图如图 4-1 所示。

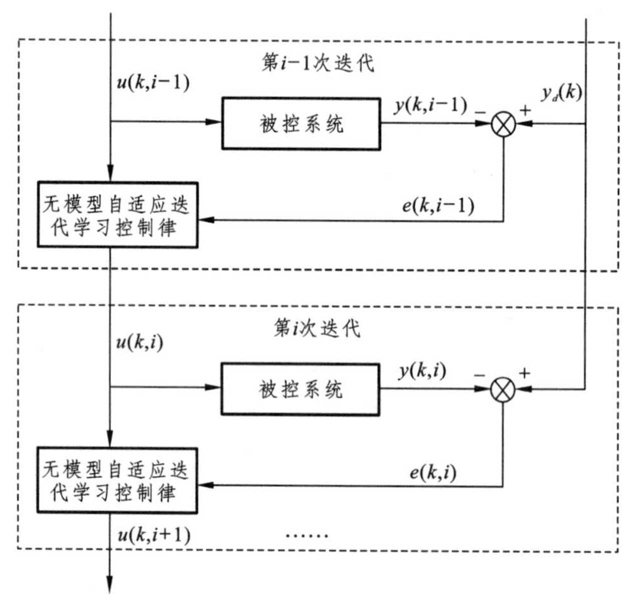


图 4-1 无模型自适应迭代学习方法控制框图

文献[1]和文献[2]利用 MFAC 算法与 ILC 算法的本质相似性，提出了 MFAILC 方法，给出了非线性离散系统迭代域上根据输入输出时刻变化量构成的紧格式动态线性化（Compact Form Dynamic Linearization，CFDL）、根据输入时间窗口变化量和输出时刻变化量构成的偏格式动态线性化（Partial Form Dynamic Linearization，PFDL）以及根据输入输出时间窗口变化量构成的全格式动态线性化（Full Form Dynamic Linearization，

FFDL）的数据模型，对数据模型的存在性进行了理论证明，并基于动态线性化数据模型，设计相应的无模型自适应迭代学习控制器。MFAILC 方法控制框图如图 4-1 所示。

MFAILC 设计原理是利用前一批次的输入和误差来确定当前批次的输入，通过不断地迭代学习和调整控制增益，实现被控系统的自适应控制。MFAILC 方法结合了 MFAC 算法和 ILC 算法的优点，既能够充分学习系统的重复性信息，提高控制精度，也无需被控系统的模型知识，只需要依靠系统的 I/O 数据直接确定控制输入，因此该方法适用于解决一类重复运行系统的控制问题，从而实现被控系统的自适应控制。

考虑高速列车运行过程复杂，基于模型设计的列车控制方法存在未建模动态的影响，同时列车运行过程包含高度的重复性信息，具体表现在同一辆列车的动力学模型完全重复，同一趟列车每天的运行计划、运行任务和运行线路完全重复，同一趟列车运行过程属于一个循环重复的过程中。因此针对高速列车运行的特性，利用 MFAILC 方法实现高速列车运行控制是十分适用的。

### 4.1.2　高速列车紧格式无模型自适应迭代学习控制

考虑高速列车运行系统为非线性离散系统，与 MFAILC 方法所控制系统的一致性。同时列车运行过程包含大量重复性信息，可知传统 MFAILC 方法适用于解决列车运行控制问题，消除了因模型不精确导致控制器不理想这一类基于模型设计控制器的弊端，下面介绍高速列车基于迭代域紧格式动态线性化的无模型自适应迭代学习控制方法。

MFAILC 方法将 MFAC 算法和 ILC 算法的优点相结合，解决了一类重复运行的非线性非仿射系统的控制问题。下面详细介绍高速列车运行系统基于迭代域的紧格式动态线性化过程。

基于第 2 章的分析可知，在一段有限时间内，高速列车重复运行的离散时间非线性系统可以表示为

$$y(k+1,i)=f(y(k,i),\cdots,y(k-n_y,i),u(k,i),\cdots,u(k-n_u,i)) \tag{4-1}$$

式中，$u(k,i)$ 为第 $i$ 次迭代时第 $k$ 时刻的输入信号；$y(k,i)$ 为 $u(k,i)$ 对应产生的输出信号；$k\in\{0,1,\cdots,T\}$，$i\in 1,2,\cdots$；$n_y$ 和 $n_u$ 为正整数。

假设 1：$f(\cdot)$ 关于第 $(n_y+2)$ 个变量的偏导数是连续的。

假设 2：式（4-1)表示的重复运行系统在迭代轴方向上，均满足广义 Lipschitz 条件，在 $\forall k\in\{0,1,\cdots,T\}$ 和 $\forall i\in 1,2,\cdots$，若 $|\Delta u(k,i)|\neq 0$，可得

$$\Delta y(k+1,i)\leqslant b\,|\Delta u(k,i)| \tag{4-2}$$

式中，$b>0$ 是一个常数。

注：从实践的角度来看，对系统施加的这些假设是合理。假设 1 是一般非线性系统应该满足的许多控制方法的典型条件。假设 2 从能量角度看，若控制输入能量的变化处于有限水平，则系统内部能量变化无法达到无穷大，因此系统满足这类假设。

当系统满足假设 1 和假设 2，则在 $|\Delta u(k,i)| \neq 0$ 时，存在被称为伪偏导数( Pseudo Partial Derivative，PPD ）的迭代时变参数 $\phi(k,i)$，使高速列车运行系统表示为迭代轴上 CFDL 数据模型：

$$\Delta y(k+1,i) = \phi(k,i)\Delta u(k,i) \tag{4-3}$$

证明如下：根据式（4-1）所代表的系统以及 $\Delta y(k+1,i)$ 定义可得

$$\begin{aligned}
\Delta y(k+1,i) &= f(y(k,i), y(k-1,i), \cdots, y(k-n_y,i), u(k,i), u(k-1,i), \cdots u(k-n_u,i)) \\
&\quad - f(y(k,i-1), y(k-1,i-1), \cdots, y(k-n_y,i-1), u(k,i-1), u(k-1,i-1), \cdots, u(k-n_u,i-1)) \\
&= f(y(k,i), y(k-1,i), \cdots, y(k-n_y,i), u(k,i), u(k-1,i), \cdots, u(k-n_u,i)) \\
&\quad - f(y(k,i), y(k-1,i), \cdots, y(k-n_y,i), u(k,i-1), u(k-1,i), \cdots, u(k-n_u,i)) \\
&\quad + f(y(k,i), y(k-1,i), \cdots, y(k-n_y,i), u(k,i-1), u(k-1,i), \cdots, u(k-n_u,i)) \\
&\quad - f(y(k,i-1), y(k-1,i-1), \cdots, y(k-n_y,i-1), u(k,i-1), u(k-1,i-1), \cdots, u(k-n_u,i-1))
\end{aligned} \tag{4-4}$$

令

$$\begin{aligned}
\xi(k,i) &= f(y(k,i), \cdots, y(k-n_y,i), u(k,i-1), u(k-1,i), \cdots, u(k-n_u,i)) \\
&\quad - f(y(k,i-1), \cdots, y(k-n_y,i-1), u(k,i-1), u(k-1,i-1), \cdots, u(k-n_u,i-1))
\end{aligned} \tag{4-5}$$

根据假设 1 和微分中值定理，可得

$$\Delta y(k+1,i) = \frac{\partial f^*}{\partial u(k,i)}(u(k,i) - u(k,i-1)) + \xi(k,i) \tag{4-6}$$

式（4-5）中，$\frac{\partial f^*}{\partial u(k,i)}$ 为 $f(\cdot)$ 关于第 $(n_y+2)$ 的变量偏导数在 $[y(k,i),\cdots,y(k-n_y,i), u(k,i),u(k-1,i),\cdots,u(k-n_u,i)]^{\mathrm{T}}$ 与 $[y(k,i),\cdots,y(k-n_y,i),u(k,i-1),u(k-1,i),\cdots,u(k-n_u,i)]^{\mathrm{T}}$ 两点间某处的值。

在任意的迭代固定时刻，考虑存在一个含 $\eta(k,i)$ 的方程：

$$\xi(k,i) = \eta(k,i)\Delta u(k,i) \tag{4-7}$$

由于 $|\Delta u(k,i)| \neq 0$，方程存在唯一解 $\eta^*(k,i)$，令

$$\phi(k,i) = \frac{\partial f^*}{\partial u(k,i)} + \eta^*(k,i) \tag{4-8}$$

因此方程可以重写为

$$\Delta y(k+1,i)=\phi(k,i)\Delta u(k,i) \tag{4-9}$$

根据假设 2 可以得到 $\phi(k,i)$ 有界。该 CFDL 数据模型面向控制器设计，只是受控系统 I/O 数据关系的虚拟描述，用于控制器设计。

基于上述分析，可以将高速列车的数据模型改写成：

$$y(k+1,i)=y(k+1,i-1)+\phi(k,i)\Delta u(k,i) \tag{4-10}$$

实现高速列车运行控制，就是要实现列车对期望速度轨迹的精确跟踪，因此控制器的设计目的是设计合适的输入，使得跟踪误差随着迭代的进行渐近收敛到零。下面详细介绍基于 CFDL 的无模型自适应迭代学习控制器设计。

在高速列车运行系统进行迭代域紧格式动态线性化的基础上，定义控制输入指标函数为

$$J(u(k,i))=|e(k+1,i)|^2+\lambda|u(k,i)-u(k,i-1)|^2 \tag{4-11}$$

式中，权重因子 $\lambda>0$，其作用是有效限制每次迭代次数的控制量变化。

根据 $|e(k+1,i)|=y_d(k+1)-y(k+1,i)$ 和式（4-10）的定义，$J(u(k,i))$ 可以简化为

$$J(u(k,i))=|e(k+1,i-1)-\phi(k,i)[u(k,i)-u(k,i-1)]|^2+\lambda|u(k,i)-u(k,i-1)|^2 \tag{4-12}$$

令优化条件 $\dfrac{1}{2}\dfrac{\partial J(u(k,i))}{\partial u(k,i)}=0$，可以得到列车基于 CFDL 的无模型控制律：

$$u(k,i)=u(k,i-1)+\frac{\rho\phi(k,i)}{\lambda+|\phi(k,i)|^2}e(k+1,i-1) \tag{4-13}$$

式中，步长因子 $\rho\in(0,1]$，使得算法式（4-13）更具有一般性。

但 $\phi(k,i)$ 是系统未知的“伪偏导数”，使得高速列车控制算法式（4-13）无法直接使用，利用式（4-14）参数估计函数来估计 $\phi(k,i)$。

$$J(\phi(k,i))=|\Delta y(k+1,i-1)-\phi(k,i)[\Delta u(k,i-1)]|^2+\mu|\phi(k,i)-\hat{\phi}(k,i-1)|^2 \tag{4-14}$$

式中，$\mu>0$ 为权重因子。

令优化条件 $\dfrac{1}{2}\dfrac{\partial J(\phi(k,i))}{\partial \phi(k,i)}=0$，可以得到 $\phi(k,i)$ 的估计值 $\hat{\phi}(k,i)$ 的算法：

$$\hat{\phi}(k,i)=\hat{\phi}(k,i-1)+\frac{\eta\Delta u(k,i-1)}{\mu+|\Delta u(k,i-1)|^2}\times[\Delta y(k+1,i-1)-\hat{\phi}(k,i-1)\Delta u(k,i-1)] \tag{4-15}$$

式中，步长因子 $\eta\in(0,1]$，可以令算法具有一般性。

从而得出高速列车基于 CFDL 的 MFAILC 算法为

$$u(k,i)=u(k,i-1)+\frac{\rho\hat{\phi}(k,i)}{\lambda+|\hat{\phi}(k,i)|^2}e(k+1,i-1) \tag{4-16}$$

### 4.1.3 高速列车偏格式无模型自适应迭代学习控制

将高速列车运行系统进行迭代域紧格式动态线性化时仅仅考虑列车输出变化量与前一时刻的输入变化量的关系，未考虑列车系统输出变化量和一定时间窗口的输入量的联系，动态线性化数据模型对被控对象的动态描述不够精确。为此提出高速列车基于偏格式动态线性化的无模型自适应迭代学习控制。

高速列车运行系统偏格式动态线性化是建立列车输出变化量和一定时间窗口的输入量的联系，偏格式动态线性化利用向量伪梯度来代替伪偏导数，使得动态线性化模型对被控对象的动态描述更加精确。

下面详细介绍高速列车运行系统基于迭代域的紧格式动态线性化过程，针对式（4-1）所表示的高速列车运行系统，定义向量 $U(k,i)$ 由滑动时间窗口 $[k-L_u+1,k]$ 内所有控制输入信号组成，即

$$U(k,i)=[u(k,i),\cdots,u(k-L_u+1,i)] \tag{4-17}$$

列车运行系统的偏格式动态线性化基于以下两个假设下实现的：

假设 3：$f(\cdot)$ 关于控制输入各个变量的偏导数是连续的。

假设 4：式（4-1)表示的重复运行系统在迭代轴方向上，均满足广义 Lipschitz 条件，在 $\forall k\in\{0,1,\cdots,T\}$ 和 $\forall i\in 1,2,\cdots$，若 $\|\Delta U(k,i)\|\neq 0$，可以得到下式成立

$$|\Delta y(k+1,i)|\leqslant b\|\Delta U(k,i)\| \tag{4-18}$$

式中，$\Delta y(k+1,i)=y(k+1,i)-y(k+1,i-1);\Delta U(k,i)=U(k,i)-U(k,i-1);b>0$ 是一个常数。

注：假设 3 是一般非线性系统应该满足的许多控制方法的典型条件。假设 4 从能量的角度来看，若控制输入能量的变化处于有限水平，则系统内部能量变化无法达到无穷大，因此系统满足这类假设。

与紧格式动态线性化类似，当高速列车运行系统满足假设 3 和假设 4，对于任何固定时刻 $L_u$，如果 $\|\Delta U(k,i)\|\neq 0$，存在被称为伪梯度（Pseudo Gradient，PG）的迭代时变参数 $\theta(k,i)$，使得高速列车运行系统表示为迭代轴上 PFDL 数据模型：

$$\Delta y(k+1,i)=\theta^T(k,i)\Delta U(k,i) \tag{4-19}$$

式中，$\theta(k,i)=[\theta_1(k,i)\cdots\theta_{Lu}(k,i)]^T$ 有界。该数据模型的证明与紧格式动态线性化数据模型

类似，若 $L_u=1$，则偏格式动态线性化变为紧格式动态线性化。

在高速列车运行系统进行迭代域偏格式动态线性化的基础上，定义控制输入指标函数如下：

$$\min J(U(k,i))=\min(|e(k+1,i)|^2+\lambda\|\Delta U(k,i)\|^2) \tag{4-20}$$

式中，权重因子 $\lambda>0$。

令优化条件为 $\frac{1}{2}\frac{\partial J}{\partial U(k,i)}=0$，可以得到列车基于 PFDL 无模型控制律：

$$u(k,i)=u(k,i-1)+\frac{\rho_1\theta_1(k,i)e(k+1,i-1)}{\lambda+|\theta_1(k,i)|^2}-\frac{\sum_{l=2}^{Lu}\rho_l\theta_1(k,i)\theta_i(k,i)\Delta u(k-l+1,i)}{\lambda+|\theta_1(k,i)|^2} \tag{4-21}$$

式中，$\rho_l\in(0,1]$，$l\in\{1,\cdots,L_u\}$。

因为 $\theta(k,i)$ 是未知的“伪梯度”，使得高速列车控制算法式（4-21）无法直接使用，利用如下参数估计函数来估计：

$$J(\theta^T(k,i))=|\Delta y(k+1,i-1)-\hat{\theta}^T(k,i)[\Delta U(k,i-1)]|^2+\mu|\theta^T(k,i)-\hat{\theta}^T(k,i-1)|^2 \tag{4-22}$$

式中，$\mu>0$ 为权重因子。

令式（4-22）关于 $\theta^T(k,i)$ 求极值，可以得到 $\theta^T(k,i)$ 的估计值 $\hat{\theta}^T(k,i)$ 的算法：

$$\hat{\theta}(k,i)=\hat{\theta}(k,i-1)+\frac{\eta\Delta U(k,i-1)}{\mu+\|\Delta U(k,i-1)\|^2}\times[\Delta y(k+1,i-1)-\hat{\theta}^T(k,i-1)\Delta U(k,i-1)] \tag{4-23}$$

式中，步长因子 $\eta\in(0,2]$，使得算法更为灵活。

从而得出高速列车基于 PFDL 的 MFAILC 算法为

$$u(k,i)=u(k,i-1)+\frac{\rho_1\hat{\theta}_1(k,i)e(k+1,i-1)}{\lambda+\left|\hat{\theta}_1(k,i)\right|^2}-\frac{\sum_{l=2}^{Lu}\rho_l\hat{\theta}_1(k,i)\hat{\theta}_i(k,i)\Delta u(k-l+1,i)}{\lambda+\left|\hat{\theta}_1(k,i)\right|^2} \tag{4-24}$$

基于 CFDL 和 PFDL 的 MFAILC 控制方法收敛性在文献[3]有详细证明，本小节不再赘述。

### 4.1.4　高速列车高阶无模型自适应迭代学习控制

虽然以上两种传统的 MFAILC 方法十分适合应用于高速列车上，但收敛速度是反映具有迭代结构控制方法实际效果的重要性能指标。传统的基于紧格式和偏格式动态线性化的 MFAILC 方法应用于高速列车存在收敛速度慢，列车运行控制效果不理想的问题。针对这一问题，考虑将 HOMFAILC 理论应用于高速列车上，充分利用历史批次输入信息从而提升控制系统的收敛性能和控制效果。

通过分析传统 MFAILC 方法的设计，该方法忽视了以往的数据信息，没有重复利用历史批次输入信息导致收敛速度慢。为此设计高速列车高阶无模型自适应迭代学习控制算法，考虑通过重复利用历史批次的输入信息来改善控制效果，从而提高系统的收敛性，在高速列车运行系统迭代域紧格式动态线性化数据模型的基础上设计如下输入准则函数：

$$J(u(k,i),a_i)=|e_i(k+1)|^2+\lambda\left|u(k,i)-\sum_{l=1}^{L}a_{i,l}u(k,i-l)\right|^2 \tag{4-25}$$

式中，$a_i=(a_{i,1},a_{i,2},\cdots,a_{i,L})^T$，$\sum_{l=1}^{L}a_{i,l}=1$；$\lambda>0$ 是权重因子，限制每次迭代时控制输入量变化。其中 $u(k,i-l)$ 是前 $l$ 次的输入信号。

令优化条件为 $\frac{1}{2}\frac{\partial J(u(k,i),\,a_i)}{\partial u(k,i)}=0$，可以得到高速列车高阶无模型自适应迭代学习控制律：

$$\begin{aligned}u(k,i)=&\frac{\phi(k,i)^2}{\lambda+|\phi(k,i)|^2}u(k,i-1)+\frac{\lambda}{\lambda+|\phi(k,i)|^2}\sum_{l=1}^{L}a_{i,l}u(k,i-l)+\\&\frac{\rho\phi(k,i)}{\lambda+|\phi(k,i)|^2}e(k+1,i-1)\end{aligned} \tag{4-26}$$

与基于 CFDL 的 MFAILC 方法一样，式中 $\phi(k,i)$ 是系统未知的“伪偏导数”，为此利用 $\hat{\phi}(k,i)$ 代替 $\phi(k,i)$，其中 $\hat{\phi}(k,i)$ 估计方法同传统的 CFDL-MFAILC 方法：

$$\begin{aligned}\hat{\phi}(k,i)=&\hat{\phi}(k,i-1)+\frac{\eta\Delta u(k,i-1)}{\mu+|\Delta u(k,i-1)|^2}\times\\&[\Delta y(k+1,i-1)-\hat{\phi}(k,i-1)\Delta u(k,i-1)]\end{aligned} \tag{4-27}$$

式中，$\eta\in(0,1]$ 是步长因子，使得算法式（4-26）更具有普适性，$\mu>0$ 是一个权重因子。为了令 HOMFAILC 方法具有更强跟踪能力，设置如下重置算法：当 $|\hat{\phi}(k,i)|\leqslant\varepsilon$ 或 $|\Delta u(k,i-1)|\leqslant\varepsilon$ 或 $sign(\hat{\phi}(k,i))\neq sign(\hat{\phi}(k,1))$ 时：

$$\hat{\phi}(k,i)=\hat{\phi}(k,1) \tag{4-28}$$

式中，$\varepsilon$ 为很小的正数，$\hat{\phi}(k,1)$ 是第一次迭代时的取值，保证了 $|\Delta u(k,i)|\neq 0$。

从而得出高速列车的高阶无模型自适应迭代学习控制器：

$$u(k,i)=\frac{\hat{\phi}(k,i)^2}{\lambda+|\hat{\phi}(k,i)|^2}u(k,i-1)+\frac{\lambda}{\lambda+|\hat{\phi}(k,i)|^2}\sum_{l=1}^{L}a_{i,l}u(k,i-l)+\frac{\rho\hat{\phi}(k,i)}{\lambda+|\hat{\phi}(k,i)|^2}e(k+1,i-1) \tag{4-29}$$

高速列车HOMFAILC方法相比于传统的MFAILC方法实现了对历史批次输入信息的充分利用，正是通过对历史批次输入信息的利用从而提高收敛速度。且相比传统的 ILC 算法，该控制方法引入了“伪偏导数”的概念，能自动调整控制增益，使得控制性能有明显改善，在提高收敛速度的同时提高高速列车控制精度。同时利用 HOMFAILC 方法实现高速列车运行控制时，能充分学习高速列车运行线路、运行要求、运行任务等重复性信息，减小重复性误差。

为严格收敛性的讨论，做出如下假设：

假设 5：在 $\forall k\in\{0,1,\cdots,T\}$，$\forall i\in 1,2,\cdots$，均保持“伪偏导数”$|\phi(k,i)|>0$。

证明过程包括证明 $\hat{\phi}(k,i)$ 的有界性和跟踪误差的收敛性两个部分。

第一部分：证明 $\hat{\phi}(k,i)$ 有界性。

令 $\tilde{\phi}(k,i)=\hat{\phi}(k,i)-\phi(k,i)$，将 $\hat{\phi}(k,i)$ 的迭代更新算法两边减去 $\phi(k,i)$ 可得

$$\tilde{\phi}(k,i)=\hat{\phi}(k,i-1)-\phi(k,i)+\frac{\eta\Delta u(k,i-1)}{\mu+|\Delta u(k,i-1)|^2}\times[\Delta y(k+1,i-1)-\hat{\phi}(k,i-1)\Delta u(k,i-1)] \tag{4-30}$$

进行简化可得

$$\begin{aligned}\tilde{\phi}(k,i)=&\tilde{\phi}(k,i-1)-(\phi(k,i)-\phi(k,i-1))\\&+\frac{\eta\Delta u(k,i-1)}{\mu+|\Delta u(k,i-1)|^2}\times[\Delta y(k+1,i-1)-\hat{\phi}(k,i-1)\Delta u(k,i-1)]\end{aligned} \tag{4-31}$$

令 $\Delta\phi(k,i)=\phi(k,i)-\phi(k,i-1)$，将动态线性化模型代入可得

$$\begin{aligned}\tilde{\phi}(k,i)&=\tilde{\phi}(k,i-1)-\frac{\eta|\Delta u(k,i-1)|^2}{\mu+|\Delta u(k,i-1)|^2}\times\tilde{\phi}(k,i-1)-\Delta\phi(k,i)\\&=\left[1-\frac{\eta|\Delta u(k,i-1)|^2}{\mu+|\Delta u(k,i-1)|^2}\right]\times\tilde{\phi}(k,i-1)-\Delta\phi(k,i)\end{aligned} \tag{4-32}$$

根据 $\eta,\mu$ 定义的取值可以知 $\dfrac{\eta|\Delta u(k,i-1)|^2}{\mu+|\Delta u(k,i-1)|^2}$ 是关于 $|\Delta u(k,i-1)|$ 单调递增的，存在最

小值 $\frac{\eta\varepsilon^2}{\mu+\varepsilon^2}$ 可得

$$0<\left\|\left[1-\frac{\eta|\Delta u(k,i-1)|^2}{\mu+|\Delta u(k,i-1)|^2}\right]\right\|<1-\frac{\eta\varepsilon^2}{\mu+\varepsilon^2}=g<1 \quad (4\text{-}33)$$

根据前面分析可知 $\phi(k,i)$ 存在上界 $\bar{b}$，因此对式（4-32）取绝对值可得

$$\begin{aligned}\tilde{\phi}(k,i)&=\left[1-\frac{\eta|\Delta u(k,i-1)|^2}{\mu+|\Delta u(k,i-1)|^2}\right]\times|\tilde{\phi}(k,i-1)|-|\Delta\phi(k,i)|\\&\leqslant g|\tilde{\phi}(k,i-1)|-2\bar{b}\\&\vdots\\&\leqslant g^{i-1}|\tilde{\phi}(k,1)|-\frac{2\bar{b}}{1-g}\end{aligned} \quad (4\text{-}34)$$

因此可以得到 $\tilde{\phi}(k,i)$ 有界，又因为 $\phi(k,i)$ 的有界性，即证明得到 $\hat{\phi}(k,i)$ 的有界性。

第二部分：证明跟踪误差 $e(k+1,i)$ 的收敛性。

$u(k,i)$ 为输入准则函数 $J(u(k,i),a_i)$ 最小的控制输入，其中 $a_i$ 为各次迭代输入的权重，可得

$$J(u(k,i),a_i)\leqslant J(u(k,i),\boldsymbol{\Lambda}_0) \quad (4\text{-}35)$$

式中，$\boldsymbol{\Lambda}_0=[1,0,\cdots,0]^{\mathrm{T}}$，根据准则函数的计算公式可得

$$J(u(k,i-1),\boldsymbol{\Lambda}_0)=J(u(k,i-1),[1,0,\cdots,0]^{\mathrm{T}})=|e(k+1,i-1)|^2 \quad (4\text{-}36)$$

又因为

$$|e(k+1,i)|^2\leqslant J(u(k,i),a_i) \quad (4\text{-}37)$$

可得

$$|e(k+1,i)|^2\leqslant J(u(k,i),a_i)\leqslant|e(k+1,i-1)|^2 \quad (4\text{-}38)$$

根据上式可以得到 $\lim\limits_{k\to\infty}\left|e(k+1,i)\right|^2$ 存在，且 $\lim\limits_{k\to\infty}\left|e(k+1,i)\right|^2=\lim\limits_{k\to\infty}J(u(k,i),a_i)$

根据式（4-25）和式（4-38）可得

$$\lim_{k\to\infty}\lambda\left|u(k,i)-\sum_{l=1}^{L}a_{i,l}u(k,i-l)\right|^2=\lim_{k\to\infty}(J(u(k,i),a_i)-|e(k+1,i)|^2)=0 \quad (4\text{-}39)$$

又因为 $\lambda$ 为一正数，因此

$$\lim_{k\to\infty}(u(k,i)-\sum_{l=1}^{L}a_{i,l}u(k,i-l))=0 \tag{4-40}$$

将高阶无模型自适应迭代学习控制器式（4-29）代入可得

$$\begin{aligned}u(k,i)-\sum_{l=1}^{L}a_{i,l}u(k,i-l)&=\frac{\hat{\phi}(k,i)^2}{\lambda+|\hat{\phi}(k,i)|^2}u(k,i-1)+\frac{\lambda}{\lambda+|\hat{\phi}(k,i)|^2}\sum_{l=1}^{L}a_{i,l}u(k,i-l)\\&\quad+\frac{\rho\hat{\phi}(k,i)}{\lambda+|\hat{\phi}(k,i)|^2}e(k+1,i-1)-\sum_{l=1}^{L}a_{i,l}u(k,i-l)\\&=\frac{\hat{\phi}(k,i)^2}{\lambda+|\hat{\phi}(k,i)|^2}(u(k,i-1)-\sum_{l=1}^{L}a_{i,l}u(k,i-l))+\\&\quad\frac{\rho\hat{\phi}(k,i)}{\lambda+|\hat{\phi}(k,i)|^2}e(k+1,i-1)\end{aligned} \tag{4-41}$$

根据式（4-40）和式（4-41），可得

$$\lim_{k\to\infty}\frac{\rho\hat{\phi}(k,i)}{\lambda+|\hat{\phi}(k,i)|^2}e(k+1,i-1)=0 \tag{4-42}$$

因为 $\hat{\phi}(k,i)$ 是有界的，从而在 $\forall k\in\{0,1,\cdots,T\}$ ，$\forall i\in 1,2,\cdots,$ 可以得到 $\lim_{k\to\infty}e(k+1,i)=0$ ，因此系统的跟踪误差渐近收敛。

### 4.1.5　仿真结果与分析

#### 1. 基于单质点模型的仿真与分析

因为列车运行路况复杂，列车模型需要统计线路所有信息，实际很难实现。为将列车实际运行中存在的各种作用力均纳入考虑，利用 CRH380A 型高速列车从济南行驶至徐州东实际运行数据实现数据驱动建模。该模型用于准确模拟控制方法实现列车运行控制时的控制效果，模型不参与控制器设计。基于对高速列车运行过程的分析可将列车运行过程表示为如式（4-43）所示的受控自回归积分滑动平均模型（Controlled Auto-Regressive Integrated Moving Average Model，CARIMA）：

$$A(z^{-1})y(k)=B(z^{-1})u(k-1)+\xi(k)/(1-z^{-1}) \tag{4-43}$$

式中，$y(k)$ 为模型的输出；$u(k)$ 为模型的输入；$y(k)$ 为列车第 $k$ 个采样时刻的速度；$u(k)$ 为列车第 $k$ 个采样时刻的轮对控制力；$\xi(k)$ 为白噪声，多项式 $A(z^{-1})$ 和 $B(z^{-1})$ 为

$$
\begin{aligned}
A(z^{-1}) &= 1 + a_1 z^{-1} + \cdots + a_{m_a} z^{-m_a} \\
B(z^{-1}) &= b_0 + b_1 z^{-1} + \cdots + b_{m_b} z^{-m_b}
\end{aligned} \tag{4-44}
$$

式中，$m_a$ 为输出的阶次，$m_b$ 为输入的阶次。

CARIMA 模型转换成如下最小二乘形式：

$$
y(k) = -a_1 y(k-1) - \cdots - a_{n_a} y(k-m_a) + b_0 u(k-1) + \cdots + b_{m_b} u(k-m_b) + \xi(k) \tag{4-45}
$$

再将上式转化为如下最小二乘格式

$$
y(k) = \varphi^{\mathrm{T}}(k)\theta + \xi(k) \tag{4-46}
$$

式中：

$$
\begin{aligned}
\varphi(k) &= [-y(k-1),\cdots,-y(k-m_a),u(k-1),\cdots,u(k-m_b)]^{\mathrm{T}} \\
\theta &= [a_1,\cdots,a_{m_a},b_0,\cdots,b_{m_b}]^{\mathrm{T}}
\end{aligned} \tag{4-47}
$$

利用遗忘因子递推最小二乘法辨识参数，遗忘因子递推最小二乘法参数估计公式为

$$
\begin{aligned}
\hat{\theta}(k) &= \hat{\theta}(k-1) + K(k)[y(k) - \varphi^{\mathrm{T}}(k)\hat{\theta}(k-1)] \\
K(k) &= \frac{P(k-1)\varphi(k)}{\lambda + \varphi^{\mathrm{T}}(k)P(k-1)\varphi(k)} \\
P(k) &= \frac{1}{\lambda}[I - K(k)\varphi^{\mathrm{T}}(k)]P(k-1)
\end{aligned} \tag{4-48}
$$

式中，$P(0) = \alpha I$，$\alpha \in [10^4, 10^{10}]$，$\hat{\theta}(0) = \tau, \tau$ 为零向量或足够小的正的实向量，遗忘因子 $\lambda = 0.95$。利用列车实际运行数据，通过遗忘因子递推最小二乘法可以得到列车单质点模型时变参数，得到高速列车单质点运行模型如下：

$$
y(k) = f(y(k-1),\cdots,y(k-m_a),u(k-1),\cdots,u(k-m_b)) \tag{4-49}
$$

式中，$m_a = 2$ 和 $m_b = 2$。注：列车数据驱动建立的列车模型实现列车系统的 I/O 数据的产生，仅用于模拟列车运行情况。

单质点模型既便于列车总体控制和调度的研究，又有利于观测控制方法的控制效果。通过采集 CRH380A 型高速列车从济南行驶至徐州东实际的速度与控制力数据建立式（4-49）所示模型来模拟列车运行情况，经过检验模型通过验证，模型中包含列车运行线路等重复性信息。为充分分析高速列车 HOMFAILC 方法控制效果，将其与传统的 CFDL-MFAILC 方法、PFDL-MFAILC 方法以及 P 型 ILC 算法进行对比。其中 HOMFAILC 方法，传统的 MFAILC 方法、P 型 ILC 算法的第一次迭代控制输入为传统 PID 控制方法

下获得的输入数据。各控制方法如下（各方法参数通过试凑法进行选取）:

控制方法一：HOMFAILC 方法选取三阶形式，即令 $L=3$，其高阶学习律为

$$u(k,i)=\frac{\hat{\phi}(k,i)^2}{\lambda+|\hat{\phi}(k,i)|^2}u(k,i-1)+\frac{\lambda}{\lambda+|\hat{\phi}(k,i)|^2}\sum_{l=1}^{L}a_{i,l}u(k,i-l)+\frac{\rho\hat{\phi}(k,i)}{\lambda+|\hat{\phi}(k,i)|^2}e(k+1,i-1) \tag{4-50}$$

式中，$a_{i,1}=0.4$，$a_{i,2}=0.3$，$a_{i,3}=0.3$，$\lambda=0.6$，$\hat{\phi}(k,1)=0.9$，$\rho=0.2$。

控制方法二：传统的 CFDL-MFAILC 方法，其控制律为

$$u(k,i)=u(k,i-1)+\frac{\rho\hat{\phi}(k,i)}{\lambda+|\hat{\phi}(k,i)|^2}e(k+1,i-1) \tag{4-51}$$

式中，$\lambda=0.6$，$\hat{\phi}(k,1)=0.9$，$\rho=0.2$。

控制方法三：传统的 PFDL-MFAILC 方法，其控制律为

$$u(k,i)=u(k,i-1)+\frac{\rho_1\hat{\theta}_1(k,i)e(k+1,i-1)}{\lambda+|\hat{\theta}_1(k,i)|^2}-\frac{\sum_{l=2}^{Lu}\rho_l\hat{\theta}_1(k,i)\hat{\theta}_i(k,i)\Delta u(k-l+1,i)}{\lambda+|\hat{\theta}_1(k,i)|^2} \tag{4-52}$$

式中，$L_u=2$，$\lambda=0.6$，$\hat{\theta}_1(k,1)=0.9$，$\hat{\theta}_2(k,1)=0.8$，$\rho_1=0.2$，$\rho_2=0.4$。

控制方法四：P 型 ILC 算法，其控制律为

$$u(k,i)=u(k,i-1)+k_p e(k+1,i-1) \tag{4-53}$$

式中，$k_p=8$。

本小节将 CRH380A 型列车从济南行驶至徐州东的实际数据作为理想曲线，来验证高速列车 HOMFAILC 方法的有效性，各控制方法的控制效果如图 4-2 所示。

图 4-2 所示为四种控制方法下迭代 30 次时的高速列车速度跟踪曲线。从图中可以看出，HOMFAILC 方法比起传统 MFAILC 方法和 P 型 ILC 算法控制精度有所提高。PFDL-MFAILC 方法因为将输入时间窗口变化量纳入考虑，控制效果稍好于 CFDL-MFAILC 方法。而 P 型 ILC 算法因其控制增益是固定不变的，在工况转换时误差较大，控制效果差。

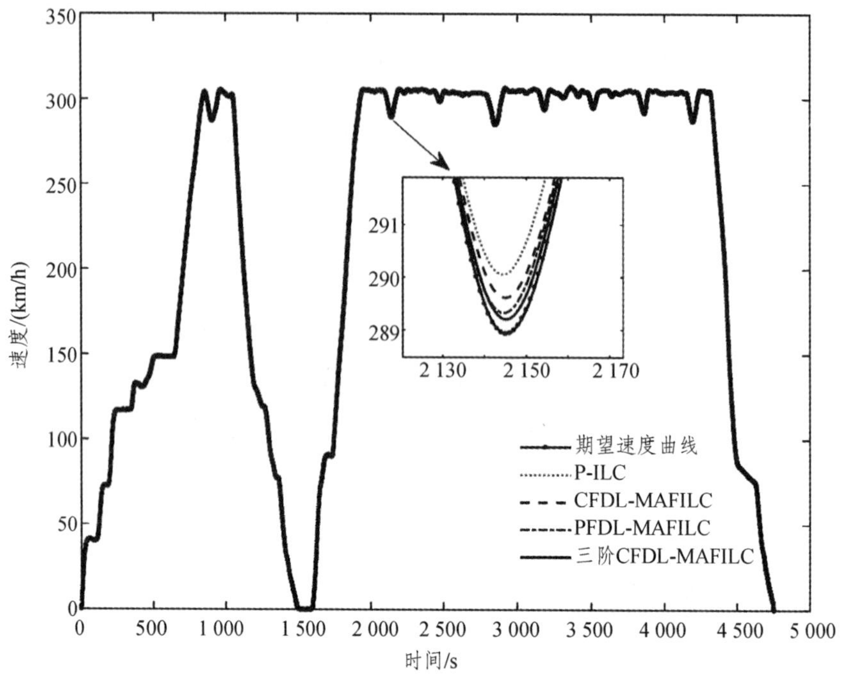


图 4-2　速度跟踪曲线

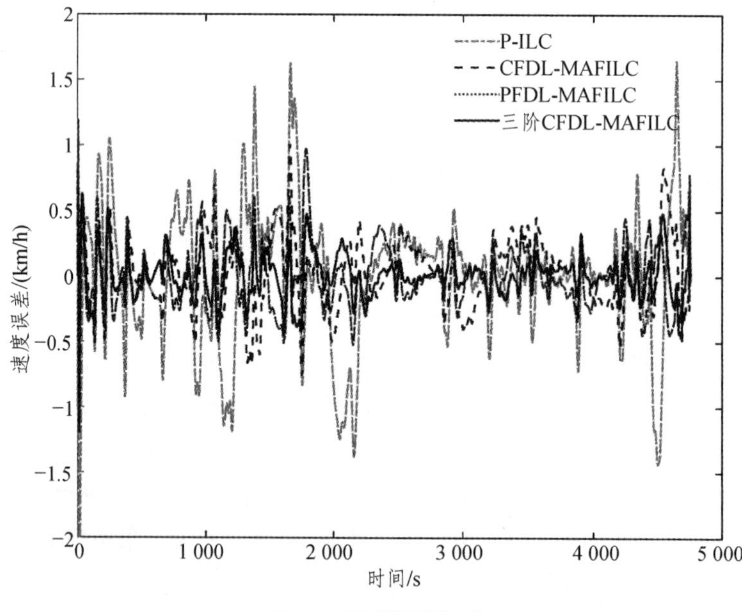


图 4-3　速度跟踪误差

图 4-3 给出了四种控制方法迭代 30 次的速度跟踪误差，从图中可以看出，高速列车 HOMFAILC 方法在迭代 30 次时速度跟踪误差为±0.8 km/h，控制效果好于传统的 MFAILC 方法，但控制精度提高有限。HOMFAILC 方法精度提高有限的原因在于该方法主要是通过提高收敛速度的方式提升控制精度的，但因为控制方法的一致性，使得控制效果的提高有限。但均比 P 型 ILC 算法控制效果好，因为 P 型 ILC 控制的控制增益是固定的，不能实现自适应的调节，而 MFAILC 方法增益是自动调整的，则有利于改善控制效果。

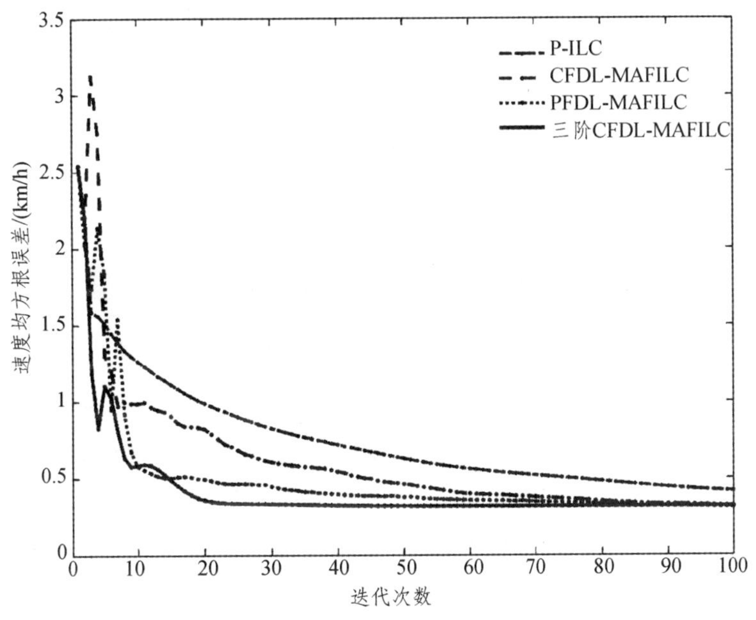


图 4-4　每次迭代均方根误差曲线

为了进一步分析高速列车 HOMFAILC 方法的控制效果，图 4-4 给出了四种控制方法下每次迭代的速度均方根误差来分析每次迭代时的误差变化情况。从图中可以看出，四种控制方法均有迭代结构，能学习列车的重复性信息从而在迭代过程中不断减小跟踪误差。然而传统的 CFDL-MFAILC 方法需要迭代 60 次左右才能达到收敛，PFDL-MFAILC 方法也需要迭代 40 次左右达到收敛，P 型 ILC 算法则需要迭代 80 次才达到收敛，而 HOMFAILC 方法迭代 15 次左右即达到收敛，从而实现了控制系统精度的提高。说明 HOMFAILC 控制方法能对高速列车历史批次的输入信息充分利用，提升了收敛速度，提高了列车的运行控制品质。

基于以上仿真结果可知，高速列车 HOMFAILC 方法能实现列车较为精确的控制，既能充分学习高速列车运行过程中的重复性信息，不断减小重复误差，每次迭代时速度均方根误差不断减小，且充分利用高速列车的输入信息提高收敛速度，仿真结果充分表明高速列车 HOMFAILC 方法的有效性。

### 2. 基于多质点模型的仿真与分析

虽然单质点模型仿真实验能实现列车总体控制，便于观测各控制方法的控制效果，但不能反映列车车间作用力，与实际运行情况存在一定差异。为更加准确刻画控制方法的控制性能，利用 CRH380A 型高速列车实际运行数据，通过数据驱动建模方法建立其多质点模型来充分验证控制方法的实际效果十分必要。CRH380A 型高速列车编组形式为六动两拖，为构建其多质点模型，将高速列车分为三个动力单元，每个动力单元看作一个质点，其结构如图 4-5 所示。

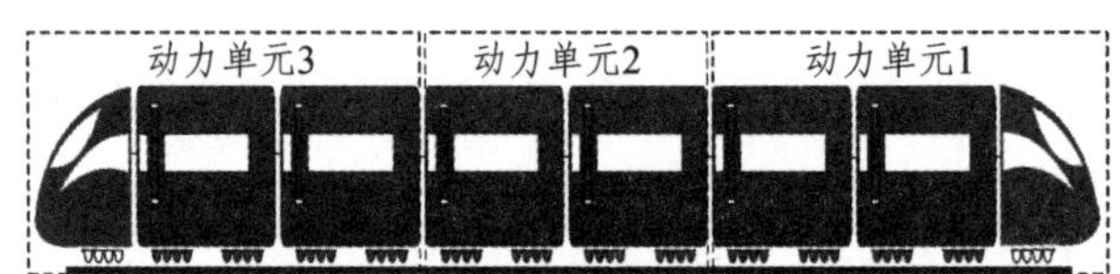


图 4-5　CRH380A 型高速列车多质点模型结构示意

由 CRH380A 型高速列车的多质点模型结构示意图可知，中间六节车辆为动车，具有动力单元，头、尾车辆为拖车，不具有动力单元。基于第二章对高速列车的分析，每个动力单元的操作过程是一个多输入单输出系统，因此可以将高速列车模型描述为多输入单输出自回归滑动平均（Auto-Regression and Moving Average Model，ARMA）模型，并建立如下的高速列车三质点模型：

$$\begin{aligned}A_n(z^{-1})y_n(k)&=B_1(z^{-1})u_1(k-d)+\cdots+B_{n-1}(z^{-1})u_{n-1}(k-d)\\&+B_n(z^{-1})u_n(k-d)+\xi_n(k)\end{aligned}\tag{4-54}$$

式中，$\{u_n(k),y_n(k),n\in(1,2,3)\}$ 表示模型的输入与输出序列，$y_n(k)$ 为高速列车第 $n$ 个动力单元在 $k$ 时刻的输出速度，$u_n(k)$ 为高速列车第 $n$ 个动力单元在 $k$ 时刻的输入控制力，$\xi_n(k)$ 为第 $n$ 个动力单元受到的白噪声。其中 $A_n(z^{-1})$ 和 $B_n(z^{-1})$ 表达式如下：

$$\begin{aligned}A_n(z^{-1})&=1+a_{n_1}z^{-1}+a_{n_2}z^{-2}\cdots+a_{n_a}z^{-m_a}\\B_n(z^{-1})&=b_{n_0}+b_{n_1}z^{-1}+b_{n_2}z^{-2}\cdots+b_{n_b}z^{-m_b}\end{aligned}\tag{4-55}$$

式中，$a_{n_1},\cdots,a_{n_a},b_{n_1},\cdots,b_{n_b}$ 表示高速列车第 $n$ 个动力单元的时变参数。输出的阶次 $m_a$，输入的阶次 $m_b$。

将方程转化为如下最小二乘形式

$$\begin{aligned} y_n(k) = & -a_{n_1} y_n(k-1) - \cdots - a_{n_a} y_n(k-m_a) + b_{n_0} u_1(k-d) + \cdots + \\ & b_{n_b} u_1(k-d-m_b) + b_{n_0} u_{n-1}(k-d) + \cdots + b_{n_b} u_{n-1}(k-d-n_b) + \\ & b_{n_0} u_n(k-d) + \cdots + b_{n_b} u_n(k-d-m_b) + \xi_n(k) \\ = & \varphi_n^{\mathrm{T}} \theta_n + \xi_n(k) \end{aligned} \tag{4-56}$$

式中，$\varphi_n^{\mathrm{T}}$ 是数据向量，$\theta_n$ 是估计的参数向量，通过带遗忘因子的递推最小二乘法进行识别辨识。得到三质点高速列车模型如下：

$$\begin{aligned} y(k) = f(& y(k-1), \cdots, y(k-m_a), u_1(k-1) \cdots u_1(k-m_b), \cdots, \\ & u_{n-1}(k-1), \cdots, u_{n-1}(k-m_b) u_n(k-m_b), \cdots u_n(k-m_b)) \end{aligned} \tag{4-57}$$

式中，$n=3$，$m_a=2$，$m_b=2$。

注：该三质点模型仅用于模拟列车实际运行情况，实现列车系统 I/O 数据的产生，与本文控制器的设计完全无关，控制方法中不使用该系统模型的任何信息。

从单质点仿真实验可以看出高速列车 HOMFAILC 方法相比 P 型 ILC 算法，因其控制增益是自动调整的，控制性能明显加强，且相比于传统的 MFAILC 方法，HOMFAILC 方法充分利用了输入信息，加快了收敛速度，改善了控制品质。为进一步分析高速列车 HOMFAILC 方法控制效果，考虑列车的车间作用力的影响，通过采集 CRH380A 型列车各动力单元的速度和控制力数据建立如式（4-57）所示的三质点模型，三质点模型中包含了列车运行时的重复性信息，该模型的准确性已经过验证。将高速列车 HOMFAILC 方法应用于高速列车三质点模型，得到高速列车 HOMFAILC 方法控制效果如图 4-6 所示。

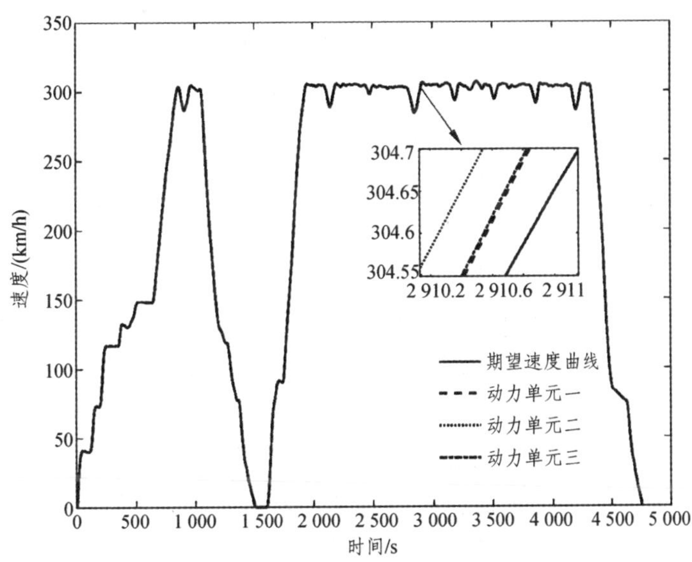


**图 4-6 各动力单元速度跟踪曲线**

图 4-6、图 4-7 和表 4-1 反映了高速列车 HOMFAILC 方法迭代 30 次时速度跟踪曲线和速度跟踪误差，可以看出高速列车 HOMFAILC 方法可以较为精确地实现列车速度跟踪，各动力单元的速度跟踪误差在±1 km/h。其中动力单元一和动力单元三因其为两节动车车辆带一节拖车车辆，在实际控制情况下速度误差相比动力单元二更大，但均能达到通过充分学习列车的重复性信息来提高控制精度的目的。

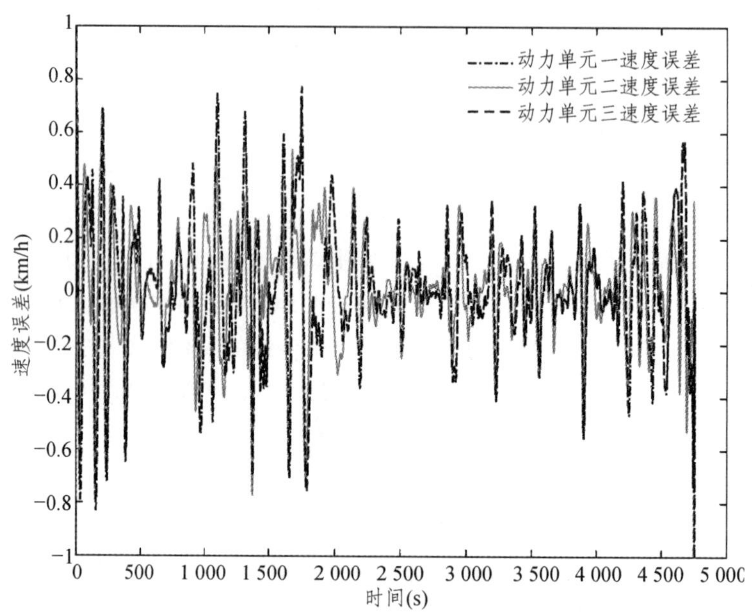


图 4-7 各动力单元速度跟踪误差

表 4-1 各动力单元速度误差

| 方法 | 各动力单元 | 速度误差/（km/h） |
|---|---|---|
| HOMFAILC 控制方法 | 单元一 | （−0.998 2，0.970 4） |
| | 单元二 | （−0.792 1，0.951 1） |
| | 单元三 | （−0.996 4，0.991 3） |

图 4-8 展示了各动力单元的控制力曲线，在列车运行过程中单位控制力的大小反映了列车运行平稳情况，如果发生突变或者抖动较大，都会影响乘客乘车的舒适度。通过分析可知各动力单元的控制力存在轻微抖动，图 4-9 直观展现了各动力单元的加速度情况，各动力单元加速度存在一定的差异，说明该控制方法虽然可以通过提高收敛速度来提升控制精度，但在控制精度方面还有待进一步提升。

为进一步分析列车运行控制效果，图 4-10 给出了迭代 30 次时各动力单元速度偏差和位移偏差，各动力单元的速度偏差和位移偏差可以间接反映列车车钩力情况。从图 4-10 中可以看出各动力单元速度偏差在±0.4 km/h 内，位移偏差在±0.1 m，根据车间作用力的计算方式，可知各动力单元间列车车钩缓冲装置需要承载较大的车间作用力，不利于列车的安全平稳运行。因为 HOMFAILC 方法主要用于实现收敛速度的加快，因此在控制精度的提升方面还有待加强。

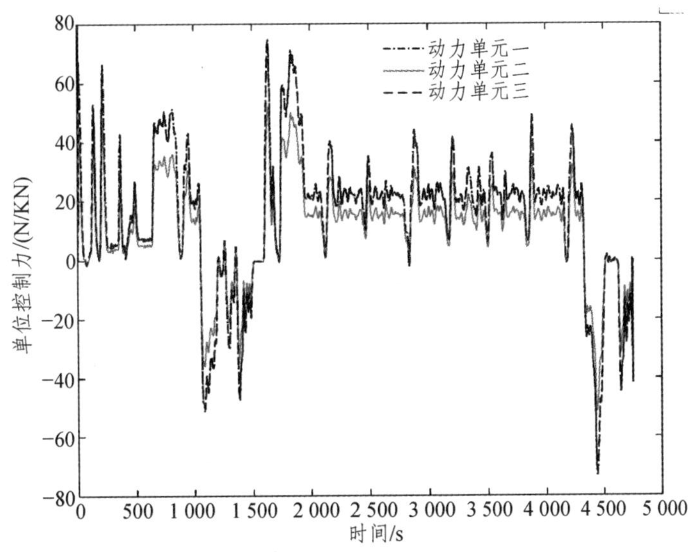


图 4-8　各动力单元控制力曲线

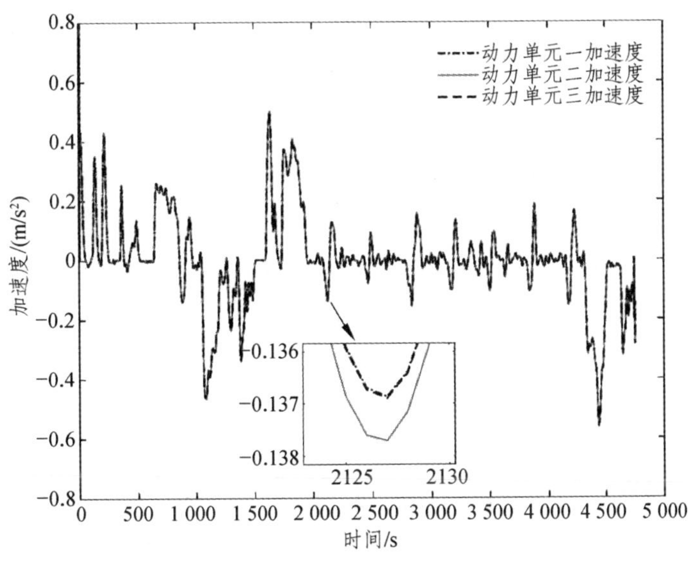


图 4-9　各动力单元加速度曲线

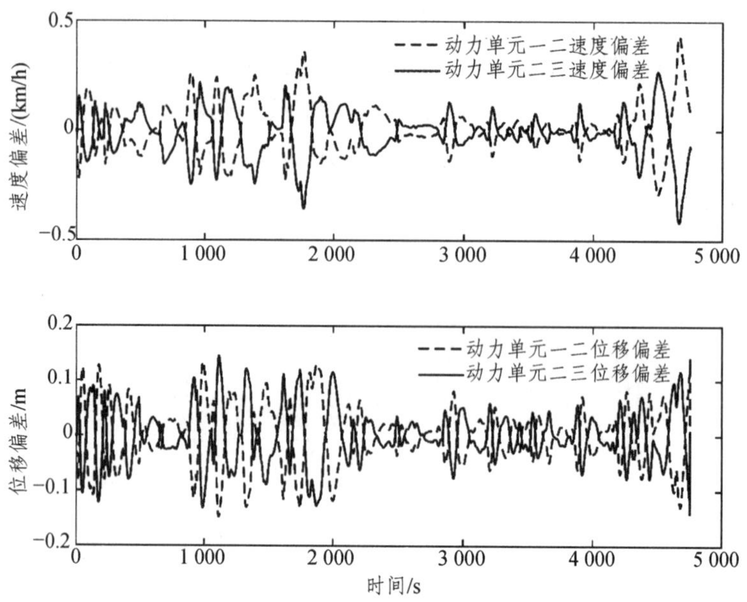


图 4-10　各动力单元速度偏差和位移偏差

基于以上仿真实验分析，可以得出高速列车 HOMFAILC 方法能充分利用历史批次信息，实现列车重复信息的学习，提高收敛速度从而提高控制精度，实现较高精度的列车运行控制。通过建立高速列车多质点模型进行仿真实验，结果表明该控制方法虽然可以有效提高控制精度和收敛速度，但列车车间作用力较大，不利于高速列车的平稳安全运行，这也是该控制方法存在的不足。

### 4.1.6　小结

本节首先将高速列车运行系统进行紧格式和偏格式动态线性化，并基于此数据模型设计传统的 MFAILC 控制器，考虑传统 MFAILC 方法收敛速度慢的问题，在紧格式动态线性化基础上提出利用 HOMFAILC 方法实现列车运行控制。通过高速列车实际数据建立单质点和三质点模型进行仿真实验，实验表明相比传统的 MFAILC 方法和 P 型 ILC 方法，高速列车 HOMFAILC 方法能充分利用列车输入信息加快收敛速度并提高控制精度，从而改善列车运行控制效果，但存在车间作用力过大，不利于列车平稳安全运行等问题。

## 4.2　具有输入约束的高速列车 HOMFAILC 复合控制

上一节针对高速列车运行过程包含丰富重复性信息这一特点，利用 HOMFAILC 方法实现列车运行控制，取得了一定的效果。但该控制方法会造成列车车间作用力过大的问题，且高速列车运行过程并非严格的重复过程，存在一些随机扰动和参数突变的情况，而 HOMFAILC 属于前馈控制，无法有效抑制外界干扰的影响。因此本章针对以上问题，提出了具有输入约束的 HOMFAILC 复合控制方法；在 HOMFAILC 前馈控制基础上引入 PID 反馈控制，并考虑列车输入约束条件，设计具有输入约束 HOMFAILC 复合控制器进行仿真实验；通过仿真实验验证了复合控制方法的实用性和优越性。

### 4.2.1　前馈-反馈复合控制

前馈-反馈复合控制是将前馈控制和反馈控制相结合的控制方法，从而进一步改善控制效果。当控制系统中控制器设计为前馈控制器时，不能克服一些随机的干扰，因此其缺乏鲁棒性，并且开环控制无法实现对被控制系统的镇定作用，前几次迭代时可能产生较大的跟踪误差。当控制系统为闭环控制时，即控制器使用反馈控制时，该方式可以利用控制系统输出反馈来校正系统输入，但无法充分利用系统之前批次的信息。针对这一问题，在前馈控制的基础上引入合适的反馈控制器组成前馈-反馈复合控制器，可以将前馈控制和反馈控制优势相结合，常见的前馈-反馈复合控制结构如图 4-11 所示。

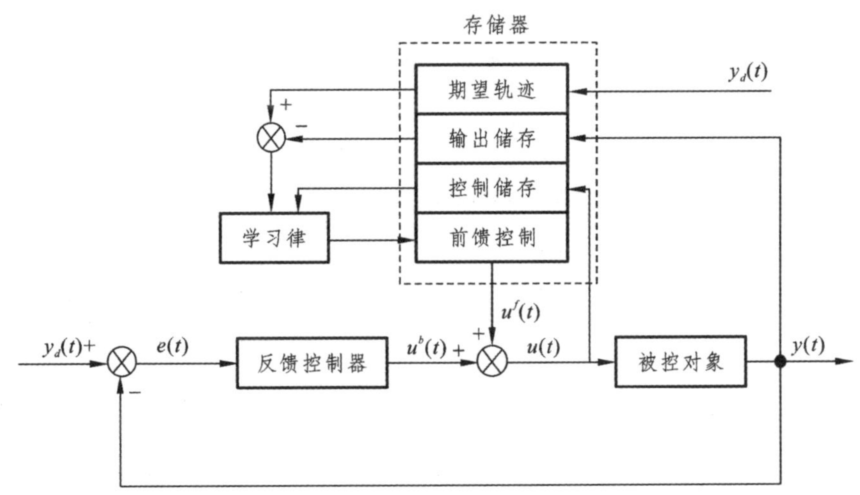


图 4-11　前馈-反馈复合控制的基本结构

图 4-11 中 $u^b(t)$ 为反馈控制器，$u^f(t)$ 为前馈控制器，$u(t)$ 为复合控制器，复合控制器能实现对被控系统当前批次和过去批次控制信息的利用，从而实时修正系统的学习律。前馈-反馈复合控制方法可以有效解决前馈控制在学习律满足收敛条件下依旧产生较大误差的问题，充分利用系统重复性信息的同时实现反馈控制，提升系统的控制精度和稳定

性。如果仅使用开环控制，能利用历史迭代批次的控制信息快速修正控制输入，但缺乏对当前批次的反馈调节，因此在前馈控制器的基础上引入反馈控制器是有其优越性的。

### 4.2.2 具有输入约束的高速列车 HOMFAILC 复合控制

高速列车运行过程属于非严格重复系统，高速列车在实际运行情况下，每次运行过程中虽然运行线路、运行目标、时刻表等都完全重复，但每次运行时外界环境存在变化。例如外界温度、空气湿度变化以及列车传感器不精确都会造成随机扰动，此类随机扰动随迭代批次的不同而不同，且列车运行过程中存在大风、局部有雨等不确定性突发情况，会导致参数突变，影响控制方法对列车的控制效果。HOMFAILC 方法是一种开环控制方法，因此只将 HOMFAILC 方法应用于列车运行控制时，无法克服以上问题，甚至可能造成系统不稳。针对这一问题，考虑在将 HOMFAILC 方法应用于高速列车运行控制的基础上，引入 PID 反馈控制，并考虑列车控制力约束条件，提出一种具有输入约束的 HOMFAILC 复合控制方法，来实现高速列车快收敛、高精度和强鲁棒性控制。

### 4.2.3 PID 控制算法

PID 控制算法具有结构简单、方便实用、鲁棒性强，控制效果不因被控对象的变化而产生巨大变化等优点，非常适用于高速列车运行控制，PID 控制算法控制框图如图 4-12 所示。

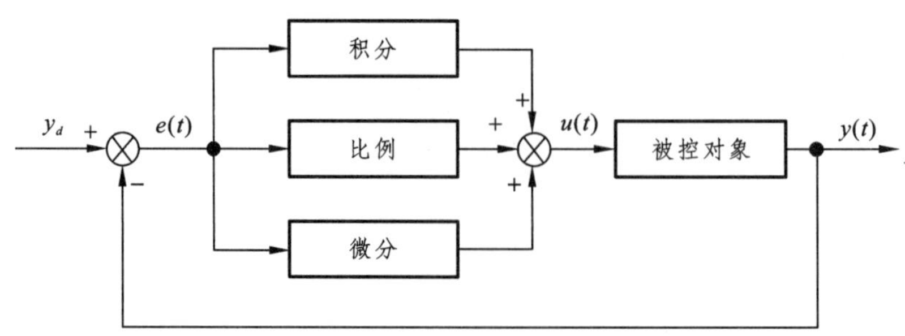


图 4-12　PID 控制算法框图

PID 控制算法是反馈控制，利用理想输出和实际输出的误差来调节控制输入，其表达式为

$$u(t)=K_pe(t)+\frac{1}{T_i}\int_0^t e(t)dt+T_d\frac{\partial e(t)}{\partial(t)} \tag{4-58}$$

式中，$K_p$为比例系数，$T_i$为积分常数，$T_d$为微分系数，比例、积分、微分分别对应比例环节、积分环节、微分环节。其中比例环节根据误差信号实时修正控制输入；积分环节用于解决固定的输出偏差，积分系数越小控制能力越强；微分环节能矫正信号输入，控制输入的变化情况。

但高速列车实际运行系统是离散系统，连续系统的 PID 控制算法无法应用，将其离散化，得到离散系统 PID 控制算法如下：

$$u(k)=K_p e(k)+K_i\sum_{j=0}^{k}e(j)+K_d[e(k)-e(k-1)] \tag{4-59}$$

上述传统 PID 控制算法因其使用全量输出，故每一时刻的输出都和过去的状态相关，实际计算的情况下会使误差累加，同时被控对象的实际偏差对应输出控制量，如果传感器故障，容易造成较大的误差，为此考虑如下的增量式 PID 控制算法：

$$u(k)=u(k-1)+\Delta u(k) \tag{4-60}$$

根据 PID 离散控制算法代入可得

$$\Delta u(k)=K_p(1+K_i+K_d)e(k)-K_p(1+2K_d)e(k-1)+K_pK_de(k-2) \tag{4-61}$$

可以得到增量式 PID 控制算法：

$$u(k)=u(k-1)+\beta_1 e(k)+\beta_2 e(k-1)+\beta_3 e(k-2) \tag{4-62}$$

式中，$\beta_1=K_p(1+K_i+K_d)$，$\beta_2=K_p(1+2K_d)$，$\beta_3=K_pK_d$为反馈增益。增量式 PID 控制能克服传统 PID 控制容易造成累计偏差的不足，且计算量小，能有效控制输入信号的变化情况，适用于高速列车这类需要平稳控制的系统。

### 4.2.4　具有输入约束的 HOMFAILC 复合控制器设计

具有输入约束的 HOMFAILC 复合控制器是考虑列车自身输入限制，在高阶无模型控制律上引入 PID 反馈控制，PID 控制器使用当前瞬间和前两个瞬间的数据，在线数据及时反映当前系统状态，充分利用在线数据，及时捕获系统干扰并修正控制器。该复合控制器考虑列车自身控制力约束条件下，保留 HOMFAILC 前馈控制器优点的同时克服随机扰动和参数突变问题，提高列车控制精度，实现控制系统的快收敛、高精度鲁棒控制。为了方便后续收敛性证明，迭代次数用下标表示。

设计高速列车 HOMFAILC 复合控制器为

$$u_i(k)=u_i^f(k)+u_i^b(k) \tag{4-63}$$

式中，$i$ 为迭代次数，$k$ 为采样时刻，$u_i(k)$ 为复合控制器，$u_i^f(k)$ 为基于紧格式动态线性化的 HOMFAILC 前馈控制器，其表达式为

$$u_i^f(k)=\frac{\hat{\phi}_i(k)^2}{\lambda+|\hat{\phi}_i(k)|^2}u_{i-1}(k)+\frac{\lambda}{\lambda+|\hat{\phi}_i(k)|^2}\sum_{l=1}^{L}a_{i,l}u_{i-l}(k)+ \\ \frac{\rho\hat{\phi}_i(k)}{\lambda+|\hat{\phi}_i(k)|^2}e_{i-1}(k+1) \tag{4-64}$$

$u_i^b(k)$ 为 PID 反馈控制器，其表达式如下：

$$u_i^b(k)=u_i^b(k-1)+\beta_1 e_i(k)+\beta_2 e_i(k-1)+\beta_3 e_i(k-2) \tag{4-65}$$

式中，$\beta_1,\beta_2,\beta_3$ 为反馈控制增益，$e_i(k)=y_d-y_i(k)$ 为期望输出 $y_d$ 与实际输出 $y_i(k)$ 之间的跟踪误差。

虽然复合控制器中引入了 PID 反馈控制能抑制随机扰动和参数突变的情况，稳定控制输出。但参数突变情况下可能导致列车控制输入过大，而列车实际运行情况下，电机转矩的输出受到电机功率的限制，控制力输出应受到一定限制。因此将高速列车具有输入约束的 HOMFAILC 复合控制器设计为

$$\tilde{u}_i(k)=sat[u_i(k)] \tag{4-66}$$

式中，$\tilde{u}_i(k)$ 为具有输入约束的 HOMFAILC 复合控制器，$sat[u_i(k)]$ 是饱和函数，为列车自身条件的约束。约束条件为

$$sat[u_i(k)]=\begin{cases}-u_{\min}(k) & u_i(k)<u_{\min}(k)\\ u_i(k) & -u_{\min}(k)<u_i(k)<u_{\max}(k)\\ u_{\max}(k) & u_i(k)>u_{\max}(k)\end{cases} \tag{4-67}$$

式中，$u_{\min}(k)$ 为列车制动力上限，$u_{\max}(k)$ 为列车牵引力的上限，输入限制与列车电机功率、实际运行速度相关。

具有输入约束的高速列车 HOMFAILC 复合控制框图如图 4-13 所示。

从上述控制方法中可以看出，所提的具有输入约束的高速列车 HOMFAILC 复合控制方法与高速列车的数学模型、机理和阶数均无关，控制方案中只需要高速列车实际运行的 I/O 数据，实际应用时 I/O 数据是依靠列车传感器直接获取了。其中 HOMFAILC 前馈控制利用了更多历史迭代批次的输入信息，能实现控制性能的提升，收敛速度的加快，同时引入 PID 时间轴反馈控制并考虑列车控制力约束条件，抑制了随机扰动和参数突变影响的同时稳定了控制信号，保障列车稳定高精度运行。因此提出具有输入约束的

HOMFAILC 复合控制方法，在实现高速列车运行控制时能实现高速列车快收敛、高精度、强鲁棒性稳定运行控制。

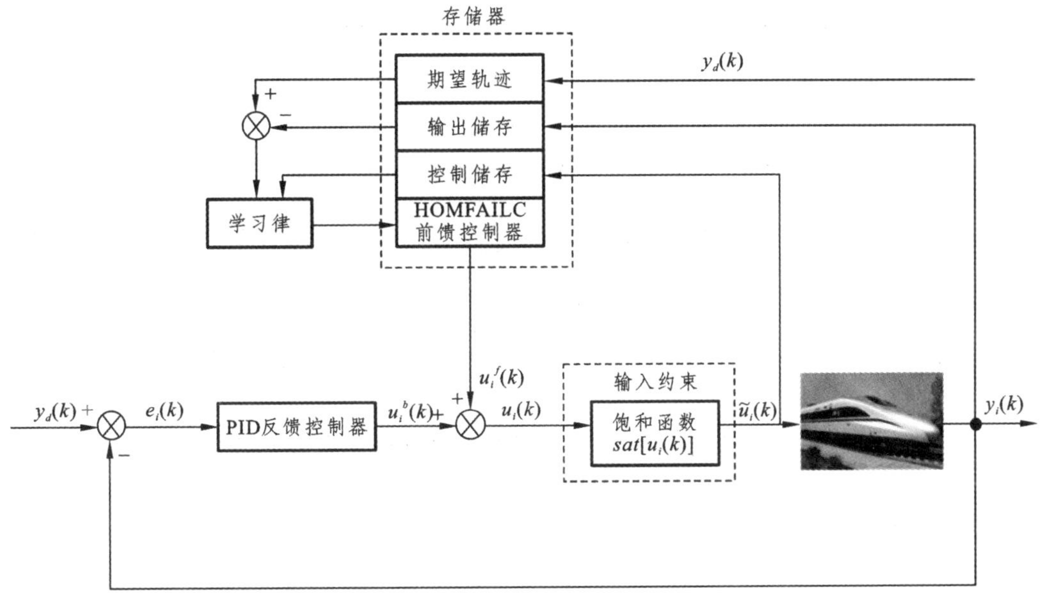


图 4-13　输入约束的 HOMAFILC 复合控制框图

收敛性分析假设 6：每次迭代满足如下重置条件：

$$y_i(0) = y_d(0), \forall i \tag{4-68}$$

高速列车每次出发即为从起始站运行至下一车站，其初始速度和位移均为零，故该假设成立。

假设 7：一定存在一个控制输入序列 $u_d(k),(k=0,1,\cdots,K-1)$，使得系统的输出在区间 $k\in[0,K]$ 能实现对期望速度轨迹 $y_d(k)$ 的跟踪，即

$$y_d(k+1) = f(y_d(k)) + \Gamma \cdot u_d(k) \tag{4-69}$$

系统仅有满足这一假设时，才能达到理想控制的目的，故该假设成立。

本章参考文献[4]给出如下证明：第 $i$ 次迭代速度误差可以表示为

$$\begin{aligned} e_i(k+1) &= y_d(k+1) - y_i(k+1) \\ &= \varphi(v_d(k), u_d(k), k) - \varphi(v_i(k), \tilde{u}_i(k), k) \\ &= \varphi(v_d(k), u_d(k), k) - \varphi(v_d(k), \tilde{u}_i(k), k) \\ &\quad + \varphi(v_d(k), \tilde{u}_i(k), k) - \varphi(v_i(k), \tilde{u}_i(k), k) \end{aligned} \tag{4-70}$$

根据差分中值定理可将式（4-70）整理成：

$$
\begin{aligned}
e_i(k+1)&=\varphi_v(\chi_i)e_i(k)+\varphi_u(\chi_i)\delta\tilde{u}_i(k)\\
&=\varphi_v(\chi_i)e_i(k)+\varphi_u(\chi_i)\delta u_i^f(k)-\varphi_u(\chi_i)\delta u_i^b(k)
\end{aligned}
\tag{4-71}
$$

式 中 ， $\delta\tilde{u}_i(k)=u_d(k)-\tilde{u}_i(k),\delta u_i^f(k)=u_d(k)-u_i^f(k),\chi_i(k)=[\tilde{u}_i(k)+\tau\delta\tilde{u}_i(k),e_i(k)+\tau e_i(k),k]$ $\tau\in[0,1]$。同时根据高速列车运行离散模型可知，$\varphi_v(\chi_i(k))=f(v_i(k)),\varphi_u(\chi_i)=\Gamma$，因此可以将式（4-71）整理成如下递归形式：

$$
\begin{aligned}
e_i(k+1)&=\varphi_v(\chi_i)e_i(k)+\varphi_u(\chi_i)\delta\tilde{u}_i(k)\\
&=\prod_{n=0}^{k}\varphi_v(\chi_i(n))e_i(0)+\sum_{j=0}^{k-1}\left(\prod_{n=j+1}^{k}\varphi_v(\chi_i(n))\right)\varphi_u(\chi_i)\delta\tilde{u}_i(j)+\\
&\quad\varphi_u(\chi_i)\cdot\delta\tilde{u}_i(k)
\end{aligned}
\tag{4-72}
$$

根据假设 6 可知 $y_i(0)=y_d(0)$，即 $e_i(0)=0$ 成立，故式（4-72）可表示为

$$
e_i(k+1)=\sum_{j=0}^{k-1}\left(\prod_{n=j+1}^{k}\varphi_v(\chi_i(n))\right)\varphi_u(\chi_i)\delta\tilde{u}_i(j)+\varphi_u(\chi_i)\cdot\delta\tilde{u}_i(k)
\tag{4-73}
$$

又根据假设 6 和 $u_i^b(0)=0$，式（4-65）可以表示为

$$
u_i^b(k)=\beta_1e_i(k)+(\beta_1+\beta_2)e_i(k-1)+(\beta_1+\beta_2+\beta_3)\sum_{l=1}^{k-2}e_i(l)
\tag{4-74}
$$

将式（4-72）代入式（4-74）可得

$$
\begin{aligned}
u_i^b(k)&=\beta_1\sum_{j=0}^{k-2}\left(\prod_{n=j+1}^{k-1}\varphi_v(\chi_i(n))\right)\varphi_u(\chi_i(n))\cdot\delta\tilde{u}_i(j)+\beta_1\varphi_u(\chi_i)\delta\tilde{u}_i(k-1)\\
&\quad+(\beta_1+\beta_2)\sum_{j=0}^{k-3}\left(\prod_{n=j+1}^{k-2}\varphi_v(\chi_i(n))\right)\varphi_u(\chi_i)\delta\tilde{u}_i(j)+(\beta_1+\beta_2)\varphi_u(\chi_i)\delta\tilde{u}_i(k-2)\\
&\quad+(\beta_1+\beta_2+\beta_3)\varphi_u(\chi_i)\sum_{l=1}^{k-3}\delta\tilde{u}_i(l)+(\beta_1+\beta_2+\beta_3)\\
&\quad\sum_{n=1}^{k-2}\left(\sum_{j=0}^{n-2}\left(\prod_{n=j+1}^{n-1}\varphi_v(\chi_i(n))\right)\varphi_u(\chi_i)\delta\tilde{u}_i(j)\right)\\
&=\sum_{j=1}^{k-1}\eta_i^{k,j}\cdot\delta\tilde{u}_i(j)
\end{aligned}
\tag{4-75}
$$

根据式（4-64）可知，前馈控制器设计只是多次利用以往批次的输入信息，递推分析可知一定存在一个参数 $\rho_1$ 使得：

$$\delta u_i^f(k)=u_d(k)-u_i^f(k)=u_d(k)-\rho_1 u_{i-1}^f(k)-\rho_2 e_{i-1}(k+1) \tag{4-76}$$

又因为

$$e_{i-1}(k+1)=\varphi_u(\chi_{i-1})\delta u_{i-1}^f(k)-\varphi_u(\chi_{i-1})u_{i-1}^b(k)+\varphi_v(\chi_{i-1})e_{i-1}(k) \tag{4-77}$$

因此式（4-76）可以表示为

$$\begin{aligned}\delta u_i^f(k)=&(1-\rho_1)u_d(k)+(\rho_1-\rho_2\varphi_u(\chi_{i-1}))\delta u_{i-1}^f(k)\\&+\rho_2(\varphi_u(\chi_{i-1})u_{i-1}^b(k)-\varphi_v(\chi_{i-1})e_{i-1}(k))\end{aligned} \tag{4-78}$$

对式（4-78）求模可得

$$\begin{aligned}&|\delta u_i^f(k)|\leqslant|1-\rho_1||u_d(k)|+|\rho_1-\rho_2\varphi_u(\chi_{i-1})||\delta u_{i-1}^f(k)|+\rho_2\phi_u|u_{i-1}^b(k)|+\rho_2\phi_v|e_{i-1}(k)|\\&\leqslant|1-\rho_1||u_d(k)|+|\rho_1-\rho_2\phi_u(\chi_{i-1})||\delta u_{i-1}^f(k)|+\varepsilon_1(|u_{i-1}^b(k)|+|e_{i-1}(k)|)\end{aligned} \tag{4-79}$$

式中，$\phi_u=\sup\limits_{k\in[0,K]}|\varphi_u(\chi_{i-1})|,\phi_v=\sup\limits_{k\in[0,K]}|\varphi_v(\chi_{i-1})|,\varepsilon_1=\max\limits_{k\in[0,K]}\{\rho_2\phi_u,\rho_2\phi_v\}$

对式（4-79）两边取模可得

$$|e_{i-1}(k)|\leqslant\phi_u|\delta u_{i-1}^f(k-1)|+\phi_u|u_{i-1}^b(k-1)|+\phi_v|e_{i-1}(k-1)| \tag{4-80}$$

根据 PID 反馈控制（4-74）和式（4-75）可知一定存在有界系数 $\rho_3$ 使得:

$$\begin{aligned}&|u_{i-1}^b(k)|\leqslant\rho_3|e_{i-1}(k)|\\&\leqslant\rho_3\phi_u|\delta u_{i-1}^f(k-1)|+\rho_3\phi_u|u_{i-1}^b(k-1)|+\rho_3\phi_v|e_{i-1}(k-1)|\end{aligned} \tag{4-81}$$

式（4-80）与式（4-81）相加可得

$$\begin{aligned}&|u_{i-1}^b(k)|+|e_{i-1}(k)|\leqslant\varepsilon_2(|u_{i-1}^b(k-1)+e_{i-1}(k-1)|)+\varepsilon_2|\delta u_{i-1}^f(k-1)|\\&\leqslant\varepsilon_2^k(|u_{i-1}^b(0)|+|e_{i-1}(0)|)+\sum_{j=0}^{k-1}\varepsilon_2^{k-j}|\delta u_{i-1}^f(j)|\end{aligned} \tag{4-82}$$

式中，$\varepsilon_2=\max\limits_{k\in[0,K]}\{(1+\rho_3)\phi_u,(1+\rho_3)\phi_v\}$。肯定存在一个 $\rho_{\min}$ 使得 $\rho_3>\rho_{\min}$，从而令 $\varepsilon_2>1$。将式（4-82）代入式（4-79）可得

$$\begin{aligned}&|\delta u_i^f(k)|\leqslant|1-\rho_1||u_d(k)|+|\rho_1-\rho_2\phi_u(\chi_{i-1})||\delta u_{i-1}^f(k)|\\&+\varepsilon_1\varepsilon_2^k(|u_{i-1}^b(0)+e_{i-1}(0)|)+\varepsilon_1\sum_{j=0}^{k-1}\varepsilon_2^{k-j}|\delta u_{i-1}^f(j)|\end{aligned} \tag{4-83}$$

又将 $\lambda$ 模定义为 $|\cdots|_\lambda=\sup\limits_{k\in[0,K]}e^{-\lambda k}|\cdots|$。对式（4-83）两边取 $\lambda$ 模，可得

$$\sup_{k\in[0,K]}\varepsilon_2^{-\lambda k}|\delta u_i^f(k-1)|\leqslant|1-\rho_1|\sup_{k\in[0,K]}\varepsilon_2^{-\lambda k}|u_d(k)|+ \\ |\rho_1-\rho_2\phi_u(\chi_{i-1})|\sup_{k\in[0,K]}\varepsilon_2^{-\lambda k}|\delta u_{i-1}^f(k)| \\ +\varepsilon_1\varepsilon_3\sup_{k\in[0,K]}\varepsilon_2^{-\lambda k}+\varepsilon_1\sup_{k\in[0,K]}\varepsilon_2^{-\lambda k}\sum_{j=0}^{k-1}\varepsilon_2^{k-j}|\delta u_{i-1}^f(j)| \tag{4-84}$$

式中，$\varepsilon_3=\varepsilon_2^k(|u_{i-1}^b(0)+e_{i-1}(0)|)$，因此可得

$$\begin{aligned}\sup_{k\in[0,K]}\varepsilon_2^{-\lambda k}\sum_{j=0}^{k-1}\varepsilon_2^{k-j}|\delta u_{i-1}^f(j)|&\leqslant\sup_{k\in[0,K]}\sum_{j=0}^{k-1}(\sup_{j\in[0,K]}\varepsilon_2^{-\lambda j}|\delta u_{i-1}^f(j)|)\varepsilon_2^{(k-j)(1-\lambda)}\\&\leqslant|\delta u_{i-1}^f(j)|_\lambda\sup_{k\in[0,K]}\sum_{j=0}^{k-1}\varepsilon_2^{(k-j)(1-\lambda)}\\&=|\delta u_{i-1}^f(j)|_\lambda\frac{1-\varepsilon_2^{-(\lambda-1)K}}{\varepsilon_2^{(\lambda-1)}-1}\end{aligned}\tag{4-85}$$

整理可得

$$|\delta u_i^f(k)|_\lambda\leqslant\left(|\rho_1-\rho_2\phi_u(\chi_{i-1})|+\varepsilon_1\frac{1-\varepsilon_2^{-(\lambda-1)K}}{\varepsilon_2^{(\lambda-1)}-1}\right)|\delta u_{i-1}^f(k)|_\lambda \\ +|1-\rho_1||u_d(k)|_\lambda+\varepsilon_1\varepsilon_3+\varepsilon_1|\delta u_{i-1}^f(j)|_\lambda\frac{1-\varepsilon_2^{-(\lambda-1)K}}{\varepsilon_2^{(\lambda-1)}-1}\tag{4-86}$$

分析式（4-86）可得一定存在一个足够大的$\lambda$使得

$$|\rho_1-\rho_2\phi_u(\chi_{i-1})|+\varepsilon_1\frac{1-\varepsilon_2^{-(\lambda-1)K}}{\varepsilon_2^{(\lambda-1)}-1}=\vartheta<1\tag{4-87}$$

故

$$|\delta u_i^f(k)|_\lambda\leqslant\vartheta|\delta u_{i-1}^f(k)|_\lambda+\varepsilon_4\leqslant\vartheta^i|\delta u_{i-1}^f(k)|_\lambda+\varepsilon_4\frac{1-\vartheta^i}{1-\vartheta}\tag{4-88}$$

式中，$\varepsilon_4=\varepsilon_1\varepsilon_3+|1-\rho_1||u_d(k)|_\lambda$，当$i\to\infty$时

$$\lim_{i\to\infty}|\delta u_i^f(k)|_\lambda\leqslant\frac{\varepsilon_4}{1-\vartheta}\tag{4-89}$$

根据式（4-82）可得

$$
\begin{aligned}
&\lim_{i\to\infty}(|u_{i-1}^{b}(k)|_{\lambda}+|e_{i-1}(k)|_{\lambda})\\
&\leqslant \lim_{i\to\infty}\sup_{k\in[0,K]}\varepsilon_2^{(1-\lambda)k}(|u_{i-1}^{b}(0)|+|e_{i-1}(0)|)+\lim_{i\to\infty}\sup_{k\in[0,K]}\varepsilon_2^{-\lambda j}\sum_{j=0}^{k-1}\varepsilon_2^{k-j}|\delta u_{i-1}^{f}(j)|\\
&\leqslant (|u_{i-1}^{b}(0)|+|e_{i-1}(0)|)+\lim_{i\to\infty}|\delta u_{i-1}^{f}(k)|_{\lambda}\frac{1-\varepsilon_2^{-(\lambda-1)K}}{\varepsilon_2^{(\lambda-1)}-1}
\end{aligned}
\tag{4-90}
$$

根据式（4-89）以及式（4-90）的分析可以看出 $\lim\limits_{i\to\infty}|u_d(k)-u_i^f(k)|_{\lambda}\leqslant\mu$，$\lim\limits_{i\to\infty}|v_d(k)-v_i(k)|_{\lambda}\leqslant\mu$，其中 $\mu$ 为大于等于零的常数。如果 $|e_{i-1}(0)|=0$，且 $|u_{i-1}^{b}(0)|=0$，$\varepsilon_4=\varepsilon_1(\varepsilon_2^{k}(|u_{i-1}^{b}(0)+e_{i-1}(0)|))+|1-\rho_1||u_d(k)|_{\lambda}=0$ 可得

$$
\lim_{i\to\infty}|u_d(k)-u_i^f(k)|_{\lambda}=0,\lim_{i\to\infty}|u_i^b(k)|_{\lambda}=0 \tag{4-91}
$$

又根据式（4-74）以及式（4-75）可得

$$
\lim_{i\to\infty}|u_d(k)-\tilde{u}_i(k)|_{\lambda}=0,\lim_{i\to\infty}|e_i(k)|_{\lambda}=0 \tag{4-92}
$$

证得系统跟踪误差逐渐收敛到 0。

### 4.2.5　仿真结果与分析

#### 1. 基于单质点模型的仿真与分析

利用式（4-49）所表示的高速列车单质点模型进行仿真实验，验证所提复合控制方法的有效性。将 CRH380A 型列车从济南行驶至徐州东的速度作为理想曲线，仅考虑列车电制动条件下，CRH380A 型列车的输入约束条件为 $u_{\min}(k)=u_{\max}(k)$，约束条件为[4]

$$
u_{\max}(k)=\begin{cases}197.1\quad \text{kN}\quad (0\leqslant v\leqslant 160\ \text{km/h})\\ \dfrac{31\,512}{v}\quad \text{kN}\quad (v>160\ \text{km/h})\end{cases} \tag{4-93}
$$

考虑列车运行是非严格重复过程，温度、湿度等变化和传感器精度影响会带来随机扰动，此类随机扰动因迭代批次不同而不同。同时考虑突遇大风、局部有雨等突发情况造成模型参数突变的情况进行单质点仿真实验，其中本章所提方法和对比控制的第一次迭代控制输入均选取 PID 控制方法下实验数据。各数据驱动的控制方案结构如下所示（各方法参数通过试凑法进行选取）。

控制方法一：具有输入约束条件下的 HOMFAILC 复合控制方法中前馈控制器选取三阶形式，即令 $L=3$，其控制律为

$$u_i^f(k)=\frac{\hat{\phi}_i(k)^2}{\lambda+|\hat{\phi}_i(k)|^2}\tilde{u}_{i-1}(k)+\frac{\lambda}{\lambda+|\hat{\phi}_i(k)|^2}\sum_{l=1}^{L}a_{i,l}\tilde{u}_{i-l}(k)+\frac{\rho\hat{\phi}_i(k)}{\lambda+|\hat{\phi}_i(k)|^2}e_{i-1}(k+1)$$
$$u_i^b(k)=u_i^b(k-1)+\beta_1 e_i(k)+\beta_2 e_i(k-1)+\beta_3 e_i(k-2) \tag{4-94}$$
$$u_i(k)=u_i^f(k)+u_i^b(k)$$
$$\tilde{u}_i(k)=sat[u_i(k)]$$

式中，$a_{i,1}=0.4$，$a_{i,2}=0.3$，$a_{i,3}=0.3$，$\lambda=0.6$，$\hat{\phi}(k,1)=0.9$，$\rho=0.2$，$\beta_1$=8，$\beta_2$=5，$\beta_3$=5。

控制方法二：传统高阶迭代学习方法，其控制律为

$$u_i^f(k)=u_{i-1}^f(k)+k_p e_{i-1}(k+1)$$
$$u_i^b(k)=u_i^b(k-1)+\beta_1 e_i(k)+\beta_2 e_i(k-1)+\beta_3 e_i(k-2) \tag{4-95}$$
$$u_i(k)=u_i^f(k)+u_i^b(k)$$

式中，$k_p=34$，$\beta_1$=8，$\beta_2$=5，$\beta_3$=5。

控制方法三：传统 PID 控制方法，其控制律为

$$u(k)=u(k-1)+\beta_1 e(k)+\beta_2 e(k-1)+\beta_3 e(k-2) \tag{4-96}$$

式中，$\beta_1$=8，$\beta_2$=5，$\beta_3$=5。

仿真结果如下：

在单质点列车模型中加入随机扰动 $d(i)=0.5*\sin(0.77*i)$，验证具有输入约束的 HOMFAILC 复合控制的有效性，仿真结果如图 4-14 ~ 图 4-16 所示。

图 4-14 和图 4-15 给出了基于随机扰动的情况下三种控制方法速度跟踪曲线和速度跟踪误差，其中控制方法一和控制方法二都选取迭代 30 次的跟踪曲线。可以看出所提出的具有输入约束的 HOMFAILC 复合控制方法能实现高速列车精确控制，跟踪误差前期在 ±0.5 km/h 内，后渐近到零。而控制方法二因其控制增益是固定的，控制精度低，速度跟踪误差在±0.8 km/h 内。如果只使用传统 PID 控制算法，因其无法学习列车中的重复性信息，且高速列车运行工况不断变化时，控制收敛性难以保证，速度跟踪误差在±2 km/h 内，以上三种控制方法都能有效抑制随机扰动。

图 4-16 给出了随机扰动下每次迭代的速度均方根误差，可以看出 HOMFAILC 复合控制方法保留收敛速度快优点的同时，提高了控制精度，在迭代 15 次即可达到收敛，且均方根误差为 0.05 km/h，说明该控制方法在精度上有较大的提高，能实现对列车重复性信息学习的同时抑制随机扰动，控制效果好。而控制方法二迭代了 40 次才达到收敛，且控制精度较低。PID 控制时，每次控制效果相同，在迭代域上缺少学习机制，不能实现对高速列车的重复性信息学习的目的，故每次迭代均方根误差相同。

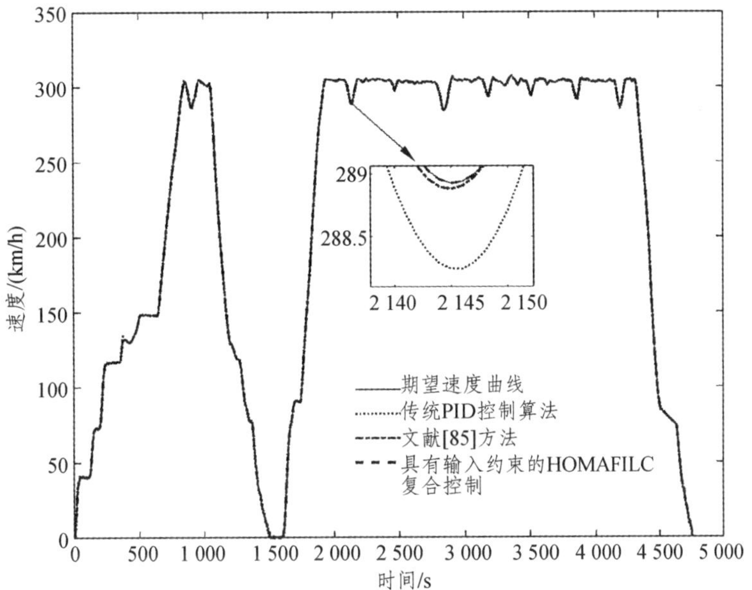


图 4-14　随机扰动下速度跟踪曲线

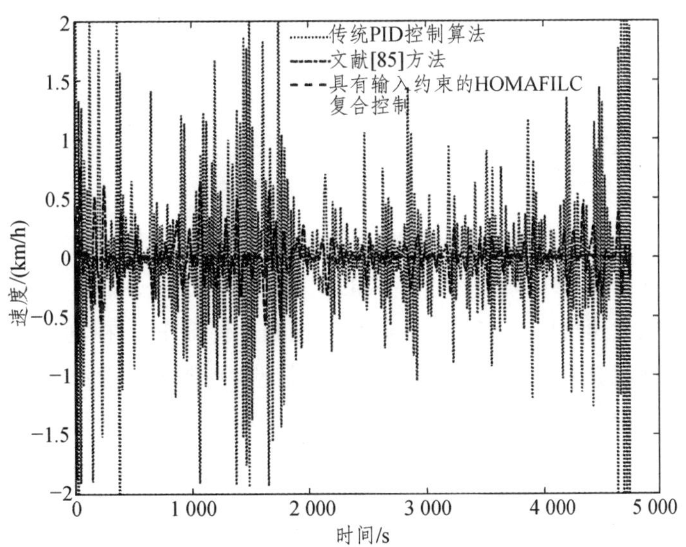


图 4-15　随机扰动下速度跟踪误差

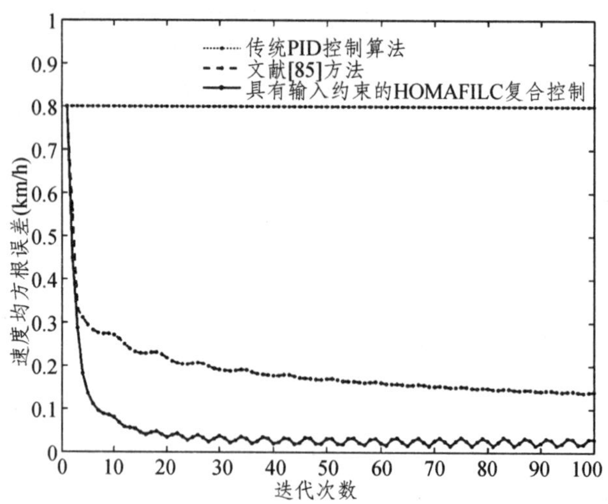


**图 4-16　随机扰动下每次迭代均方根误差**

当高速列车在某段时间突遇大风、局部有雨等突发情况时，会使得列车系统受到较大干扰，反映在列车模型中为参数突变。参数突变使得列车控制力需要较大变化来维持列车稳定运行，而本文所提出的具有输入约束的 HOMFAILC 复合控制方法引入了 PID 反馈控制，能有效限制列车控制力，实现列车的稳定控制。因此在随机扰动的基础上在迭代第 30 次 10 s 时考虑大风阻力的影响，模型参数突减，3 000 s 时受局部下雨的环境影响，模型参数突增，参数突变持续时间 50 s。各方法迭代 30 次时的仿真结果如图 4-17 和图 4-18 所示。

图 4-17 和图 4-18 所示为参数突变时各控制方法的速度跟踪曲线和控制力曲线，从图中可以清楚看出在参数突变的情况下本文的控制方法和控制方法二因利用了之前批次控制信息，均能有效快速反应，实现列车的精确控制。传统 PID 控制方法因列车运行工况转换频繁、存在随机扰动且前期存在参数突变情况时控制力抖振严重，控制力变化超出列车自身限制的情况，难以实现列车精确控制且影响乘客的乘坐体验。控制方法二因缺少控制增益的自适应调整和输入约束，参数突变时存在输入控制力超出限制的情况，控制精度低。本小节使用的控制方法因前馈控制器为自适应控制，能在列车输入约束条件下依然实现列车精确控制，且充分利了用历史批次信息，控制精度高，控制效果好，实现了列车的精确平稳控制，提高了乘客的舒适度。

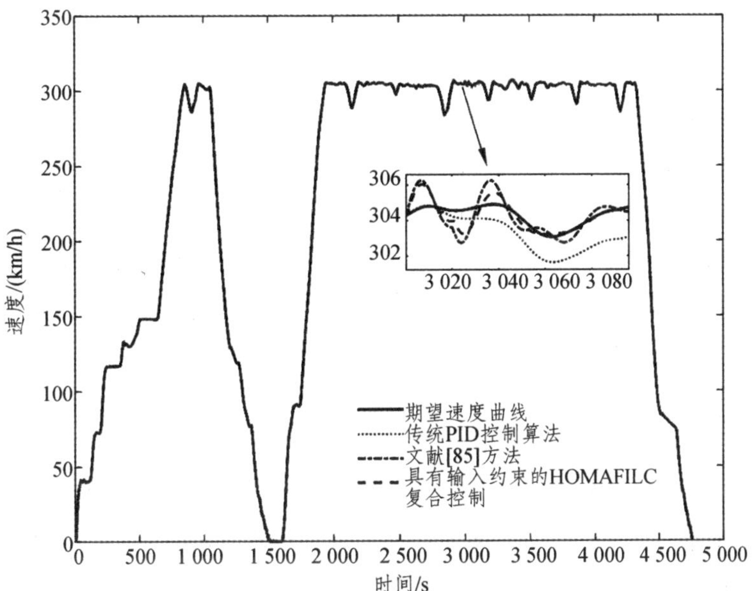


图 4-17　参数突变情况下速度跟踪曲线

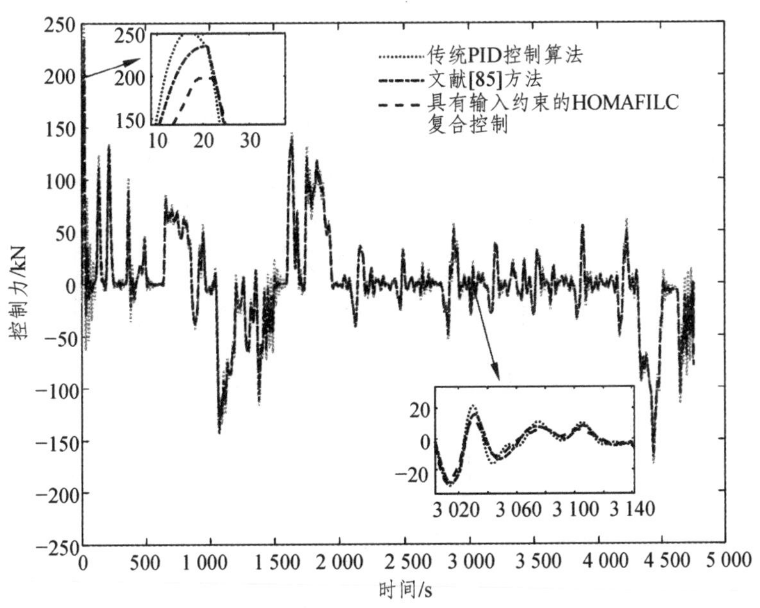


图 4-18　参数突变情况下各方法的控制力

### 2. 基于多质点模型的仿真与分析

从单质点仿真实验可以看出具有输入约束的 HOMFAILC 复合控制比起传统 PID 控制，因增加了前馈控制，能充分学习高速列车的重复性信息，提高了控制精度。相比文献[5]的方法，本小节所提出的复合控制方法利用 HOMFAILC 作为前馈控制，可以根据列车历史运行过程中的数据，不断地优化自身的参数，以适应列车的变化和利用不确定性使得控制效果明显改善，且通过多次利用之前批次的信息来实现收敛速度的提高。同时考虑了列车运行约束条件，在随机扰动和参数突变影响时具有输入约束的 HOMFAILC 复合控制方法依旧能对列车精确控制。为进一步分析该复合方法的控制效果，在式（4-57）所表示的高速列车三质点模型中加入随机扰动 $d_n(i)=0.5*\sin(0.77*i)$ 进行仿真验证，迭代 30 次时控制效果如图 4-19 和图 4-20 所示。

从图 4-19、图 4-20 和表 4-2 可以看出具有输入约束的 HOMFAILC 复合控制可以实现高速列车的高精度跟踪，各动力单元均能实现理想曲线精确跟踪。各动力单元的速度跟踪误差均在±0.1 km/h 内，精度相比于仅使用 HOMFAILC 方法时有较大的改善。虽然复合控制方法引入 PID 反馈控制使得前期有些振荡，但跟踪误差能迅速收敛±0.02 km/h 内，能够达到高速列车精确运行控制的目的。

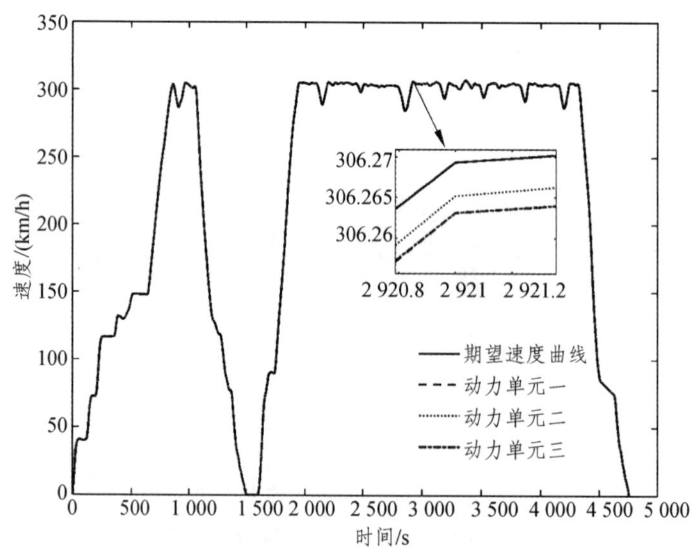


图 4-19　各动力单元速度跟踪曲线

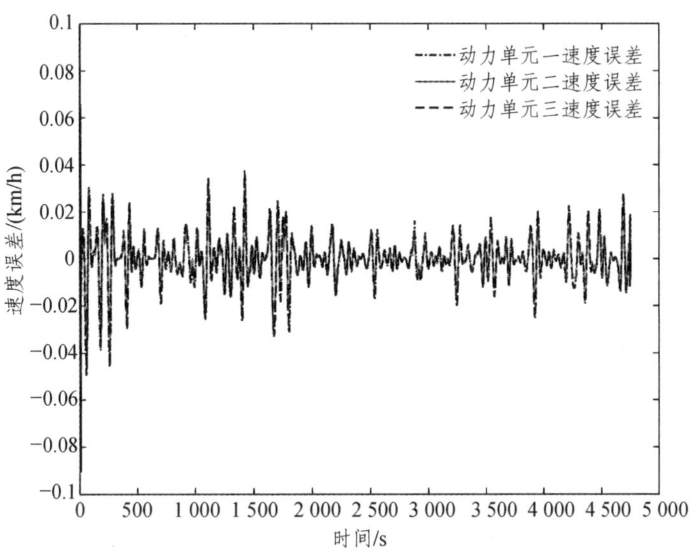


图 4-20　各动力单元速度跟踪误差

表 4-2　各动力单元速度误差

| 方法 | 各动力单元 | 速度误差/（km/h） |
|---|---|---|
| 具有输入约束的 HOMFAILC 复合控制方法 | 单元一 | （-0.091 2，0.082 1） |
| | 单元二 | （-0.033 6，0.057 1） |
| | 单元三 | （-0.086 0，0.099 3） |

为进一步分析该复合控制方法对高速列车的控制效果，图 4-21 和图 4-22 给出了各动力单元的控制力和加速度情况。从图 4-21 中可以看出具有输入约束的 HOMFAILC 复合控制方法下各动力单元的控制力，各动力单元控制力较为平缓，没有较大的突变和抖动。从图 4-22 中可以更加直观地看出各动力单元的加速度情况，各动力单元加速度均在±0.8 m/s²，且各动力单元加速度几乎完全一致，满足乘客乘坐高速列车的舒适度要求。

图 4-23 给出了迭代 30 次时各动力单元的速度偏差和位移偏差。从图中可以看出，各动力单元间的速度偏差均在±0.04 km/h，位移偏差在±0.04 m，表明各动力单元间的速度偏差和位移偏差都很小，列车运行时车间作用力小。充分说明该控制方法使得各动力单元间车钩力在车钩承受范围内，有利于保障高速列车平稳安全运行。

基于以上仿真实验可知所提出的具有输入约束的 HOMFAILC 复合控制方法，不仅能充分学习列车运行的重复性信息，减小重复误差，而且可以实现高速列车反馈控制，抑制参数突变和随机扰动的影响。利用复合控制方法在提升控制精度的同时保障了列车控制力的稳定输出，列车车间作用力很小，极大提升了高速列车的控制品质，仿真结果充分说明了该方法的有效性和优越性。

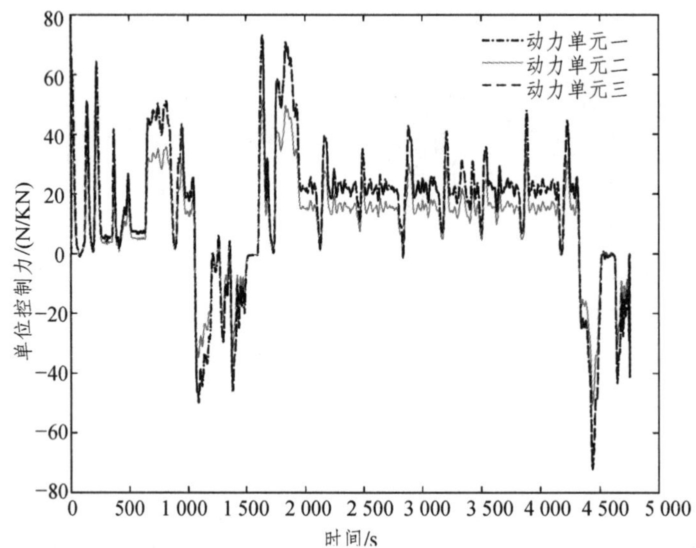


图 4-21　各动力单元控制力曲线

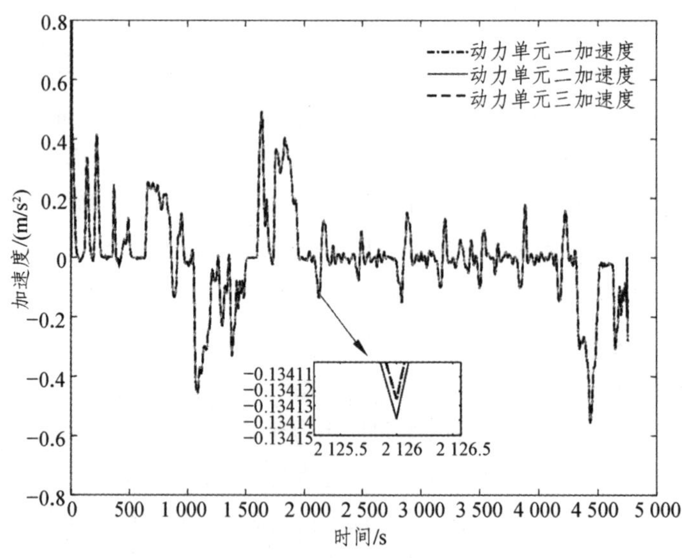


图 4-22　各动力单元加速度

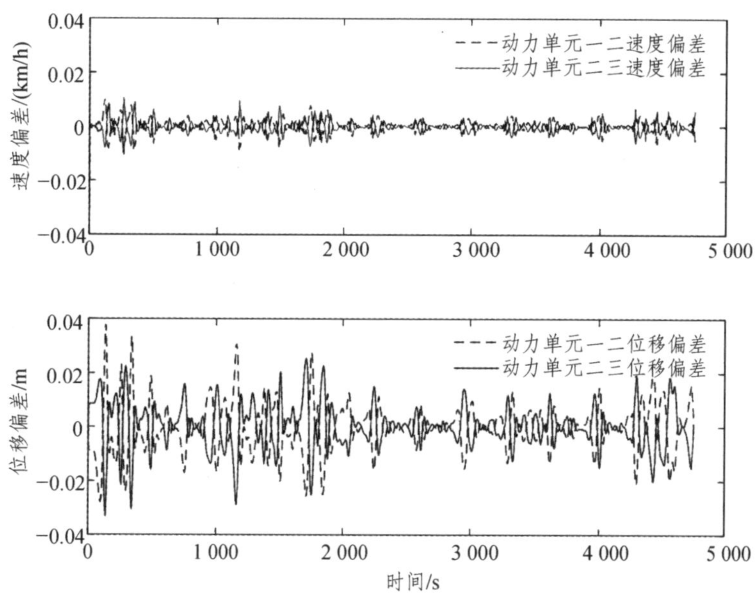


图 4-23　各动力单元速度偏差与位移偏差

### 4.2.6　小结

本节考虑使用 HOMFAILC 方法解决了高速列车运行控制时车间作用力过大，且无法克服列车实际运行中存在环境变化造成随机扰动以及参数突变的问题。在基于紧格式动态线性化的 HOMFAILC 方法基础上，引入 PID 反馈控制的同时考虑列车输入约束条件，设计具有输入约束的 HOMFAILC 复合控制方法。该控制方法能克服列车运行过程随机扰动和参数突变问题同时提高控制精度，保障列车控制力稳定输出，并在理论上证明该复合控制方法的收敛性。最后利用 CRH380A 型高速列车单质点和三质点模型进行仿真实验，仿真结果表明具有输入约束的 HOMFAILC 复合控制方法能实现快速收敛，克服随机扰动和参数突变的影响，提高列车控制精度，控制力变化稳定，车间作用力小，实现列车平稳安全运行。

## 本章参考文献


[1]　金尚泰. 无模型学习自适应控制的若干问题研究及其应用[D]. 北京: 北京交通大学, 2008.

[2]　Chi R H, Hou Z S. Dual-stage Optimal Iterative Learning Control for Nonlinear Non-affine Discrete-time Systems [J]. Acta Automatica Sinica, 2007, 33: 1061-1065.

[3] 侯忠生, 金尚泰. 无模型自适应控制理论与应用[M]. 北京: 科学出版社, 2013.

[4] 段莉. 数据驱动迭代学习控制及在列车自动驾驶控制系统中的应用[D]. 北京: 北京交通大学, 2020.

[5] 韩京清, 袁露林. 跟踪-微分器的离散形式[J]. 系统科学与数学, 1999, 19(03): 268-273.

[6] 晏静文, 侯忠生. 学习增强型PID控制系统的收敛性分析[J]. 控制理论与应用, 2010, 27(6): 761-768.

# 第 5 章 高速列车互补滑模迭代学习速度跟踪控制

## 5.1 高速列车互补滑模速度跟踪控制

由于列车运行环境的复杂多变，控制过程具有强非线性和高不确定性等特点。因此，为实现对高速列车的高效、稳定控制，设计一种互补滑模控制器对高速列车进行速度跟踪控制，并引入非线性光滑的双曲正切函数改进互补滑模控制器。通过仿真实验，可在该控制方法的作用下让列车能够保证高精度、高效率的速度跟踪。

### 5.1.1 传统滑模控制

滑模变结构控制是 20 世纪 70 年代由俄罗斯科学家 V.I. Utkin 提出的，其指出了滑模变结构控制的基本原理。滑模控制是通过引入一个滑动面（滑模面），使得系统状态在此面上快速运动，从而实现对系统的鲁棒稳定控制，其能够有效地对抗系统参数扰动和外部干扰，具有较强的鲁棒性。通过变结构控制，能将系统分为不同工作模式，并在不同模式下应用不同的控制律来实现对系统的控制。通过切换不同的控制律，变结构控制可以适应系统参数变化和外部干扰，确保系统的稳定性和性能。滑模变结构控制将滑模控制和变结构控制相结合，通过在滑模面上引入切换控制律，实现对非线性系统的鲁棒控制。滑模变结构控制方法能够兼顾滑模控制和变结构控制的优点，提高系统的控制性能和鲁棒性（下文将滑模变结构控制简称为滑模控制）。

考虑一个二阶系统：

$$\begin{cases} \dot{x}_1 = x_2 \\ \dot{x}_2 = \xi u + f + d(t) \end{cases} \tag{5-1}$$

式中，$x_1$、$x_2$ 为系统变量；$d(t)$ 为系统所受干扰；$\xi$ 为常数。为了保证状态变量 $\dot{x}_2$ 能够

准确地跟踪期望的参考状态 $\dot{x}_{ref}$ ，将跟踪误差定义为

$$e = \dot{x}_{ref} - \dot{x}_2 \tag{5-2}$$

根据式（5-2）定义的跟踪误差，将滑模面定义为

$$s = e + \lambda\int_0^t e(\tau)d\tau \tag{5-3}$$

进一步，对式（5-3）进行求导可得

$$\begin{aligned}\dot{s} &= \dot{e} + \lambda e \\ &= \ddot{x}_{ref} - \ddot{x}_2 + \lambda e \\ &= \ddot{x}_{ref} - [f + \xi u + d(t)] + \lambda e\end{aligned} \tag{5-4}$$

传统滑模控制设计中包含等效控制和切换控制两部分，其中等效控制部分可保证系统滑动面的运动品质，切换控制部分可保持系统运行在预定的目标轨迹上，因此，传统滑模控制律为

$$u_{SMC} = u_{eq} + u_{hit} \tag{5-5}$$

令 $\dot{s} = 0$ ，得到 $u_{eq}$ 为系统在滑动模态区的等效控制：

$$u_{eq} = \xi^{-1}(\ddot{x}_{ref} - f + \lambda e) \tag{5-6}$$

为了确保系统的可达性和到达阶段的运动品质，切换控制采用等速趋近律：

$$u_{hit} = \xi^{-1}\left[\rho sat\left(\frac{s}{\varphi}\right)\right] \tag{5-7}$$

由此可得传统滑模控制控制律为

$$u_{SMC} = \xi^{-1}\left[\ddot{x}_{ref} + \lambda e - f + \rho sat\left(\frac{s}{\varphi}\right)\right] \tag{5-8}$$

式中，$\rho$ 为切换增益；$\varphi$ 为边界层厚度；$sat(\cdot)$ 为饱和函数，选择饱和函数可有效减弱抖整，具体可表现为

$$sat\left(\frac{s}{\varphi}\right) = \begin{cases} 1, & s \geq \varphi \\ \dfrac{s}{\varphi}, & -\varphi < s < \varphi \\ -1, & s \leqslant -\varphi \end{cases} \tag{5-9}$$

这样满足了滑动条件，即

$$\frac{1}{2}\frac{\mathrm{d}}{\mathrm{d}t}s^2 \leqslant -\mu|s|,\quad \forall|s|\geqslant\varphi \tag{5-10}$$

式中，$\mu>0$。从任何初始阶段开始，速度跟踪偏差都可以在限定的时期内达到最小值，并且可以通过有效的控制来将其限制在一个合理的范围内[见式（5-11）]，从而达到最佳的追踪效果。

$$|e|\leqslant\frac{\varphi}{\lambda} \tag{5-11}$$

### 5.1.2　互补滑模控制器设计

为保证系统强鲁棒、高精度的控制效果。本小节提出了一种改进的高速列车互补滑模控制器，其控制系统结构如图 5-1 所示。该方法通过互补滑模控制的调节，可以使系统在限定时间内快速到达收敛状态，并且可以降低外界未知干扰等因素对系统的危害，具有较好的抗干扰技术能力。

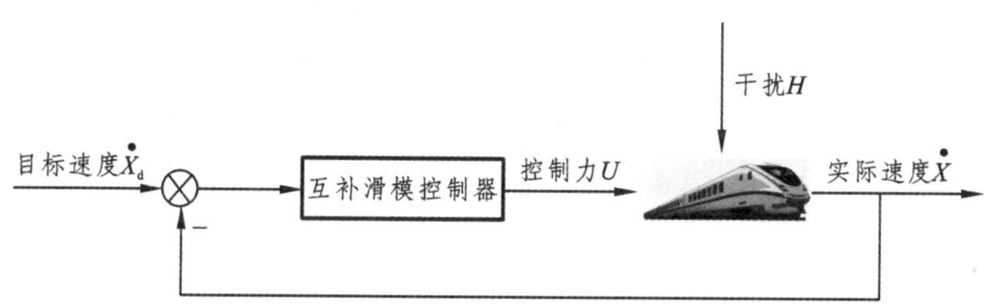


图 5-1　高速列车的互补滑模控制系统框图

首先，将多质点模型式（2-14）变化成式（5-12）形式。由于列车在运行时会受到外部干扰，故引入 $\boldsymbol{H}$ 表示为干扰，假设 $\boldsymbol{H}$ 有界，即$|\boldsymbol{H}|\leqslant\boldsymbol{D}$。

$$\ddot{\boldsymbol{X}}=\boldsymbol{F}+\boldsymbol{RU}+\boldsymbol{H} \tag{5-12}$$

其中，

$$\boldsymbol{F}=(\boldsymbol{K_d X}+\boldsymbol{K_c}\dot{\boldsymbol{X}})\boldsymbol{M}^{-1}-\boldsymbol{f}\cdot\frac{\mathrm{g}}{1\,000}$$

$$\boldsymbol{R}=\boldsymbol{M}^{-1}$$

令目标位置为 $\boldsymbol{X_d}$，$\boldsymbol{X_d}=[x_{d1}\ \dots\ x_i\ \dots\ x_{d8}]^{\mathrm{T}}$，得到位置误差为

$$\boldsymbol{e}=\boldsymbol{X_d}-\boldsymbol{X} \tag{5-13}$$

进一步，通过对式（5-13）求导，可以获得实际位置信息 $\boldsymbol{X}$ 的速度误差为

$$\dot{\boldsymbol{e}} = \dot{\boldsymbol{X}}_d - \dot{\boldsymbol{X}} \tag{5-14}$$

结合式（5-14）定义的速度跟踪误差，可得 CSMC 的广义滑模面为：

$$\boldsymbol{s}_{\mathbf{g}} = \left(\frac{d}{dt}+\lambda\right)^2 \int_0^t \boldsymbol{e}(\tau)d\tau = \begin{bmatrix} \dot{e}_1 + 2\lambda e_1 + \lambda^2 \int_0^t e_1(\tau)d\tau \\ \dot{e}_2 + 2\lambda e_2 + \lambda^2 \int_0^t e_2(\tau)d\tau \\ \vdots \\ \dot{e}_8 + 2\lambda e_8 + \lambda^2 \int_0^t e_8(\tau)d\tau \end{bmatrix}_{8\times 1} \tag{5-15}$$

在高速列车多质点模型中，广义滑模面可以有效地减小稳态误差，提升位置跟踪性能。然而，这种方法也容易导致系统延迟。因此，为了解决这个问题，选择一种与广义滑模面互相正交的互补滑模面（见式 5-16），它可以有效地减少系统延迟，提高位置跟踪性能，并且可以更好地满足系统的要求。

$$\boldsymbol{s}_{\mathbf{c}} = \left(\frac{d}{dt}+\lambda\right)\left(\frac{d}{dt}-\lambda\right)\int_0^t \boldsymbol{e}(\tau)d\tau = \begin{bmatrix} \dot{e}_1 - \lambda^2 \int_0^t e_1(\tau)d\tau \\ \dot{e}_2 - \lambda^2 \int_0^t e_2(\tau)d\tau \\ \vdots \\ \dot{e}_8 - \lambda^2 \int_0^t e_8(\tau)d\tau \end{bmatrix}_{8\times 1} \tag{5-16}$$

结合式（5-15）和式（5-16），可得滑模面之间的关系为：

$$\boldsymbol{\sigma} = \boldsymbol{s}_{\mathbf{g}} + \boldsymbol{s}_{\mathbf{c}} = 2(\dot{\boldsymbol{e}} + \lambda \boldsymbol{e}) \tag{5-17}$$

由式（5-17）可以看出，所设计的互补滑模面实质为线性滑模面，该滑模面同时具有积分滑模面和线性滑模面的优点，可以有效削弱抖振，减少系统误差。

根据式（5-15）和式（5-16），可以推断出广义滑模面与互补滑模面之间存在着密切的联系，其关系为：

$$\dot{\boldsymbol{s}}_{\mathbf{C}} = \lambda\boldsymbol{\sigma} + \dot{\boldsymbol{s}}_{\mathbf{g}} \tag{5-18}$$

使用互补滑模控制的系统，可以通过等效控制和切换控制的联合作用来实现最佳的控制效果。切换控制可确保系统在有限的时间内，能够达到广义滑模面和互补滑模面的交线处，即 $S_g = -S_c = 0$。得出互补滑模控制律为：

$$\boldsymbol{u}_{\mathbf{csmc}} = \boldsymbol{u}_{\mathbf{eq}} + \boldsymbol{u}_{\mathbf{hit}} \tag{5-19}$$

式中，

$$\boldsymbol{u}_{\mathrm{eq}} = \boldsymbol{R}^{-1}(\ddot{\boldsymbol{X}}_{\mathrm{d}} - \boldsymbol{F} + \lambda(2\dot{\boldsymbol{e}} + \lambda\boldsymbol{e} + \boldsymbol{s}_{\mathrm{c}}))$$

$$\boldsymbol{u}_{\mathrm{hit}}(t) = \boldsymbol{R}^{-1}\left(\rho\tanh\left(\frac{\boldsymbol{s}_{\mathrm{g}} + \boldsymbol{s}_{\mathrm{c}}}{\varphi}\right)\right)$$

等效控制部分 $\boldsymbol{u}_{\mathrm{eq}}$ 保证了系统的滑模面控制；滑模切换控制部分 $\boldsymbol{u}_{\mathrm{hit}}$ 能确保系统运行在预定的目标轨迹上；$\rho$ 为常系数且 $\rho > 0$；针对传统符号函数引起的滑模切换抖振问题，本小节提出了一种平滑的双曲正切函数 tanh(·) 来代替符号函数，其中双曲正切函数 tanh(·) 定义为

$$\tanh(\alpha x) = \frac{e^{\alpha x} - e^{-\alpha x}}{e^{\alpha x} + e^{-\alpha x}} \tag{5-20}$$

式中，$\alpha > 0$，双曲正切函数拐点切线的斜率由 $\alpha$ 的值决定。参数 $\alpha$ 值的选择能够显著改变双曲正切平滑函数拐点的改变速率，即滑动面的收敛速度随着参数的值增大而加快。当 $\alpha \to \infty$ 时，双曲正切函数会向切换函数转变，造成控制器的较大抖整，因此需选择适当数值使其满足系统精度和鲁棒性需求。

从图 5-2 中可以看出双曲正切函数曲线是光滑的，并且其切换性质优于在拐点不连续不可导的符号函数。这是一个不同于传统技术削弱，由开关函数产生抖振的方法。

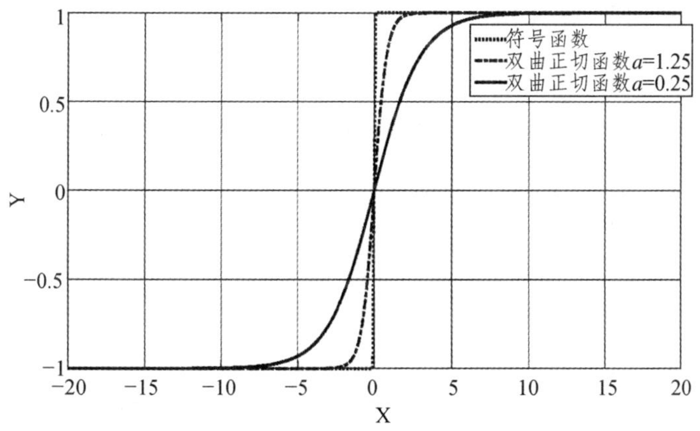


**图 5-2　双曲正切函数特性曲线**

为保证系统稳定性，下面进行控制系统稳定性分析。

选取李雅普诺夫函数为

$$V = \frac{1}{2}(\boldsymbol{s}_{\mathrm{g}}{}^{2} + \boldsymbol{s}_{\mathrm{c}}{}^{2}) \tag{5-21}$$

对式（5-21）求导可得

$$\dot{V}=s_g\dot{s}_g+s_c\dot{s}_c=(s_g+s_c)(\dot{s}_g-\lambda s_c) \tag{5-22}$$

将式（5-19）代入可得

$$\begin{aligned}\dot{V}&=-\lambda(s_g+s_c)^2+(s_g+s_c)\left(-\mathbf{Gu}_{\mathbf{hit}}\right)+(s_g+s_c)(D)\\&\leqslant-\lambda(s_g+s_c)^2+(s_g+s_c)(-\mathbf{Gu}_{\mathbf{hit}})+|s_g+s_c||D|\\&\leqslant-\lambda(s_g+s_c)^2+|s_g+s_c|(|D|-\rho)\leqslant 0\end{aligned} \tag{5-23}$$

式中，$|s_g+s_c|\geqslant\varphi$。

根据李雅普诺夫稳定性定理，本小节选择的互补滑模控制律可以达到稳定性条件。因此，在限定的时刻内，任何初始点都可以收敛到边界层内，并且可以确保跟踪误差的取值范围在可接受的范围内，其范围为

$$|e|<\frac{\varphi}{2\lambda} \tag{5-24}$$

通过对比式（5-11）和式（5-25）可知，互补滑模控制器的误差界限显然低于传统滑模控制器，这表明它在理论上具有更高的精度和更强的跟踪能力，可以有效地减小跟踪误差，并且可以加快跟踪的速度。

### 5.1.3 仿真结果与分析

为证明提出控制系统的有效性，利用 MATLAB 2017a 仿真软件进行实验验证。基于 CRH380A 型动车组的性能参数构建一个 Simulink 仿真模型，其中表 5-1 为列车主要参数，表 5-2 为各车辆重量。图 5-3 为参考速度曲线，模拟时间为 2 500 s，模拟列车运行的距离约为 149 km。列车运行过程中一共包括 2 段加速区段、3 段匀速阶段以及 2 段减速制动阶段。在整个过程中，列车始终没有超越 CRH380A 型动车组最大的持续运行时速 350 km 和最大的运行时速 380 km，实现了安全运行。为评估高速列车多质点模型在复杂地形下的跟踪能力，更好地分析高速动车组在实际运行中受到的各种外力的影响，设计了一个复杂的高速线路纵断面示意图，如图 5-4 所示。

基于上述列车系统参数、运行路线参数进行仿真实验，分别采用传统滑模控制器和互补滑模控制器对高速列车进行追踪控制，比较二者性能差异。在图 5-5 中，传统滑模控制未改进滑模面和趋近律，导致列车在运行过程中速度会出现较大的变化，产生了较大的抖动。由图 5-6 可知，本小节提出的互补滑模控制下的误差基本呈现水平线过零点，既不越过目标曲线也不产生较大波动，可以实现无静态追踪，具有良好的追踪特性。由此可知互补滑模的控制效果要好于传统滑模控制。

表 5-1　列车具体参数

| 列车各项参数 | 参数值 |
|---|---|
| 车长/m | 203 |
| 首尾车长/m | 26.5 |
| 最大牵引功率/kW | 9 600 |
| 最高运行速度/（km/h） | 350 |
| 最高瞬时速度/（km/h） | 380 |
| 基本阻力/（N/kN） | $0.53+0.014v+0.001\,477v^2$ |
| 持续干扰/（N/kN） | $0.005\cos(t)$ |
| 车钩弹性系数/（N/m） | $2\times10^7$ |
| 车钩阻尼系数/（N/m） | $5\times10^6$ |

表 5-2　CRH380A 型动车组各车辆重量

| 参数名称 | 参数值 | 参数名称 | 参数值 |
|---|---|---|---|
| 车辆 1 质量/kg | 67 200 | 车辆 5 质量/kg | 60 800 |
| 车辆 2 质量/kg | 69 600 | 车辆 6 质量/kg | 68 800 |
| 车辆 3 质量/kg | 68 800 | 车辆 7 质量/kg | 69 600 |
| 车辆 4 质量/kg | 63 200 | 车辆 8 质量/kg | 68 000 |

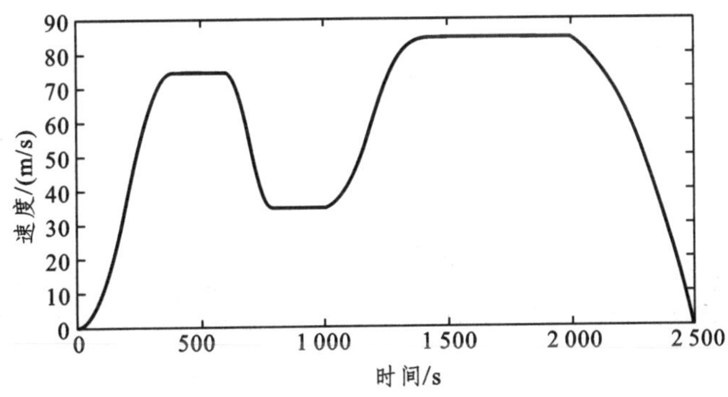


图 5-3　参考速度曲线

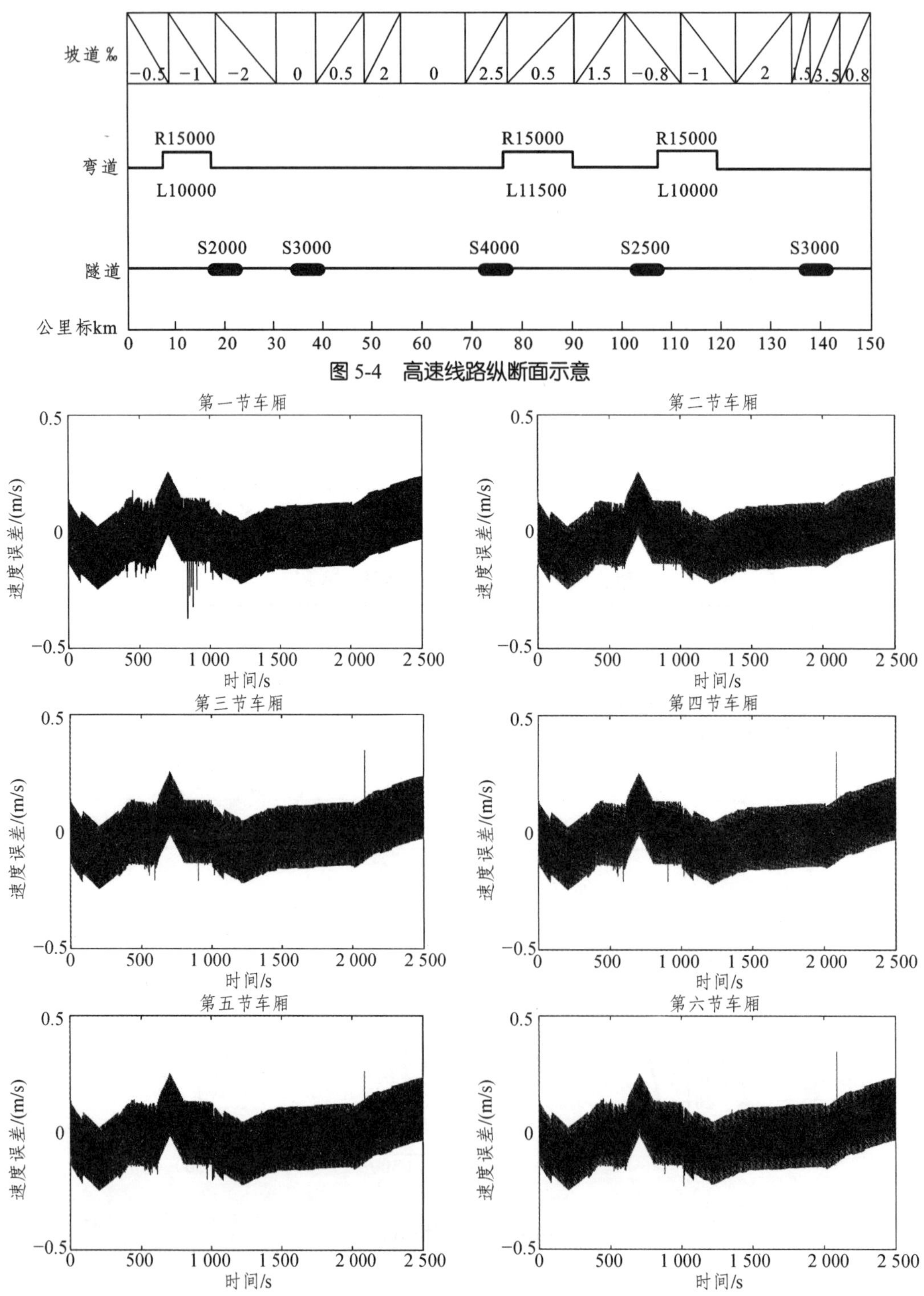


图 5-4 高速线路纵断面示意

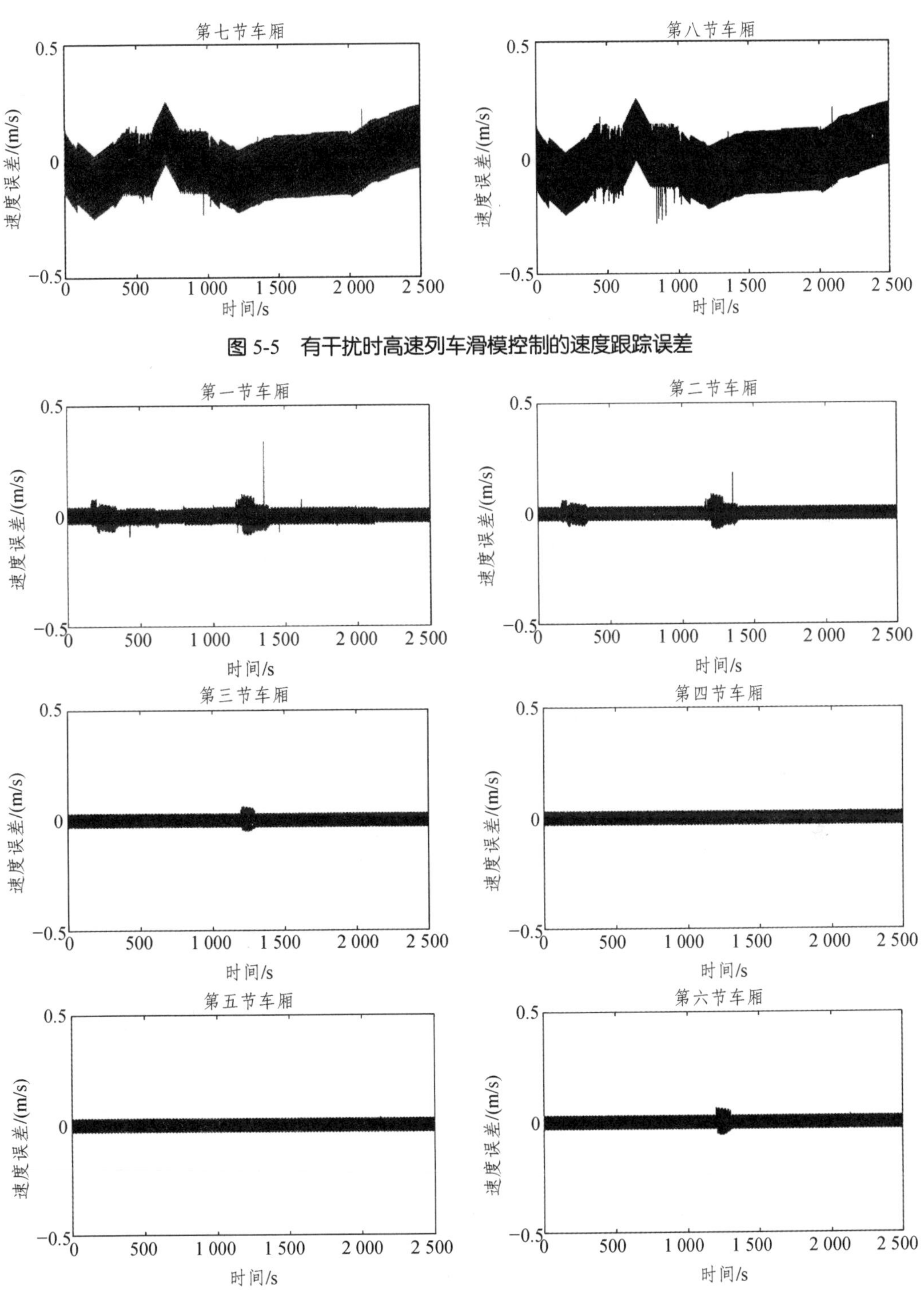


图 5-5　有干扰时高速列车滑模控制的速度跟踪误差

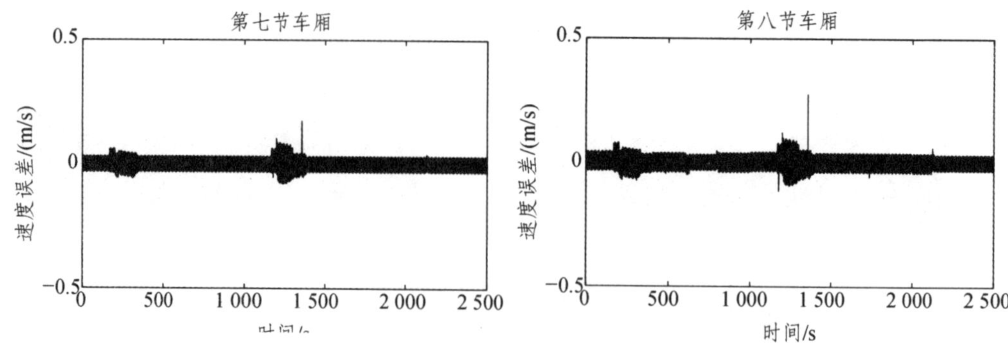


图 5-6　有干扰时高速列车互补滑模控制的速度跟踪误差

图 5-7 和图 5-8 分别为 SMC 方法和 CSMC 方法中部分车辆控制力的变化图。对比两种方法的结果图可知，当列车经过工况转换点或者某一车辆达到最大输出牵引功率时，CSMC 方法下的各节车辆控制力相较于 SMC 方法抖振更小，表明本小节提出的方法在面对列车处于复杂线路条件时具有更好的控制能力。当列车受到未知干扰时，CSMC 方法的控制力输出变化更小，不会出现明显的抖振，说明 CSMC 方法具有更强的抗干扰能力。并且由图 5-8 可以看出，列车处于牵引加速时，第一节车辆无牵引力，需要第二节车辆通过车钩传递牵引力。在此期间，第二节车辆控制器的输出功率会达到牵引特性曲线的限制值，需要第三节车辆控制器通过车钩传递牵引力，所以图 5-6 中第一、二、三节车辆的速度会出现一定波动，而第四节车辆速度误差几乎为零。同理可解释后面四节车辆的情况。

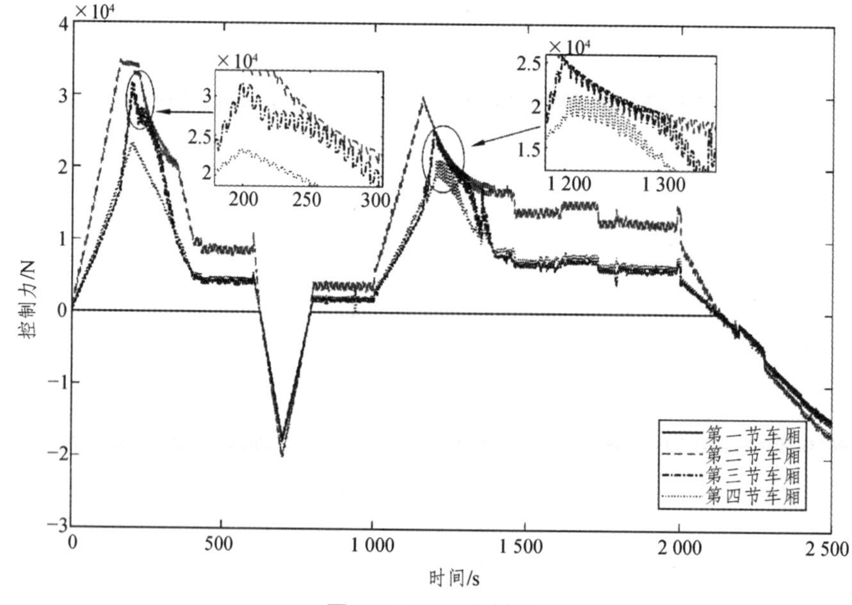


图 5-7　SMC 控制力

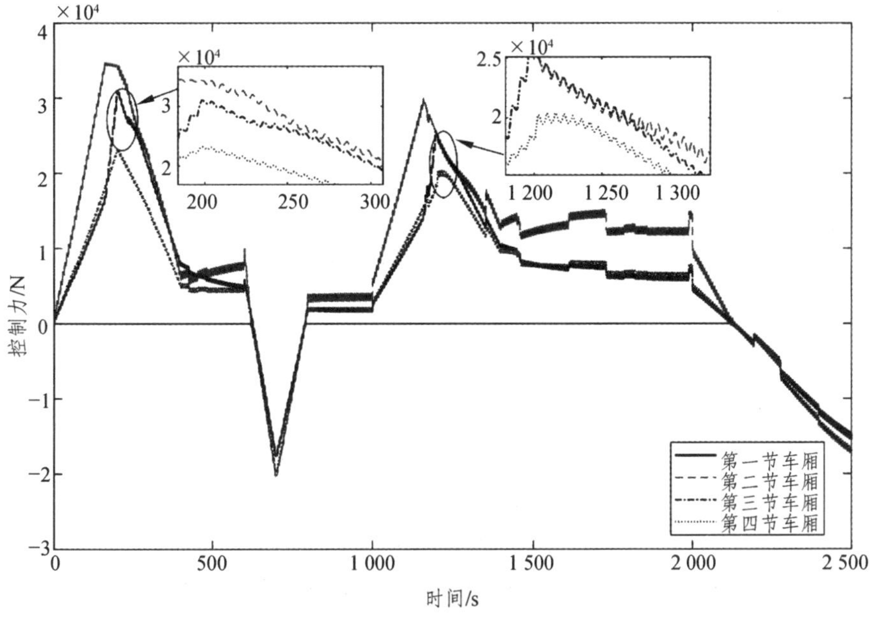


图 5-8　CSMC 控制力

### 5.1.4　小结

本节对基于传统滑模控制的互补滑模控制器进行了详细的分析，基于多质点的高速列车模型系统在 MATLAB/Simulink 软件中对这两种方法进行实验对比。经过仿真实验，相对于传统滑模控制的结果来说，互补滑模控制在高速列车速度跟踪控制方面的表现更为优异，并且能够在保证较高精度的前提下实现更高效的控制。

## 5.2　高速列车互补滑模迭代学习速度跟踪控制

由于滑模控制器的本身结构会导致较大抖振，并且当列车运行到工况转换点或地形变化点时，控制器的切换增益也会加大，增大了系统抖动，导致控制器性能下降。因此，为进一步提高系统控制精度，减小跟踪误差，引入迭代学习控制思想，将迭代学习控制和互补滑模控制相结合，设计了一种高速列车互补滑模迭代学习控制器。仿真实验证明了该方法控制性能明显优于互补滑模控制。

### 5.2.1　高速列车的互补滑模迭代学习控制方法

互补滑模迭代学习控制的主要思路是：将迭代学习控制的控制律换成互补滑模控制，

用来调节控制量的增加量。整个控制方法利用滑模控制来提高系统的鲁棒性，利用迭代学习控制来提高系统的控制精度。图 5-9 所示为基于互补滑模迭代学习控制的高速列车系统结构。

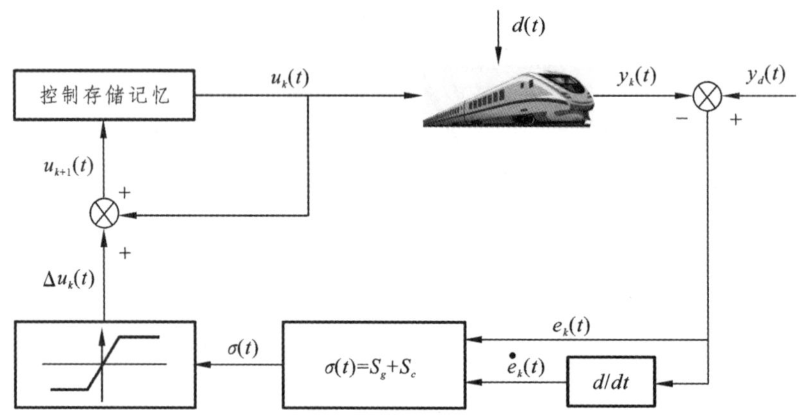


图 5-9　基于互补滑模迭代学习控制的高速列车系统结构

在图 5-9 中，下标 $k$ 为迭代次数。$y_d(t)$，$y_k(t)$ 分别为期望输入和实际输出。互补滑模迭代学习控制方法由内外两部分组成，内部采用互补滑模控制作为迭代学习的控制律，以提高系统的控制精度和鲁棒性，外部环节则采用普通的开环迭代学习控制。通过互补滑模迭代学习控制算法可以实现对系统的精确控制和较好的鲁棒性。

误差 $e_k(t)$ 和误差变化率 $\dot{e}_k(t)$ 分别为

$$e_k(t)=y_d(t)-y_k(t) \tag{5-25}$$

$$\dot{e}_k(t)=e_k(t)-e_k(t-1) \tag{5-26}$$

选取如下滑动模态切换平面：

$$\sigma_k(t)=S_g+S_c \tag{5-27}$$

式中，$S_g=\dot{e}_k+2\lambda e_k+\lambda^2\int_0^t e_k(\tau)d\tau$，$S_c=\dot{e}_k-\lambda^2\int_0^t e_k(\tau)d\tau$。

通过采用双曲正切函数 tanh(·) 来替换符号函数，能够有效地减少被控系统的抖振现象。因为双曲正切函数从-1 到+1 是逐渐变化的，而非符号函数一样的跳变。这可以使得被控系统在到达滑模切换面时能够保持稳定运行，从而达到最终的控制效果。

最终，可得互补滑模迭代学习算法的控制律为

$$\begin{aligned}u_{k+1}(t)&=u_k(t)+\Delta u_k(t)\\&=u_k(t)+\tanh\left[\sigma_k(t)\right]\\&=u_k(t)+\tanh\left[S_g+S_c\right]\\&=u_k(t)+P(t)\dot{e}_k+Q(t)e_k\end{aligned} \tag{5-28}$$

式中，$P(t)$、$Q(t)$ 为关于 $t$ 的有界函数。

为保证系统可行性，下面进行控制系统收敛性分析。

### 1. 互补滑模控制部分的收敛性分析

在设计互补滑模控制的过程中，为了确保被控系统能够在有限的时间内实现滑动模态切换，必须满足以下条件：

$$\lim_{t\to\infty} S\dot{S}\leqslant 0 \tag{5-29}$$

因此，采用以下的滑动模态切换平面：

$$\sigma_k(t)=S_g+S_c \tag{5-30}$$

式中，$S_g=\dot{e}_k+2\lambda e_k+\lambda^2\int_0^t e_k(\tau)d\tau$，$S_c=\dot{e}_k-\lambda^2\int_0^t e_k(\tau)d\tau$。

通过选择适当的滑模参数值 $\lambda$，可以有效地确保被控系统在时间上的收敛性。

### 2. 迭代学习控制部分的收敛性分析

针对 5.1.2 节所建立的系统满足 Lipchitz 条件，即

$$\begin{cases}f(x_1,t)-f(x_2,t)\leqslant f_0 x_1-x_2\\r(x_1,t)-r(x_2,t)\leqslant r_0 x_1-x_2\end{cases} \tag{5-31}$$

式中，$f_0$，$r_0$ 为 Lipchitz 常数。

若存在 $f$，$r$ 关于 $x$，$u$ 的偏导数，则有：

$$\begin{aligned}e_{k+1}(t)&=e_k(t)-\gamma_k[x_{k+1}(t)-x_k(t)]-\theta_k[u_{k+1}(t)-u_k(t)]\\&=e_k(t)-\gamma_k\int_0^t\{f[t,x_{k+1}(t),u_{k+1}(t)]-f[t,x_k(t),u_k(t)]\}dt\\&\quad-\theta_k[u_{k+1}(t)-u_k(t)]\end{aligned} \tag{5-32}$$

式中，$\gamma_k=\left.\dfrac{\partial r}{\partial x}\right|_{x=a_k^1,u=b_k^1}$，$\theta_k=\left.\dfrac{\partial r}{\partial u}\right|_{x=a_k^1,u=b_k^1}$。$\Delta u_k=u_{k+1}-u_k$

根据中值定理，可知 $a_k^1$ 介于 $x_k(t)$ 与 $x_{k+1}(t)$ 之间，$b_k^1$ 介于 $u_k(t)$ 与 $u_{k+1}(t)$ 之间。将

$x_{k+1}(t)$ 在 $x_k(t)$ 处展开，令：

$$\Delta x_k = x_{k+1} - x_k，\ \Delta u_k = u_{k+1} - u_k \tag{5-33}$$

则

$$\Delta \dot{x}_k = \alpha_k \Delta x_k + \beta_k \Delta u_k \tag{5-34}$$

式中，$\alpha_k = \left.\dfrac{\partial f}{\partial x}\right|_{x=a_k^2,u=b_k^2}$，$\beta_k = \left.\dfrac{\partial f}{\partial u}\right|_{x=a_k^2,u=b_k^2}$。

设式（5-34）的状态转移矩阵为 $\boldsymbol{\Phi}_k(a_k^2,b_k^2,t,\tau)$，并简化为 $\boldsymbol{\Phi}_k(t,\tau)$。由状态转移矩阵的特性可知：

$$\boldsymbol{\Phi}_k(t,\tau) = I \tag{5-35}$$

将式（5-35）代入式（5-32），得

$$\begin{aligned} e_{k+1}(t) = e_k(t) - \gamma_k \textstyle\int_0^t \boldsymbol{\Phi}_k(t,\tau)\beta_k\left[u_{k+1}(\tau)-u_k(\tau)\right]d\tau \\ -\gamma_k\left[u_{k+1}(\tau)-u_k(\tau)\right] \end{aligned} \tag{5-36}$$

**定理 1：** 若系统满足式（5-37）所示条件：

$$\rho = \| I - \gamma_k \beta_k P(t) \| < 1 \tag{5-37}$$

则系统在迭代次数方向上收敛。

**证明：** 定义误差范数：

$$\| e(\cdot) \|_\lambda = \sup_{0<\tau\leqslant k} \{e^{-\lambda\tau} \| e(t) \|\}, \lambda > 0 \tag{5-38}$$

则有：

$$\begin{aligned} \| e(\cdot) \|_\lambda = \| I - \gamma_k \beta_k P(t) \| \cdot \| e_k \|_\lambda + \\ \| e_k \|_\lambda \cdot \textstyle\int_0^\tau e^{-\lambda(t-\tau)}[E_1 + \int_0^\tau E_2 e^{-\lambda(t-\tau_1)} d\tau_1] d\tau \\ \leqslant (\rho_1 + E/\lambda) \cdot \| e_k \|_\lambda \end{aligned} \tag{5-39}$$

其中，

$$E_1 = \gamma_k \left\{ \boldsymbol{\Phi}_k(t,\tau)\beta_k Q(\tau) - \frac{\partial}{\partial \tau}[\boldsymbol{\Phi}_k(t,\tau)\beta_k P(\tau)] \right\} \tag{5-40}$$

$$E_2 = \| \gamma_k \boldsymbol{\Phi}_k(t,\tau)\beta_k \| \tag{5-41}$$

$$E \geqslant E_1(1-e^{-\lambda t}) + E_2[(1-e^{-\lambda t})/\lambda - te^{-\lambda t}] \tag{5-42}$$

当 $\rho_1<1$ 时，有 $\lambda>E/(1-\rho_1)$，使得 $(\rho_1+E/\lambda)<1$。由此可得，当 $k\to 0$ 时，有 $\|\dot{e}_k\|_\lambda\to 0$，可进一步推导出 $\lim\limits_{k\to\infty}\|e_k\|_\lambda\to 0$。

由此可知，输出 $y_k(t)$ 可以随着迭代次数的增加逐渐达到期望输出 $y_d(t)$，即使得系统能够在不断迭代中达到收敛。

### 5.2.2　仿真结果与分析

本节采用 CRH380A 型动车组的单质点模型作为控制对象，对所提出的互补滑模迭代学习控制策略与 PD-ILC 控制方法进行仿真对比，用以验证互补滑模迭代学习控制器在控制精度和收敛速度方面的优势性。仿真线路运行长度为 234.58 km，模拟高速列车在 2 990 s 内的运行过程，整个过程包括 2 个加速阶段、2 个减速阶段和 3 个巡航阶段。列车的各项基本参数值详见第 5.1.3 节。图 5-10 所示为列车区间运行的期望速度曲线。为证明 CSMC-ILC 方法在控制精度和收敛速度的优势，本小节将传统的 PD-ILC 方法作为比较对象。在初始迭代时，PID 控制器用来为 PD-ILC 和 CSMC-ILC 控制器生成初始数据。

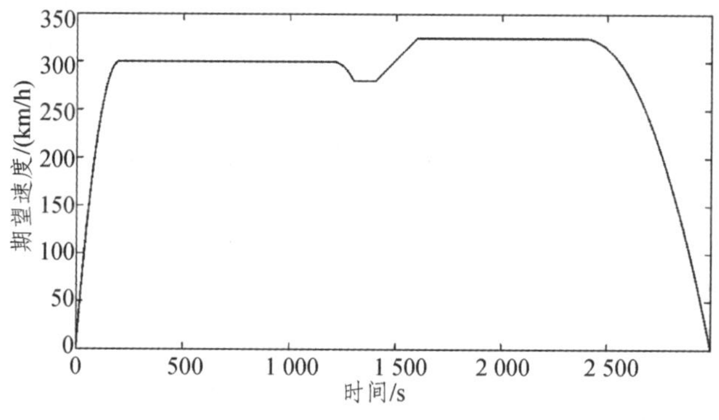


**图 5-10　列车期望轨迹**

PD-ILC 方法的控制律为

$$u_{k+1}(t)=u_k(t)+\theta_1\dot{e}_{k+1}(t)+\theta_2 e_{k+1}(t) \tag{5-43}$$

图 5-11 和图 5-12 分别为两种控制算法的跟踪曲线对比图。从图中可得出以下结论：在图 5-11 的 PD-ILC 方法控制速度跟踪曲线中，因存在外部扰动等因素的影响，列车运行曲线会在期望曲线上下波动；而本小节提出的 CSMC-ILC 方法对给定列车轨迹在运行的各个阶段均有较好跟踪效果，满足列车自动驾驶系统对跟踪精度高的要求。

图 5-13 分别给出两种算法在迭代域上对位移和速度跟踪误差的对比，其结果以均方根误差表达。由图中可看出，PD 型迭代学习控制是以迭代域为基础的反馈控制，虽然可学习列车所产生的重复信息，但是由于受到干扰的影响，导致其收敛速度变慢，跟踪精

度低；而互补滑模迭代学习控制算法可精准快速地跟踪列车的期望轨迹，当列车运行迭代次数为 30 次时，速度跟踪误差小于 0.1 km/h，证明算法可实现精确的轨迹跟踪。

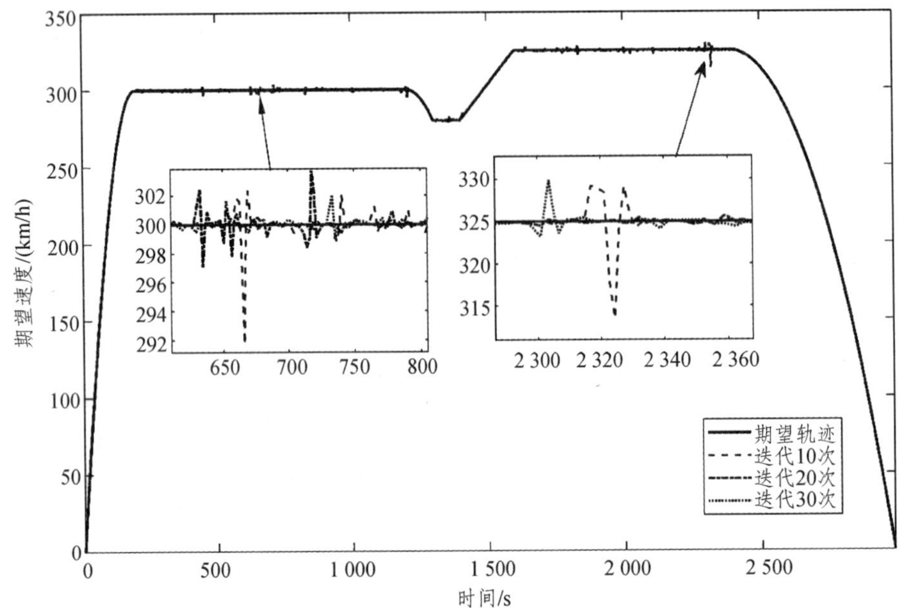


图 5-11　PD 型迭代学习控制速度曲线

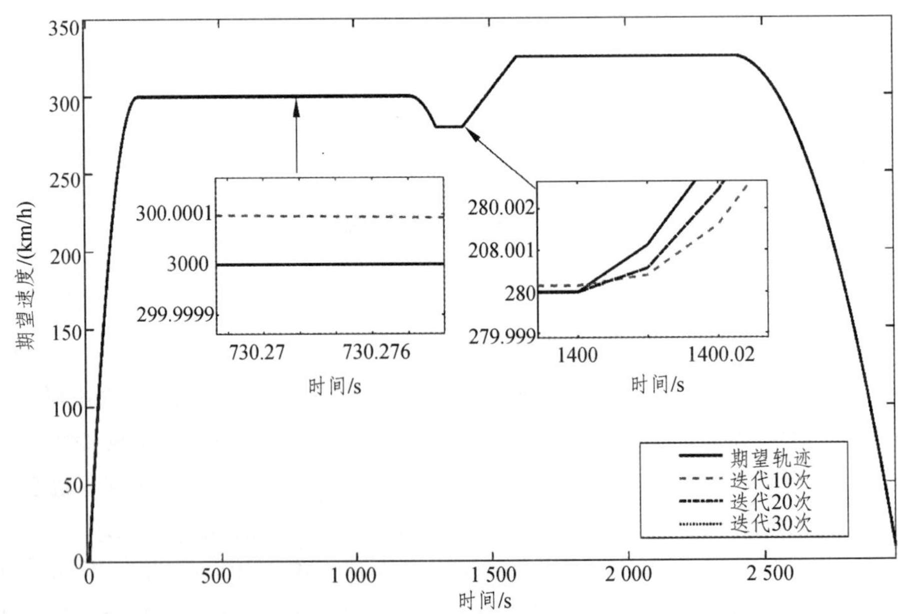


图 5-12　互补滑模迭代学习控制速度曲线

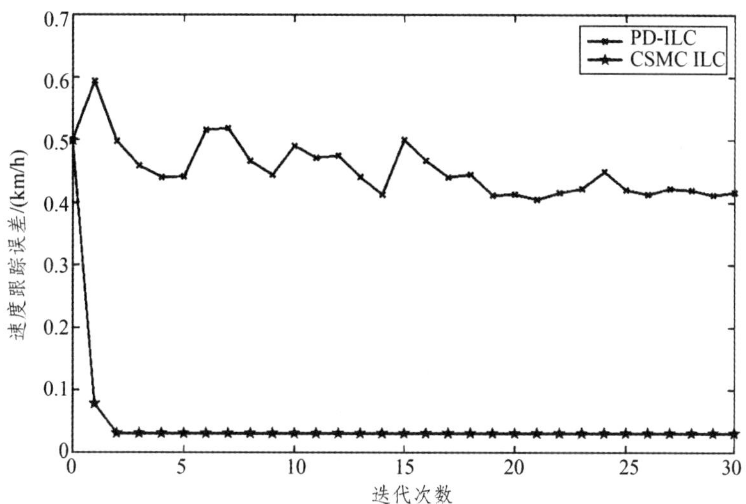


图 5-13　两种算法速度跟踪的均方根误差对比

为对比本节建立的 CSMC-ILC 方法在列车运行过程中控制精度，将其与 5.1 节互补滑模控制算法进行对比。列车各项基本参数和线路的参数详见第 5.1.3 节。根据以上列车系统参数的选取，利用互补滑模迭代学习控制器对多质点模型的高速列车进行仿真实验，得到的仿真结果如图 5-14 所示。

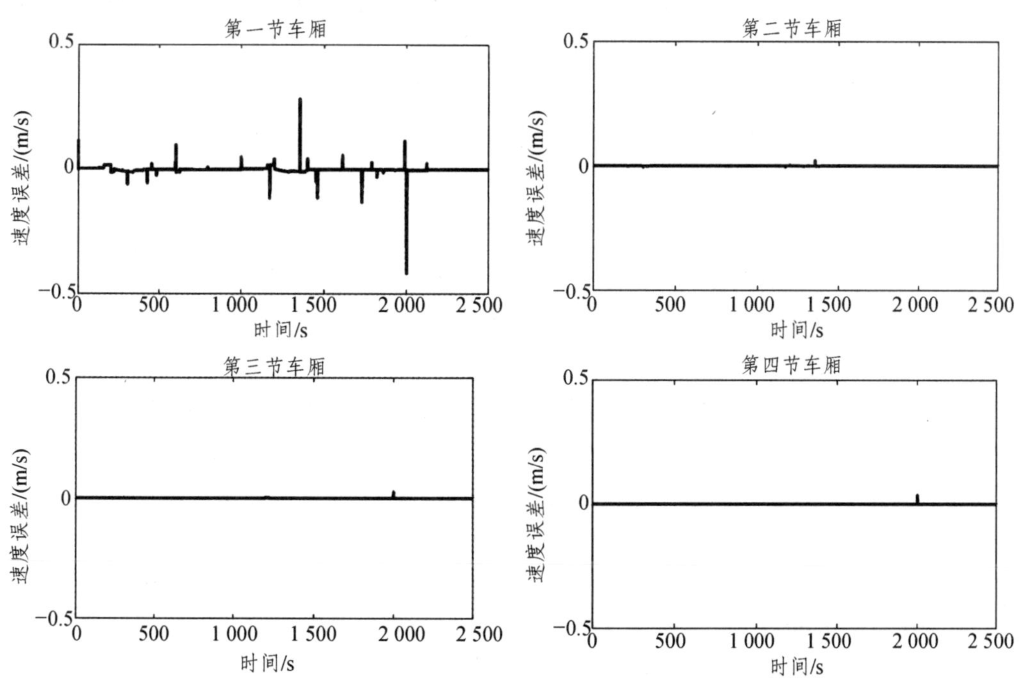

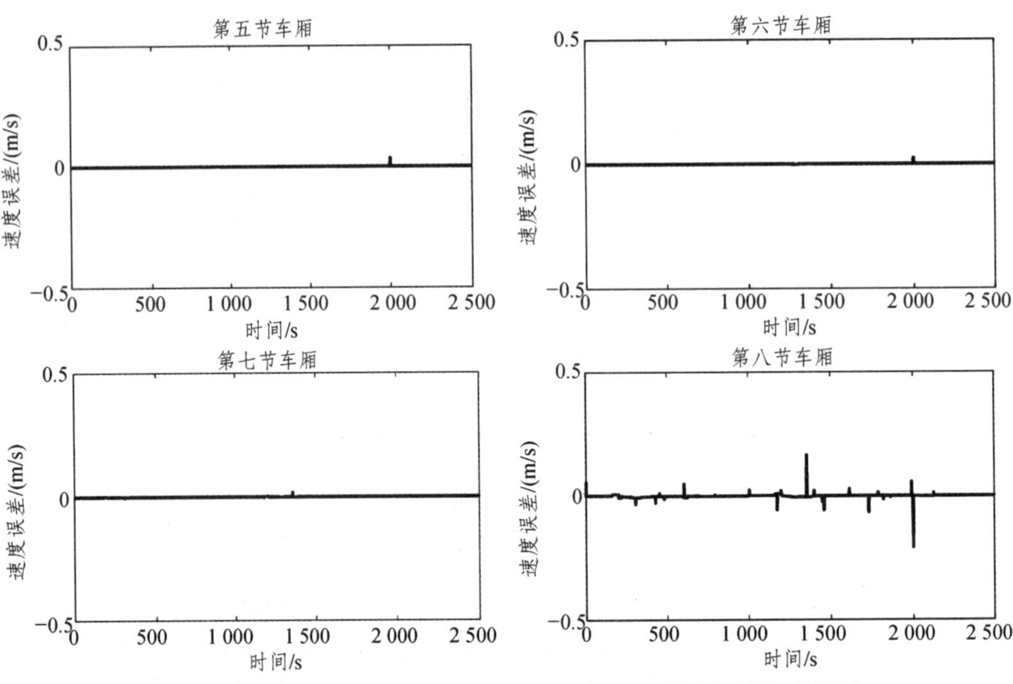


图 5-14　迭代 20 次后高速列车互补滑模迭代学习控制的速度跟踪误差

图 5-14 给出迭代 20 次后互补滑模迭代学习的速度跟踪误差曲线图。可以看出，所提出的 CSMC-ILC 方法具有较高的跟踪精度，能够快速实现对期望速度曲线的精确跟踪。对比 CSMC 方法的误差图 5-6 可知，将迭代学习与互补滑模控制相结合可明显减小滑模的抖振现象，并减小速度跟踪的误差。

图 5-15 所示为迭代 20 次后拖车车辆提供的控制力曲线。从图中可以看出拖车只在制动阶段提供制动力，制动力未达到制动特性曲线的最大限值。列车不处于制动阶段时，拖车没有牵引力，在列车运行到工况切换点和地形变化点时，拖车车辆的速度会有一定波动，所以图 5-14 中第一节车辆和第八节车辆（即无动力的拖车）的速度会出现一定波动，而中间车辆的速度误差几乎为零。

图 5-16 所示为迭代 20 次后动车车辆提供的控制力曲线。从图中可以看出在 0 ~ 400 s 的加速阶段，第二节车辆和第七节车辆需要给无动力的拖车车辆提供向前的推力或拉力，所以其牵引力会很快到达牵引特性曲线的最大限值，需要通过与其车钩连接的第三节和第六节车辆补充所需的牵引力。与图 5-8 相比，列车在运行阶段时，其控制力的抖动极小，表示通过 CSMC-ILC 方法能够有效消除滑模控制的抖振。

经过仿真分析可知，基于多质点模型的 CSMC-ILC 方法能够达到预期的跟踪性能，并且系统稳定性也得到了有效的保障。

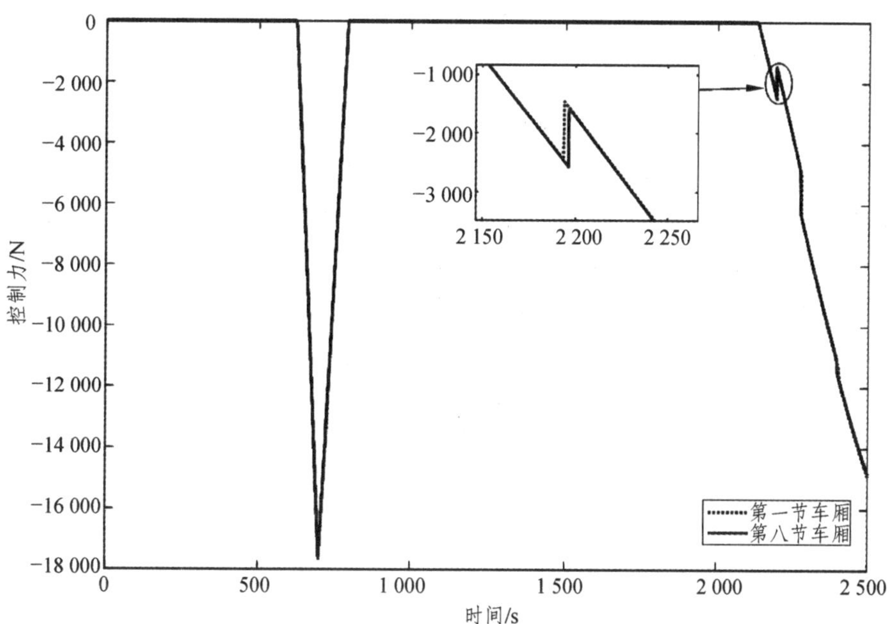


图 5-15　拖车提供的制动力曲线

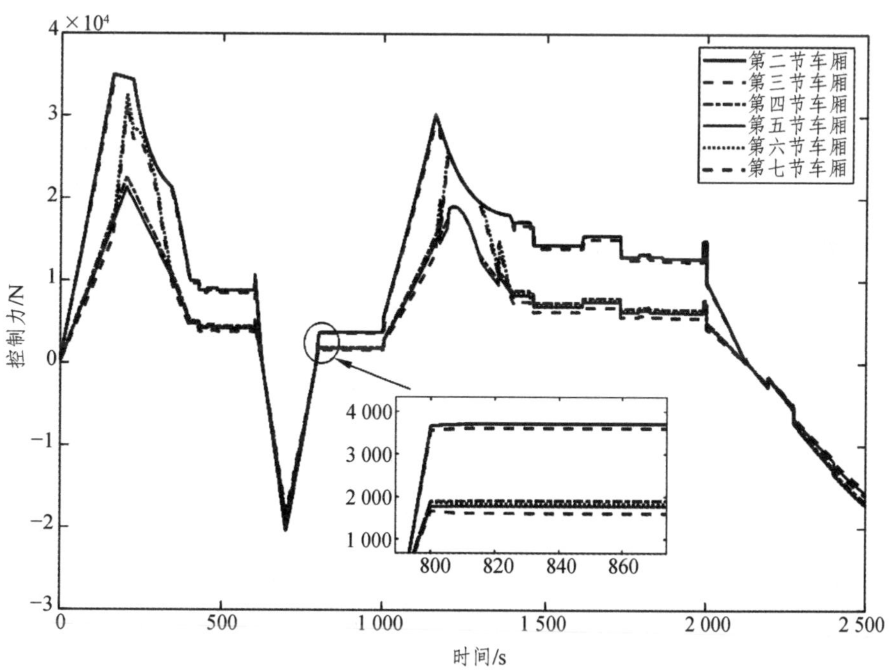


图 5-16　动力车提供的牵引力/制动力曲线

### 5.2.3 小结

本节将迭代学习和互补滑模控制相结合，设计高速列车多质点模型的 CSMC-ILC 方法。该控制器通过改进互补滑模控制的控制律，有效改善了控制器的抖振现象，提高了控制器的控制精度。通过将列车单质点模型将本节设计的 CSMC-ILC 方法和 PD-ILC 方法进行实验仿真对比，验证了所提方法在控制精度方面的优越性。通过列车多质点模型的实验仿真可知，所提方法在通过多次迭代后能够实现更好的控制效果，实现了对目标速度曲线的精确跟踪。

# 第 6 章　基于超扭曲算法的高速列车最优黏着控制研究

## 6.1　引　言

列车在高速行驶中，车轮与钢轨之间构成一个动态变化的接触面，这种状态被称为轮轨黏着关系[1]。轮轨间的黏着力，即车轮与钢轨之间的作用力，其大小受车型、轮对磨损情况以及钢轨表面状态等多种因素的影响[2]。当列车正式运行时，黏着力大小主要受轨面状态影响，而轮对除了受黏着力影响外，还会受到电机输出的控制力影响。在正常行驶情况下，牵引电机输出的转矩通过传动构件作用于车轮，产生牵引力。如果牵引力超过了当前轨面所提供的最大黏着力，轮轨平衡状态将被破坏，导致轮对出现空转或滑行现象，可能造成轮毂和钢轨磨损，甚至导致列车脱轨等重大事故。然而，高速列车轮轨间的黏着特性受多重因素影响，具有强烈的不确定性，多种因素的综合叠加导致列车速度控制、到站停车等运行状态难以精确控制。因此，为满足现代列车的发展需求，对列车黏着控制理论和方法的研究显得尤为重要[3]。

由于列车运行在不同的轨面环境下，仅会存在一个黏着峰值点，当轮轨黏着关系处于峰值点时，车轮与钢轨处于最佳黏着状态，黏着作用得到最大化利用。高速列车的最优黏着控制是通过调节牵引电机转矩来改变列车运行状态，使得列车在运行过程中时刻处于良好的黏着状态。针对不断变化的轨道环境，及时有效地将列车的黏着关系调整至当前轨道的最佳黏着峰值点附近是本章研究的关键问题。为了解决上述问题，本章从高速列车发展的实际技术需求出发，针对列车黏着控制问题展开研究。分析列车运行时的轮轨黏着机理，将轮轨动力传递和列车动力学分析相结合，建立列车黏着控制模型，设计了基于超扭曲滑模的高速列车最佳黏着控制方法，并为了进一步改进和优化列车的黏着控制效果，提出了基于快速自适应超扭曲滑模的列车最佳黏着控制方法。

## 6.2 基于超扭曲滑模的高速列车最优黏着控制

由于同一轨道表面的黏着特性曲线函数相同，因此对于峰值点的搜寻可以转化为对黏着系数的最优值的搜寻。在进行黏着峰值点搜寻之前，需要对实时运行状态下的黏着系数进行估算。本节采用了广泛应用且具有良好抗噪性能的全维状态观测器来观测不同轨面环境下的黏着系数。将观测到的轨面黏着系数输入到极值搜索算法中，通过算法搜索最佳蠕滑速度。此外，为了减小信号噪声的干扰，采用微分跟踪器对搜索值进行求导，然后将最优值及其导数输出到控制器。控制器通过调整电机转矩，使得实际蠕滑速度能够保持在当前轨面状态下的最佳蠕滑速度邻域内，从而确保列车能够在该状态下稳定运行，以实现轮轨黏着的最大化利用。

### 6.2.1 全维状态观测器观测黏着系数

高速列车最优黏着控制需要对轮对上的黏着力进行计算，在获取轨面黏着系数后可计算得到黏着力，而轨面黏着系数则无法直接测量达到实时获取的目的。在实际应用中，对于这类无法直接获取参数的物理量，通常采用建立状态观测器的方法对其未知状态进行估计。在任何系统中，系统的输入与输出之间的关系可以通过状态变量来描述，而状态空间表达则用于描述系统输入输出变量之间的关系。在实际系统中存在部分无法直接测算的状态变量，而状态观测器的引入则可以根据已知的输入输出状态变量来重新构建一个可实现的动态系统，使得重新构建的系统状态变量的值能够逐渐逼近系统状态变量真实值，从而将系统中无法测量的参数估计出来。

列车运行过程具有较大的惯性，且由于齿轮传动机构与牵引电机之间存在机械连接，因此在轨面环境变化时，车辆所受负载转矩的变化速度远大于黏着控制器的响应速率。因此，电机转矩和负载转矩等信息存在较多噪声，为了准确估计黏着系数，本节采用抗噪性能更优越的全维状态观测器。

依据列车运行实际过程，牵引电机获取电能后输出转矩，其电机角速度 $\omega_m$ 可测，负载转矩 $T_l$ 不可测且在建立全维状态观测器时认定负载转矩为常数，牵引电机控制转矩输出的动态方程和负载转矩 $T_l$ 表达式为

$$J_m \frac{d\omega_m}{dt} = T_m - T_l \tag{6-1}$$

$$T_l = \frac{F_\mu r}{R_g} \tag{6-2}$$

式中，$F_\mu$ 为黏着力；$R_g$ 为传动比。

由式（6-1）和式（6-2）可得电机旋转动力学系统模型的状态空间表达式如下[4]：

$$\begin{bmatrix}\dot{\omega}_m \\ \dot{T}_l\end{bmatrix}=\begin{bmatrix}0 & -\dfrac{1}{J_m} \\ 0 & 0\end{bmatrix}\begin{bmatrix}\omega_m \\ T_l\end{bmatrix}+\begin{bmatrix}\dfrac{1}{J_m} \\ 0\end{bmatrix}T_m \tag{6-3}$$

$$\omega_m=[1 \quad 0]\begin{bmatrix}\omega_m \\ T_l\end{bmatrix} \tag{6-4}$$

由状态方程可知计算线性定常系统的能观测性矩阵满秩，因此该系统具有完全能观性。对系统进行重构设计全维状态观测器如下：

$$\begin{bmatrix}\dot{\hat{\omega}}_m \\ \dot{\hat{T}}_l\end{bmatrix}=\begin{bmatrix}p_1+p_2 & -\dfrac{1}{J_m} \\ J_m p_1 p_2 & 0\end{bmatrix}\begin{bmatrix}\hat{\omega}_m \\ \hat{T}_l\end{bmatrix}+\begin{bmatrix}-(p_1+p_2) & 0 \\ -J_m p_1 p_2 & 0\end{bmatrix}\begin{bmatrix}\omega_m \\ T_l\end{bmatrix}+\begin{bmatrix}\dfrac{1}{J_m} \\ 0\end{bmatrix}T_m \tag{6-5}$$

式中，$p_1$、$p_2$ 为待配置极点，通过极点配置使观测器收敛[5]，本节极点配置值为 $p_1=-100$，$p_2=100$，可以得到负载转矩观测值如下：

$$\hat{T}_l=\int J_m p_1 p_2(\hat{\omega}_m-\omega_m)dt \tag{6-6}$$

本节设计的全维状态观测器结构如图 6-1 所示。

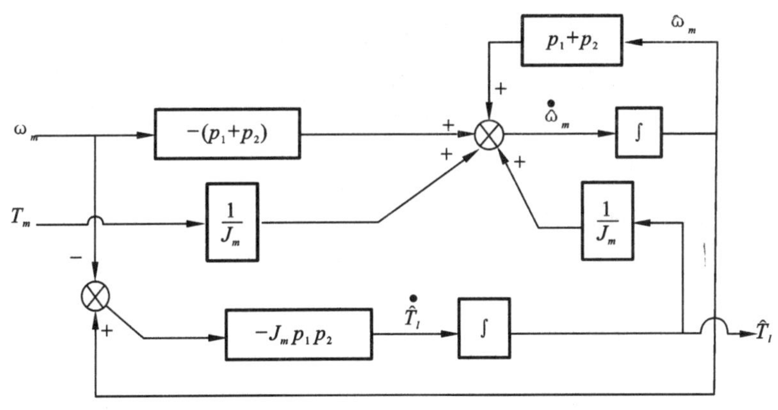


图 6-1　全维状态观测器结构

由式（6-5）和式（6-6）可求得黏着系数估计值 $\hat{\mu}(v_s)$ 为

$$\hat{\mu}()v_s=\frac{\hat{T}_l R_g}{Wgr} \tag{6-7}$$

### 6.2.2 最优蠕滑速度搜索

实现最优黏着控制的根本目的就是使得轮轨黏着状态处于最佳状态或其较小领域内。本节依据观测轮轨黏着特性曲线中黏着系数先增大后减小并存在唯一极值的特点，引入滑模极值搜索算法来搜寻蠕滑速度最优值。极值搜索算法被学者广泛引入到电机控制和自动驾驶等系统中[6]，因其具有一系列的滑模面，所以无论系统的初始状态是从何开始的，都能使得滑模动态运动回到最优点的邻域外，最终进入邻域内震荡收敛到最优点，且收敛速度可以被设定，具有较强的鲁棒性。滑模极值搜索算法的原理如图 6-2 所示。

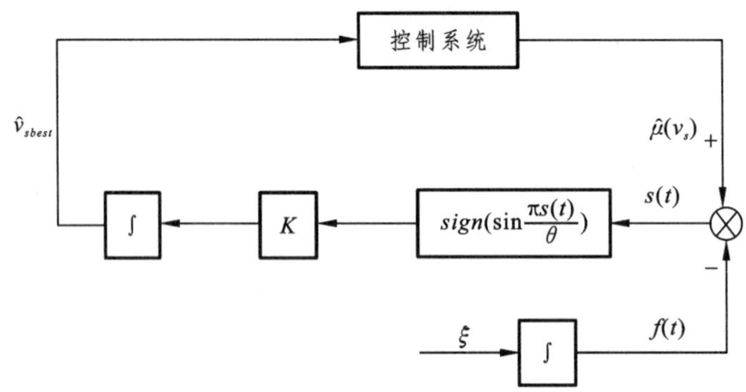


图 6-2 滑模极值搜索原理图

图中，$\hat{\mu}(v_s)$ 称为代价函数，$s(t)$ 称为滑模函数，$k$、$\xi$ 和 $\theta$ 为正常数。$\xi$ 为正数时，算法求解极大值，若要求解极小值，则 $\xi$ 取负数。$f(t)$ 称为参考信号。滑模极值搜索的收敛过程可以分为三个阶段。从滑动区间到到达区间再到稳态区间，系统状态上，先从起始状态到达滑模面，再由滑模面向极值点附近运动，当系统状态到达极值点并在其附近运动时，则进入稳态阶段。

对于非线性系统，构造切换函数：

$$s(t) = \hat{\mu}\left(v_s\right) - f(t) \tag{6-8}$$

$$\dot{s}(t) = \frac{d\mu(v_s)}{dt}\dot{\hat{v}}_s - \xi \tag{6-9}$$

式中，$\dot{f}(t) = \xi$，$\xi$ 为正数，$f(t)$ 为参考函数，当 $\hat{\mu}(v_s)$ 随着 $f(t)$ 变化时，所搜索的状态变量 $\hat{v}_{sbest}$ 会向最优点 $v_{sbest}$ 的方向逼近，极值搜索算法拥有很多滑模面，这样任意初始状态，算法使得状态量到达最优点 $v_{sbest}$ 的邻域附近，最后在邻域附近震荡收敛。

由于高速列车在不同轨面上行驶时，列车初始状态会不同且其最优蠕滑速度也会不同，而黏着特性曲线始终具有随着自变量的增大，因变量先增加后减小的特性，而极值搜索算法则可以根据自身特点，适应极值的变动，并迅速有效地搜寻系统变量的最优值，从而提高任意车辆在不同轨面下的驱动能力。随着参考函数 $f(t)$ 的变化，系统输出的蠕滑速度 $\hat{v}_s$ 向当前轨面蠕滑速度最优点 $v_{sbest}$ 移动。

设计蠕滑速度观测值一阶导数为控制律：

$$\dot{\hat{v}}_s = ksign\left(\sin\frac{\pi s(t)}{\theta}\right) \tag{6-10}$$

式中，$k$ 、$\theta$ 为正实数，$\theta$ 为正弦函数的半个周期，影响最优蠕滑速度切换控制频率。将式（6-10）代入式（6-9）得：

$$\dot{s}(t) = \frac{d\mu(v_s)}{dt} ksign\left(\sin\frac{\pi s(t)}{\theta}\right) - \xi \tag{6-11}$$

从滑模极值搜索原理进行分析，$\sin(\pi s(t)/\theta)$ 是以 $s(t)$ 为自变量，周期为 $2\theta$ 的周期函数，将初值定义范围为 $[\theta, 2\theta]$ 。

$$sign\left(\sin\frac{\pi s(t)}{\theta}\right) = -sign(s(t)+\theta) = sign(s(t)-\theta) \tag{6-12}$$

（1）令 $\psi(t) = s(t) - \theta$ ，则 $\dot{\psi}(t) = \dot{s}(t)$ ，得 $\dot{\psi}(t) = \dot{s}(t) = -\frac{d\mu(v_s)}{dv_{sbest}} ksign(\psi(t)) - \xi$ ，由 $sign(s(t)-\theta)(s(t)-\theta) = |(s(t)-\theta)|$ 可得：

$$\begin{aligned} \dot{\psi}(t)\psi(t) &= \dot{s}(t)(s(t)-\theta) = -\frac{d\mu}{dv_{sbest}} k|s(t)-\theta| - \xi(s(t)-\theta) \\ &\leqslant -\frac{d\mu}{dv_{sbest}} k|s(t)-\theta| + \xi|s(t)-\theta| = -\left(\frac{d\mu}{dv_{sbest}} k - \xi\right)|s(t)+\theta| \leqslant 0 \end{aligned} \tag{6-13}$$

根据滑模可达条件：

$$\dot{\psi}(t)\psi(t) \leqslant 0 \tag{6-14}$$

可得

$$\frac{d\mu}{dv_{sbest}} > \frac{\xi}{k} \tag{6-15}$$

式（6-14）可等价为

$$\begin{cases} \lim\limits_{\psi(t)\to 0^+} \dot{\psi}(t) < 0 \\ \lim\limits_{\psi(t)\to 0^-} \dot{\psi}(t) > 0 \end{cases} \tag{6-16}$$

可得$\psi(t)\to 0$，即$s(t)\to\theta$。

当$\dfrac{d\mu(v_s)}{dv_{s\text{best}}}>0$时，可以推出$s(t)$在$(-\theta,0)$,$(0,\theta)$,$(\theta,2\theta)$,$\cdots$内的运动状态和方向如图6-3所示。

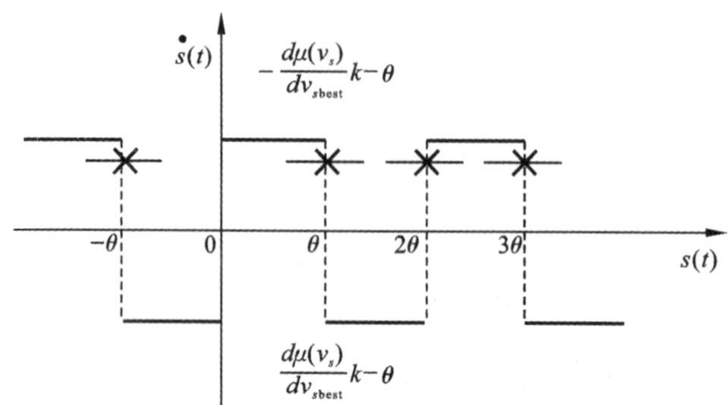


图 6-3　自变量运动状态和方向示意

（2）$\psi(t)=s(t)-2\theta$，同理可证明当$\dfrac{d\mu(v_s)}{dv_{s\text{best}}}<-\dfrac{\xi}{k}$时，满足滑模可达条$\dot{\psi}(t)\psi(t)\leqslant 0$，此时$\psi(t)\to 0$，$s(t)\to 2\theta$。

可得滑模可达条件为

$$\left|\frac{d\mu(v_s)}{dv_{s\text{best}}}\right|>\frac{\xi}{k} \tag{6-17}$$

以上分析可知$s(t)$在任意初始状态下，均能在$N\theta$一系列滑模面上收敛$(N=0,\pm1,\cdots)$，其保证了任意初值的滑模可达性。

### 6.2.3　滑模控制算法原理

滑模控制算法的最大特性就是强鲁棒性，依据此算法设计的控制器对于绝大多数非线性系统有非常好的控制效果，因此该算法被广泛应用在电机控制等系统中[7]。滑模控制的原理是以被控系统的状态变量设计滑模面，通过滑模面设计控制律，使得状态进行滑模运动，达到状态误差收敛的目的[8]。

#### 1. 滑模控制基本原理

设定存在系统$\dot{x}=f(x)$，$x\in R^n$。对于一切系统的状态空间变量，其中都存在超平面$s(x)=s(x_1,x_2,x_3,\cdots,x_n)=0$，在超平面的一侧，被认为是系统的状态空间$s>0$的部分和而

另一侧则是 $s<0$ 区域，而切换面上 $s=0$，系统状态量在经过超平面时，可能会与超平面形成如图 6-4 所示的三种相交关系。系统状态变量滑模运动时穿越切换面产生的交点 $A$，状态变量运动时远离切换面的交点 $B$，而滑模运动趋近切换面时产生的交点 $C$。

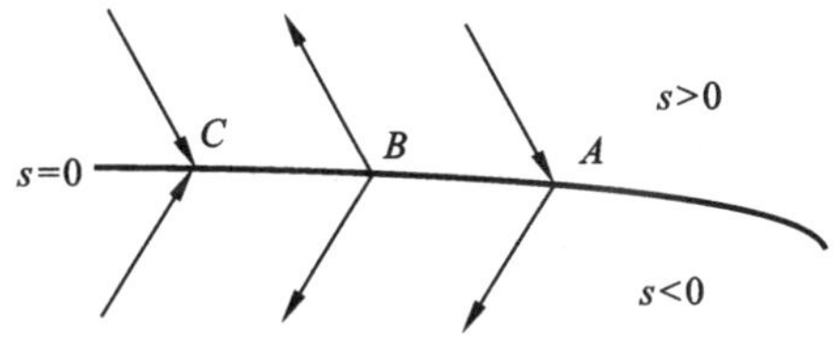


**图 6-4　切换面上的三种点**

在实际的滑模控制中，对控制产生实际作用的是 $C$ 点。系统目标状态和实际值之间的差值作为滑模切换面进行设计，通过设计合理的切换函数，使得系统的实际状态运行轨迹在滑模面上运动，此种情况下系统的状态误差被控制在极小范围内变化，系统逐渐进入稳定状态。

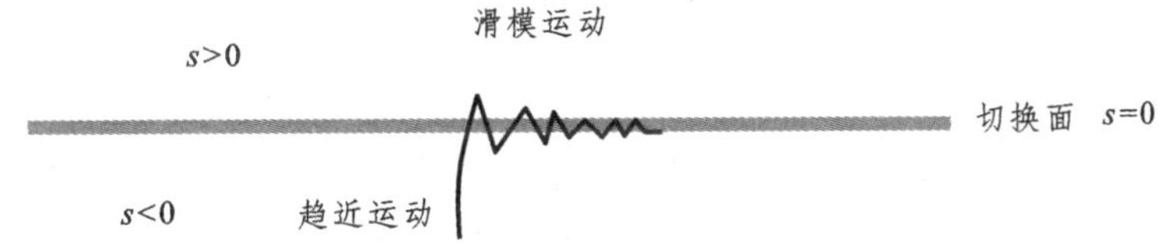


**图 6-5　理想的滑模运动**

图 6-5 所示为滑模控制算法作用下的系统状态运动轨迹。可以看出，被控系统的状态误差较大时，会受到连续控制量的作用，使得系统状态快速靠近滑模切换面，到达切换面附近后，则通过滑模运动使系统状态在切换面上进行往复运动，该部分控制是滑模控制的核心部分，所设计的滑模面要证明其满足在滑模往复控制时的稳定条件。当趋近运动有较好设计时，系统具有良好的动态响应性能，所以可以通过设计有效的趋近律来提高系统状态在该部分运动状态下的动态响应能力。

### 2. 滑模控制趋近律与抖振问题

在滑模原理的描述中，滑模的收敛条件指的是滑模变量从任意初始状态开始运动，确保其在有限时间内达到滑模面。然而，对于状态变量应如何趋近切换面的运动轨迹却没有明确要求。因此，要提高趋近运动的性能，可以通过修改趋近律来实现。

在实际的滑模控制中，切换函数的存在会导致系统出现无法消除的抖振。具体原因分析表明，当系统状态做趋近运动以达到切换面时，由于速度较大，惯性的作用导致系统穿过切换面，从而产生抖振。因此，可以得知，抖振是由于控制切换的不连续引起的。消除滑模抖振的方法包括修改趋近律、降低切换增益以及高阶滑模方法。高阶滑模方法与传统滑模控制有所不同，其要求变量的各阶微分也满足收敛条件[9]。高阶滑模方法的本质是将导致抖振的开关切换信号转移到变量的高阶导数上，通过对信号进行积分来获取系统的控制量。这种方法能够有效降低系统的抖振，并且保持了传统滑模控制的强鲁棒性。

本节采用高阶滑模中的二阶滑模控制进行研究应用。传统滑模控制中，仅需根据系统状态来设计切换函数，不连续项直接作用控制器。而二阶滑模方法则通过微分环节改进切换函数，会将不连续项输入到输入量的二阶导数中，通过这一操作可得到连续的控制量，实现抖振的有效消除[10]。

考虑如下形式的非线性系统：

$$\begin{cases}\dot{x} = f(x,t) + g(x,t)u \\ s = s(x,t)\end{cases} \tag{6-18}$$

式中，$x$ 为有界状态变量。

$$|x_i| \leqslant x_{i\max}, i = 1,2,\cdots,n \tag{6-19}$$

系统控制输入量为 $u$，其连续且有界。其中系统输出函数 $s(x,t)$ 控制过程中的核心被控量；上述非线性系统中 $f(x,t)$，$g(x,t)$ 是未知的平滑函数。要实现对非线性被控系统的控制，则需要在有限的时间内使得系统的输出函数及一阶导数存在：

$$s(x,t) = \dot{s}(x,t) = 0 \tag{6-20}$$

满足上述条件的情况下，系统可以使用二阶滑模进行控制。依据状态输入达到有界条件，满足其运动轨迹在有限时间里收敛的条件。由此可知，在上述系统的运动轨迹中，将围绕系统的输出函数及一阶导数为零的交点附近，控制系统的输出误差和其导数同时趋近于零可以有效消除系统抖振。

### 3. 超扭曲滑模原理

超扭曲滑模控制（Super-twist，简称 ST）是一种新型且被广泛应用的二阶滑模控制方法，目前较多地应用在无人机编组、电机控制等非线性系统中[11-14]。相比于其他二阶滑模，使用超扭曲滑模算法时只用知道滑模变量 $s$ 的信息即可，无须掌握一阶导数信息，这样就消除了在阶数为一时滑模的抖振问题，其运动轨迹在相平面上是围绕原点向内旋转式渐进收敛[15]。超扭曲滑模收敛轨迹如图 6-6 所示。

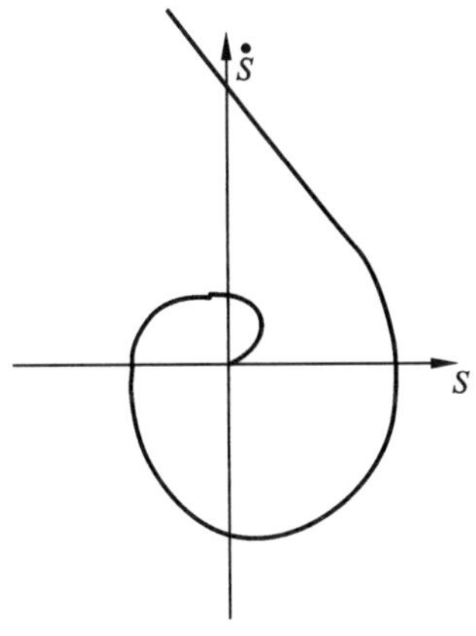


图 6-6　收敛轨迹

对于二阶非线性系统，有：

$$\begin{cases}\dot{x}_1 = x_2 \\ \dot{x}_2 = f(x) + pu + d\end{cases} \tag{6-21}$$

式中，$x_1$，$x_2$ 为系二阶非线性系统的状态变量；$d$ 为不确定性有界干扰；$u$ 为控制量；$p$ 为常系数。

设滑模面为 $s = x_2 + k_0 x_1$，其中 $k_0 > 0$，滑模控制作用下，$s$ 趋于零时，系统状态收敛，系统趋于稳定。超扭曲滑模算法趋近律由非线性切换函数和滑动积分函数两个部分组成，如式（6-22）、式（6-23）、式（6-24）所示：

$$u(t) = u_1(t) + u_2(t) \tag{6-22}$$

$$u_1(t) = \begin{cases} -k_1 |s_0|^{\rho} sign(s) & |s| > s_0 \\ -k_2 |s_0|^{\rho} sign(s) & |s| \leqslant s_0 \end{cases} \tag{6-23}$$

$$\dot{u}_2(t) = \begin{cases} -u & |u| > 1 \\ -k_1 sign(s) & |u| \leqslant 1 \end{cases} \tag{6-24}$$

式中，$\rho$ 为待定系数；$k_{1,2}$ 为控制器参数。

算法有限时间收敛的充分条件为

$$k_1 > \frac{C}{K_m} > 0 \tag{6-25}$$

$$k_2^2 \geqslant \frac{4CK_M(k_1 + C)}{K_m^3(k_1 - C)} \tag{6-26}$$

$$0 < \rho \leqslant 0.5 \tag{6-27}$$

式中，$K_M$，$K_m$，$C$ 为正常数。

参数 $\rho = 0.5$ 时可使得滑模控制具有较高精度，此外 $s_0$ 表示系统状态的初始值，要使得控制器可从任意状态对系统进行控制，则令 $s_0 = \infty$。

通过上述描述，得到超扭曲算法的趋近律数学形式，如式（6-28）所示：

$$\begin{cases} u = u_1 + u_2 \\ u_1 = k_1 |s|^{\frac{1}{2}} sign(s) \\ u_2 = \int k_2 sign(s) dt \end{cases} \tag{6-28}$$

根据式（6-28）可得，超扭曲滑模控制算法无须对滑模状态变量进行求导求解。且当参数 $k_1$、$k_2 > 0$ 时，非线性系统在有限的时间之内收敛[16]，即 $s = \dot{s} = 0$。

由超扭曲算法设计的趋近律可知，其包含了指数趋近律和比例趋近律，参数 $k_1$、$k_2$ 分别与 PI 控制器中的控制器参数相似。即当状态变量的值比较大时，$k_1$ 控制的 $u_1$ 部分起重要作用，积分趋近律起次要作用；当滑模变量的值相对较小或作为坐标轴原点附近的轨迹移动时，$k_2$ 控制的 $u_2$ 起主要作用，而“比例环节”的作用较小。

综上，二阶滑模控制方法能有效应用到非线性系统上，其作为一种高阶滑模控制方法，不仅有效消除传统滑模的抖振而且算法实现简单。对于不确定性上界的非线性系统，普通高阶滑模的算法参数是无法固定的，参数值与未知边界和滑模面 $s$ 的选择有关，只有对参数进行不断调节，才能实现对参数值的精确控制。从算法设计上分析，超扭曲算法需要调节的参数较少，控制器设计简单，且控制器不受时变参数的影响，使得系统的鲁棒性进一步增强。

### 6.2.4 基于超扭曲算法的控制系统设计

本节采用滑模控制方法设计控制器对最优黏着控制策略进行研究，设计框图如图 6-7 所示。

#### 1. 超扭曲滑模控制律设计

根据高速列车黏着控制模型，设状态变量 $x = v_t - v_d = v_s$，可得

$$\dot{x} = f(x) + g(x)\overline{u} + \overline{d} \tag{6-29}$$

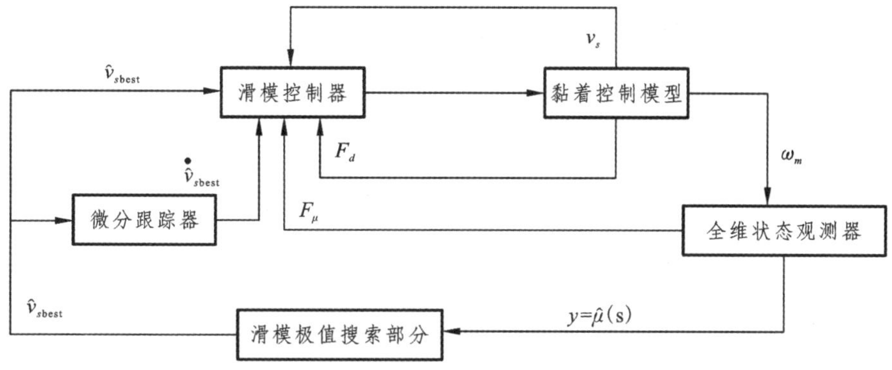


图 6-7　控制系统原理

$$\begin{cases} f(x) = -\left(\dfrac{r^2}{J_m R_g^2} + \dfrac{N}{M}\right) Wg\mu(x) \\ g(x) = \dfrac{r}{J_m R_g} \\ \bar{d} = \dfrac{1}{M} F_r \end{cases} \tag{6-30}$$

定义滑模面 $s$ 为

$$s = v_s - v_{sbest} \tag{6-31}$$

$$\dot{s} = \dot{v}_s - \dot{v}_{sbest} \tag{6-32}$$

式中，$v_{sbest}$ 为最优蠕滑速度的搜索值，将式（6-29）、式（6-30）代入上式求得

$$\dot{s} = \phi(x) + \bar{u} + d \tag{6-33}$$

式中，$\phi(x) = f(x) - \dot{v}_{sbest}$；$\bar{u} = g(x)u$；$d = \bar{d}$。

根据滑模控制原理和超扭曲算法，设计控制律为

$$\begin{cases} u = u_{eq} + u_{dc} \\ u_{dc} = -k_1 |s|^{\frac{1}{2}} \operatorname{sgn}(s) + u_1 \\ \dot{u}_1 = -k_2 \operatorname{sgn}(s) \end{cases} \tag{6-34}$$

式中，$u_{eq}$ 为滑模控制律中的等效控制项；$u_{dc}$ 为切换控制项；$k_1$，$k_2$ 为控制器参数。

为满足滑模设计中 $\dot{s} = 0$，设计等效滑模控制律 $u_{eq}$ 为

$$u_{eq} = \frac{J_m R_g}{r}\left(\frac{r^2}{J_m R_g^2} F_\mu + \frac{N}{M} F_\mu - \frac{1}{M} F_r + \dot{v}_{sbest}\right) \tag{6-35}$$

根据超扭曲算法原理和式（6-35）得到总控制律为

$$u=\frac{J_m R_g}{r}\left(\frac{r^2}{J_m R_g^2}F_\mu+\frac{1}{M}F_\mu-\frac{1}{M}F_r+\dot{v}_{\text{sbest}}-k_1|s|^{\frac{1}{2}}sign(s)-k_2\int sign(s)dt\right) \tag{6-36}$$

式中，控制器参数 $k_1>0$，$k_2>0$。

2. 稳定性证明

围绕上述列车黏着控制系统进行稳定性分析，构造李亚普诺夫函数为

$$V=\frac{1}{2}s^2 \tag{6-37}$$

式中，$V\geqslant 0$。

$$s=v_s-v_{\text{sbest}} \tag{6-38}$$

对 $s$ 求导得

$$\dot{s}=\dot{v}_s-\dot{v}_{\text{sbest}} \tag{6-39}$$

由此可得

$$\dot{V}=s\dot{s}=s\left(\frac{r}{J_m R_g}T_m-(\frac{r^2}{J_m R_g^2}+\frac{N}{M})\cdot F_\mu+\frac{1}{M}\cdot F_r-\dot{v}_{\text{sbest}}\right) \tag{6-40}$$

将控制律 $u$ 带入 $\dot{V}$，可得

$$\dot{V}=s\left(-k_1|s|^{\frac{1}{2}}sign(s)-k_2\int sign(s)dt\right) \tag{6-41}$$

当式中 $s$ 为任意值时，有：

$$\dot{V}=s\left(-k_1|s|^{\frac{1}{2}}sign(s)-k_2\int sign(s)dt\right)\leqslant 0 \tag{6-42}$$

由上式可知，当 $s$ 为任意值时，式（6-42）恒小于等于零，即 $\dot{V}\leqslant 0$，根据超扭曲趋近律收敛性分析，当 $t\to\infty$ 时，$s\to 0$。

### 6.2.5 仿真实验分析

本节利用 Matlab 仿真软件设计了基于超扭曲滑模控制器的高速列车最优黏着控制策略算法，通过软件进行建模编程，搭建系统控制框图，对控制器进行设计，对于高速列车模型的参数设置如表 6-1 所示。

表 6-1　列车相关参数

| 参数 | 数值 |
|---|---|
| 整车重量 $M$ | 425 000 |
| 单轴重量 $W$ | 16 500 |
| 动轴数 $N$ | 16 |
| 电机转动惯量 $J_{\mathrm{m}}$ | 16.23 |
| 车轮半径 $R$ | 0.46 |
| 齿轮传动比 $R_{\mathrm{g}}$ | 4.21 |
| 重力加速度 $g$ | 9.8 |

为了研究不同轨面情况下，控制策略中观测器部分、极值搜索部分和控制器的有效性，将轨面仿真条件设定为：列车初始状态为静止，0 ~ 25 s 列车在轨面环境较好的干燥轨面上运行，25 ~ 55 s 在潮湿轨面上运行，55 s 时从潮湿轨面环境回到干燥轨面上运行直至运行至 70 s 终止。

本节选取传统滑模算法进行对比，在确保两种方法均取得较好的控制效果的情况下，对实验结果进行分析，参数设置如表 6-2 所示。

表 6-2　控制器参数

| 控制方法 | 控制律 | 相关参数 |
|---|---|---|
| 传统滑模控制 | $u=\dfrac{J_{\mathrm{m}}R_{\mathrm{g}}}{r}\left(\dfrac{r^2}{J_{\mathrm{m}}R_{\mathrm{g}}^2}F_\mu+\dfrac{1}{M}F_\mu-\dfrac{1}{M}F_r+\dot{v}_{\mathrm{sbest}}-\eta s\right)$ | $s=c(v_s-v_{\mathrm{sbest}})+(\dot{v}_s-\dot{v}_{\mathrm{sbest}})$ |
| | | $c=0.50$ |
| | | $\eta=0.5$ |
| 超扭曲滑模控制 | $u=\dfrac{J_{\mathrm{m}}R_{\mathrm{g}}}{r}\left(\begin{array}{l}\dfrac{r^2}{J_{\mathrm{m}}R_{\mathrm{g}}^2}F_\mu+\dfrac{1}{M}F_\mu-\dfrac{1}{M}F_r+\dot{v}_{\mathrm{sbest}}\\-k_1\lvert s\rvert^{\frac{1}{2}}sign(s)-k_2\int sign(s)dt\end{array}\right)$ | $s=v_s-v_{\mathrm{sbest}}$ |
| | | $k_1=3$ |
| | | $k_2=5$ |

### 1. 传统滑模控制仿真分析

图 6-8 所示为全维状态观测器观测的黏着系数。由图可知，黏着系数的变化趋势与路况变化趋势保持一致，数值大致稳定在相应轨面的最优值处，但因为传统滑模控制的特点，数值的抖动变化较大，导致启动阶段，黏着系数数值为负，但该算法不适用于黏着控制。

图 6-9 所示为滑模极值搜索算法的对最优蠕滑速度的搜索结果。列车在干燥轨面和潮湿轨面运行的最优蠕滑速度不同，本节所采用极值搜索算法实现了搜索目标，搜索值也

大致在当前轨面环境下的最优值附近。

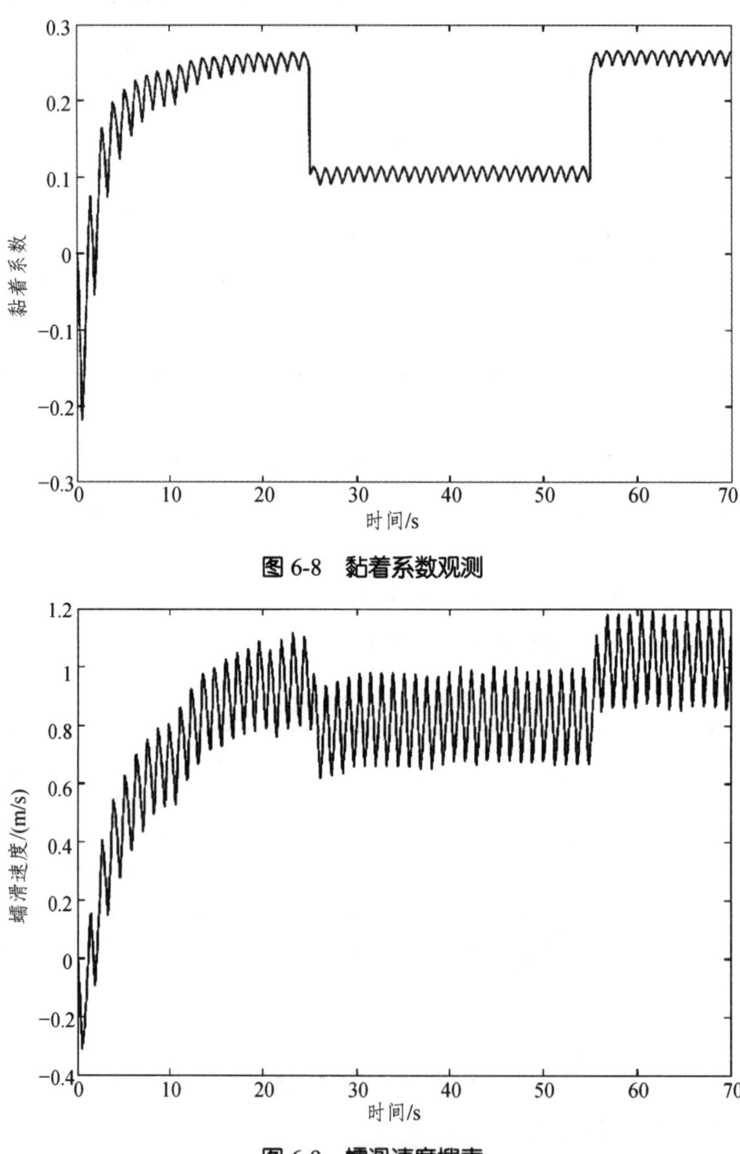


图 6-8 黏着系数观测

图 6-9 蠕滑速度搜索

图 6-10 所示为传统滑模控制策略的转矩控制结果，由图可知，在干燥轨面运行时转矩数值较大，列车由运行至潮湿轨面时，转矩降低，变化趋势与轨面变化趋势保持一致，在列车运行初始阶段，控制转矩变化幅度较大，且在同一轨面稳定运行后，该方法的控制转矩抖振问题较为严重，列车无法执行平稳运行操作策略。

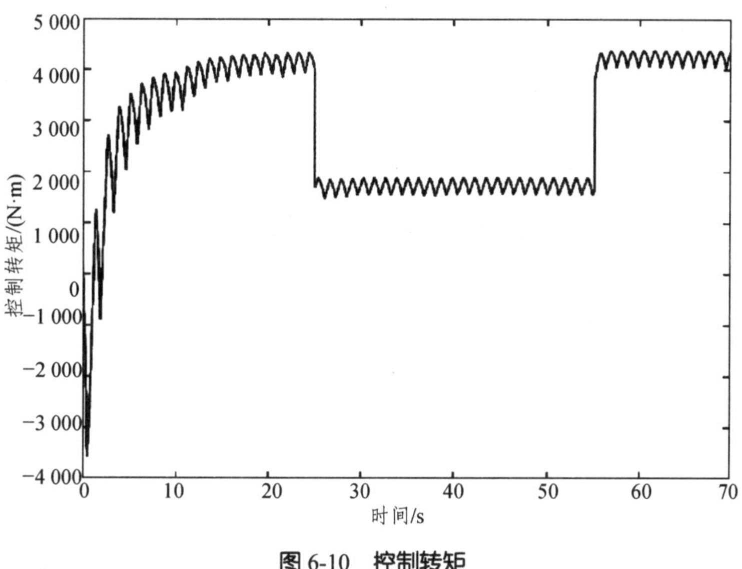


图 6-10　控制转矩

## 2. 超扭曲滑模控制仿真分析

图 6-11 所示为超扭曲滑模控制算法下轨面黏着系数的观测结果，0 ~ 25 s，列车启动阶段，黏着系数观测值逐渐增加。传统滑模算法的控制下，观测器的观测效果不佳，抖振较大，而 ST 观测效果良好。干燥轨面黏着系数观测结果为 0.25，与实际黏着系数最优值 0.26 相差无几，潮湿轨面的观测结果在 0.12 左右，也很靠近该轨面下最优黏着系数 0.13。

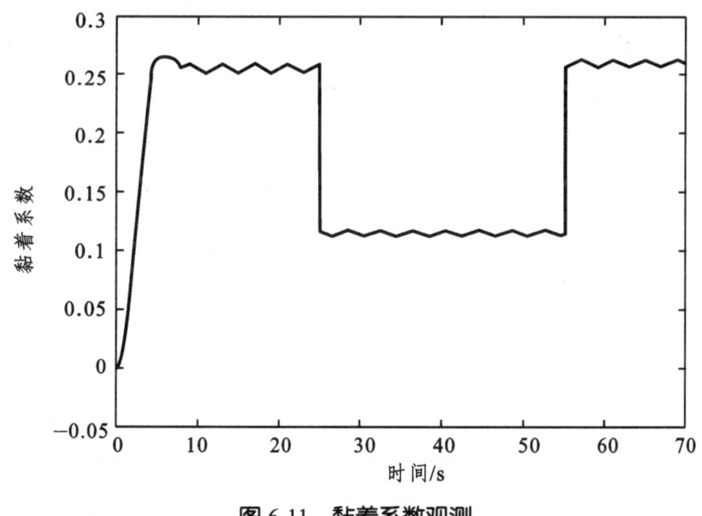


图 6-11　黏着系数观测

由控制系统原理图（见图 6-7）可知，观测器观测到当前轨面黏着系数后，输入到极值搜索模块，对最优蠕滑速度进行搜索。搜索结果见图 6-12，由图 6-12 可知，超扭曲算法的搜索结果优于传统滑模算法，最优蠕滑速度值在 1.1 m/s 附近抖动，满足了最优黏着控制对最优蠕滑速度搜索的目标。

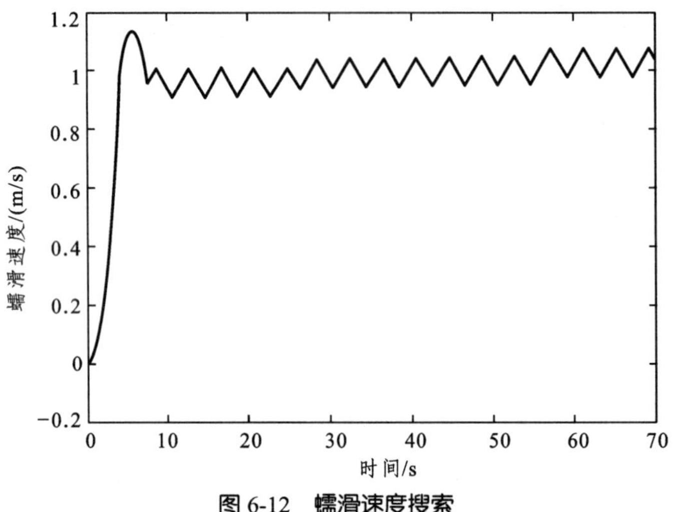


图 6-12　蠕滑速度搜索

图 6-13 所示为超扭曲滑模控制算法下控制转矩结果。超扭曲滑模控制器在得到最优蠕滑速度信息后，结合轨面信息，对当前控制转矩量进行计算，在 0 ~ 25 s，列车在干燥轨面环境下的区间运行时，转矩数值稳定在 4 200，当列车转入轨面黏着状况不佳的潮湿轨面运行时，控制转矩迅速降低，且数值稳定在 2 050 左右，转矩的调整使得列车轮对避免了空转现象，相比于传统滑模控制，超扭曲滑模控制效果更加稳定平滑，满足最优黏着控制目标。

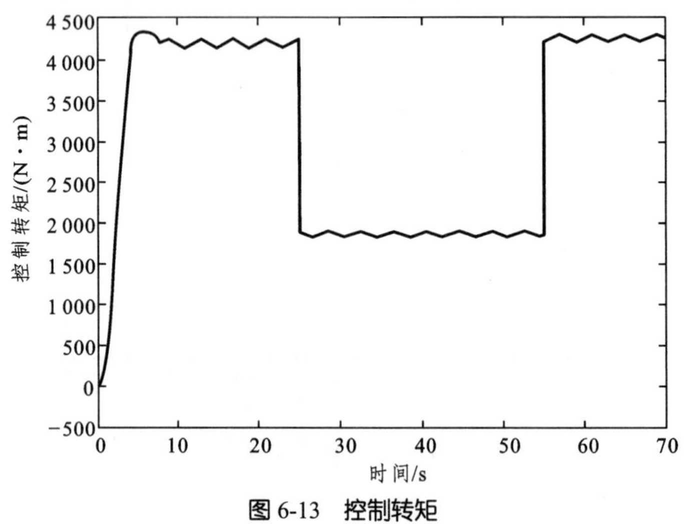


图 6-13　控制转矩

### 6.2.6 小结

本节针对高速列车在轨面突变时黏着作用无法有效利用导致车轮出现空转或滑行的问题，提出了基于超扭曲算法的最优黏着控制策略。依据状态方程构建全维状态观测器对轨面黏着系数进行实时观测，引入极值搜索算法对不同轨面黏着特性曲线的自变量蠕滑速度的最优值进行搜索，分析极值搜索算法的原理，理论论证算法的收敛性。利用仿真软件搭建实验环境，设置仿真条件和模型参数，调试控制器参数后运行程序，控制器计算控制转矩输入黏着控制模型输出电机角速度至全维状态观测器得到黏着系数，黏着系数通过数值计算再输入到极值搜索部分搜索最佳蠕滑速度，将最佳蠕滑速度与其导数输入超扭曲滑模控制器得到控制转矩。在这个过程中，控制器会始终以当前轨面的最优蠕滑速度作为状态量进行跟踪，通过算法计算控制转矩完成最优黏着控制的闭环控制。由仿真结果可知，当列车处于运行状态时，不同轨面条件下均存在最大黏着力，而本节所用算法能自动计算最大黏着力，避免出现车辆控制力大于轮轨间的黏着力导致的车轮空转或滑行问题。将仿真与传统滑模控制进行对比，分析验证超扭曲算法的优越性，能为后续进一步改进控制策略奠定基础。

## 6.3 基于快速自适应超扭曲滑模的列车最优黏着控制

上一节所设计的黏着控制器，采用了属于二阶滑模控制方法的超扭曲滑模设计控制器，相比于传统的滑模控制效果，控制转矩较好地解决了抖振问题。但由仿真结果可知，单纯的超扭曲滑模控制器，在仿真过程中为了使系统稳定控制，参数调节过程复杂且会牺牲控制器性能，导致收敛性能不佳。为进一步消除抖振、解决控制器收敛性问题，另对于超扭曲算法需要已知系统不确定性上界来确保算法的有限时间收敛问题，本节在原始算法基础上添加线性项和引入自适应参数控制器，将收敛性能好、鲁棒性强且无需掌握系统上界信息的快速自适应超扭曲（Fast Adaptive Super-twist，FAST）算法引入到黏着控制器的设计中[17]，并引入无稳态振荡滑模极值搜索算法，改善上一节中引用的滑模极值搜索法存在的稳态振荡问题，避免收敛速度与控制精度之间的矛盾。

### 6.3.1 改进控制系统设计

以列车黏着控制系统为基础，对蠕滑速度误差进行跟踪，系统通过误差反馈的闭环控制，实现对列车运行的最优黏着控制。本节在控制器设计环节，继续采用对非线性系统有良好适用性的滑模控制器，为提高滑模的收敛性能和进一步消除滑模抖振问题，设计快速自适应超扭曲滑模控制器。改进后的控制器中实现了参数自适应，把不需要已知系统不确定性的边界且收敛速度较快的快速自适应超扭曲算法引入到黏着控制器设计中，提高了控制器的控制性能。针对极值搜索算法部分也进行了改进，解决了原始算法存在的极值搜索振荡问题。依据上述分析，设计改进后的控制策略框图如图 6-14 所示。

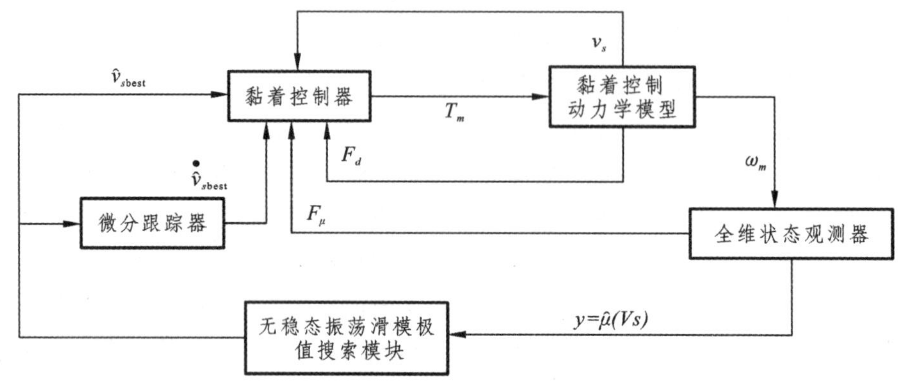


图 6-14　改进列车黏着控制系统框图

## 1. 无稳态振荡滑模极值搜索算法

滑模极值搜索算法中的积分增益系数 $k$，可以用来调节稳态振幅，减小增益时振幅减小。而本节中的减小稳态振幅，是通过改进算法中的符号函数来实现的[18]。极值搜索算法中的符号函数 $sign(\cdot)$是一个二值函数，而改进的算法是替换为可以调节函数斜率的 $S$ 函数，定义 $S$ 函数的变换范围是[−1,1]。在极值搜索的稳态阶段为了减小积分增益，可以通过减小函数的斜率方式实现，$S$ 函数如式（6-43）所示：

$$Sigmoid(s(t)) = \frac{2}{1+\exp\{-\alpha \cdot \sin[\pi \cdot s(t)/\beta]\}} - 1 \tag{6-43}$$

式中，$\beta$ 为可调节参数；$a$ 为调节上述函数斜率的正参数，其取值越小，$S$ 函数变化越缓慢，改进后的极值搜索算法及原理图如图 6-15 所示。

如图 6-15 所示，如果滑模极值搜索算法采用符号函数 $sign(\cdot)$，最优蠕滑速度搜索的变化速度的绝对值为

$$\frac{dv_{sbest}}{dt} = k \cdot sign\left(\sin\frac{\pi s(t)}{\theta}\right) \Rightarrow \left|\frac{dv_{sbest}}{dt}\right| = k \tag{6-44}$$

而 $S$ 函数对最优值的搜索速率的绝对值为

$$\frac{dv_{sbest}}{dt} = k \cdot Sigmoid(s(t)) \Rightarrow \left|\frac{dv_{sbest}}{dt}\right| = k \cdot |Sigmoid(s(t))| \tag{6-45}$$

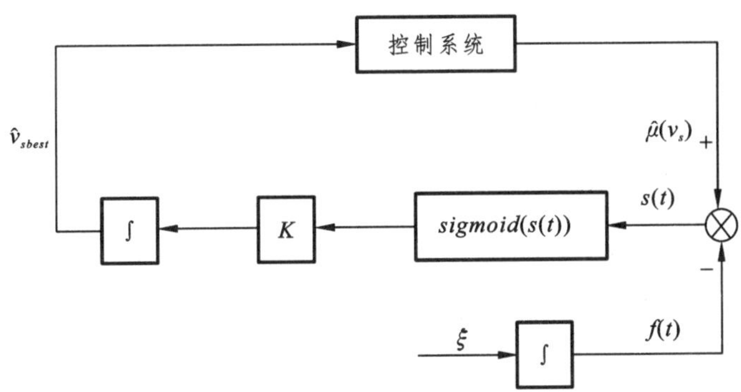


图 6-15　无稳态振荡滑模极值搜索算法原理

搜索值的稳态振幅为$\dfrac{\beta k\cdot|Sigmoid(s(t))|}{\xi}<\dfrac{\beta k}{\xi}$，由此可知，因为稳态幅度与函数斜率有关，因此可以通过 S 函数减小稳态振幅。$a_1$、$a_2$分别为 $S$ 函数的两个斜率，当 $a_1 < a_2$ 时，观察图 6-16 可知，自变量相同时，前者的振幅更小。与符号函数振幅相比，三者对比振幅如图 6-16 所示。由图可以看出，不同的斜率设定值对于减小极值搜索的稳态振荡的效果也是不一样的。

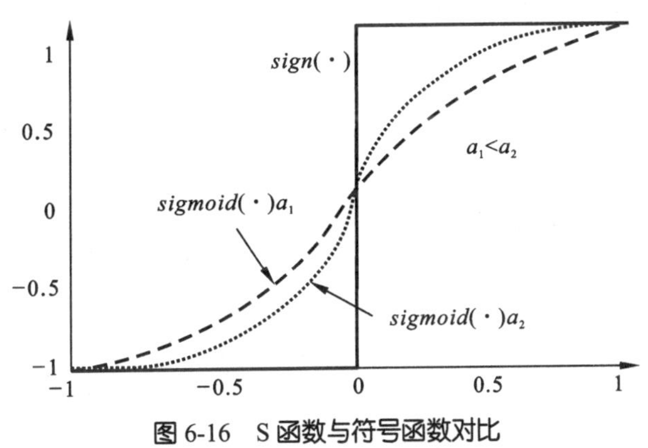


图 6-16　S 函数与符号函数对比

为了在极值搜索的稳态阶段降低蠕滑速度搜索值的振幅，本节采用 $S$ 函数代替传统极值搜索算法的符号函数以对稳态振幅进行调整，对改进后的函数斜率数值进行调整；调整 $S$ 函数的斜率以进一步减小最优蠕滑速度搜索值的振荡幅度，达到振幅无限小的效果[19]。

## 2. 快速自适应超扭曲滑模控制器设计

在上一节超扭曲滑模控制器的设计和仿真分析中，发现超扭曲算法仍然存在一定的局限性，为提高控制策略的优越性，本节在标准 ST 算法上引入自适应参数控制器，采用控制性能更好的快速自适应超扭曲算法进行控制器设计。

定义系统中，不确定项 $H = H_1(x,t)+H_2(x,t)$ ，$H_1(x,t)$ 表示系统不可微部分的不确定性，$H_2(x,t)$ 表示系统可微部分的不确定性。

设 $H_1(x,t)$ 和 $H_2(x,t)$ 满足：

$$\begin{cases} H_1(0,0)=0 \\ |H_1(x,t)|g_1|\phi_1(x)| \\ |\dot{H}_2(x,t)| \leqslant g_2|\phi_2(x)| \end{cases} \tag{6-46}$$

式中，$g_1$ 和 $g_2$ 为未知正数；$\phi_1(x)$ 和 $\phi_2(x)$ 为滑模变量函数。

设计控制律如下：

$$\begin{cases} u = u_{eq} + u_{dc} \\ u_{dc} = -k_1\phi_1(x) + u_1 \\ \dot{u}_1 = -k_2\phi_2(x) \end{cases} \tag{6-47}$$

总的滑模控制律由 $u_{eq}$ 和 $u_{dc}$ 组成，上式中：

$$\begin{cases} \phi_1(x) = |x|^{\frac{1}{2}}\, sign(x) + x \\ \phi_2(x) = \phi_1(x)\phi_1'(x) = \dfrac{1}{2} sign(x) + \dfrac{3}{2}|x|^{\frac{1}{2}}\, sign(x) + x \end{cases} \tag{6-48}$$

自适应参数控制器为

$$\begin{cases} k_1 = \begin{cases} \dfrac{4(2a+b)}{1+b^2}\phi_1^2(x)\phi_1'(x) & |x|>0 \\ 0 & |x|=0 \end{cases} \\ k_2 = \dfrac{b}{2}k_1 + \dfrac{4a+b^2}{2} - \dfrac{b}{2c} - \dfrac{b(4a+b^2)}{4d} \end{cases} \tag{6-49}$$

式中，$a$、$b$、$c$、$d$ 为任意正数，其中：

$$\phi_1(x) = |x|^{\frac{1}{2}}\, sign(x) + x \tag{6-50}$$

$$\phi_2(x) = \phi_1(x)\phi_1'(x) = \frac{1}{2} sign(x) + \frac{3}{2}|x|^{\frac{1}{2}}\, sign(x) + x \tag{6-51}$$

由于滑模面难以收敛至 0，最终的收敛效果是在 0 的极小邻域内波动，这样也会导致参数 $k_1,k_2$ 过大，使得系统趋于不稳定。为解决这一问题，对自适应参数控制器进行如下改进：

$$\begin{cases} \dot{k}_1 = \dfrac{4(2a+b)}{1+b^2}\phi_1^2(x)\phi_1'(x)\operatorname{sgn}(|x|-\lambda) \\ k_2 = \dfrac{b}{2}k_1 + \dfrac{4a+b^2}{2} - \dfrac{b}{2c} - \dfrac{b(4a+b^2)}{4d} \end{cases} \tag{6-52}$$

式中，$\lambda$ 为极小正数，令 $a=5, b=1, c=d=1, \lambda=0.1$。

参数自适应控制器有限时间稳定性证明如下。

令 $\rho_1 = H_1(x,t), \rho_2 = H_2(x,t)$，将式（6-47）代入系统，得到控制系统为

$$\begin{cases} \dot{x}_1 = -k_1\phi_1(x_1) + x_2 + \rho_1 \\ \dot{x}_2 = -k_2\phi_2(x_1) + \rho_2 \end{cases} \tag{6-53}$$

令 $\boldsymbol{\xi}^{\mathrm{T}} = [\phi_1(x_1), x_2]$，由：

$$\begin{cases} \phi_1'(x_1) = \dfrac{1}{2}|x_1|^{-\frac{1}{2}} + 1 \geqslant 0 \\ \phi_2(x_1) = \phi_1(x_1)\phi_1'(x_1) \end{cases} \tag{6-54}$$

可得

$$\begin{aligned} \dot{\xi} = \begin{bmatrix} \dot{\phi}_1(x_1) \\ \dot{x}_2 \end{bmatrix} &= \phi_1'(x_1)\left(\begin{bmatrix} -k_1 & 1 \\ -k_2 & 0 \end{bmatrix}\begin{bmatrix} \phi_1(x_1) \\ x_2 \end{bmatrix} + \begin{bmatrix} \rho_1 \\ \rho_2/\phi_1'(x_1) \end{bmatrix}\right) \\ &= \phi_1'(x_1)(\boldsymbol{A}\boldsymbol{\xi} + \boldsymbol{B}) \end{aligned} \tag{6-55}$$

式中，$\boldsymbol{A} = \begin{bmatrix} -k_1 & 1 \\ -k_2 & 0 \end{bmatrix}, \boldsymbol{B} = \begin{bmatrix} \rho_1 \\ \rho_2/\phi_1'(x_1) \end{bmatrix}$。

根据自适应参数控制器表达式，令 $\boldsymbol{P} = \begin{bmatrix} \dfrac{4a+b^2}{2} & \dfrac{-b}{2} \\ \dfrac{-b}{2} & 1 \end{bmatrix}$。

选取类二次型李雅普诺夫函数 $\boldsymbol{V} = \boldsymbol{\xi}^T\boldsymbol{P}\boldsymbol{\xi}$，由上式得：

$$\begin{aligned} \dot{\boldsymbol{V}} &= \dot{\boldsymbol{\xi}}^T\boldsymbol{P}\boldsymbol{\xi} + \boldsymbol{\xi}^T\boldsymbol{P}\dot{\boldsymbol{\xi}} \\ &= \phi_1'(x_1)[\boldsymbol{\xi}^T(\boldsymbol{A}^T\boldsymbol{P} + \boldsymbol{P}\boldsymbol{A})\boldsymbol{\xi} + \boldsymbol{B}^T\boldsymbol{P}\boldsymbol{\xi} + \boldsymbol{\xi}^T\boldsymbol{P}\boldsymbol{B}] \\ &= \phi_1'(x_1)\left(\begin{bmatrix} \boldsymbol{\xi} \\ \boldsymbol{B} \end{bmatrix}^T\begin{bmatrix} \boldsymbol{A}^T\boldsymbol{P} + \boldsymbol{P}\boldsymbol{A} & \boldsymbol{P} \\ \boldsymbol{P} & \boldsymbol{0} \end{bmatrix}\begin{bmatrix} \boldsymbol{\xi} \\ \boldsymbol{B} \end{bmatrix}\right) \\ &\leqslant \phi_1'(x_1)\left(\begin{bmatrix} \boldsymbol{\xi} \\ \boldsymbol{B} \end{bmatrix}^T\begin{bmatrix} \boldsymbol{A}^T\boldsymbol{P} + \boldsymbol{P}\boldsymbol{A} & \boldsymbol{P} \\ \boldsymbol{P} & \boldsymbol{0} \end{bmatrix}\begin{bmatrix} \boldsymbol{\xi} \\ \boldsymbol{B} \end{bmatrix} + \boldsymbol{H}\right) \\ &\leqslant -\phi_1'(x_1)\varepsilon_1\|\xi\|^2 \end{aligned} \tag{6-56}$$

式中，$\varepsilon_1$ 为足够小的正常数，结合 $\lambda_{\min}(\boldsymbol{P})\|\xi\|_2^2 \leqslant \xi^{\mathrm{T}}\boldsymbol{P}\xi \leqslant \lambda_{\max}(\boldsymbol{P})\|\xi\|_2^2$ 可得

$$\dot{V} \leqslant \phi_1'(x_1)\varepsilon_1 \frac{V}{\lambda_{\max}(\boldsymbol{P})} = -\frac{1}{2}\cdot\frac{\varepsilon_1}{\lambda_{\max}(\boldsymbol{P})}|x_1|^{-\frac{1}{2}}V - \frac{\varepsilon_1}{\lambda_{\max}(\boldsymbol{P})}V \tag{6-57}$$

因此，有：

$$\dot{V} \leqslant -\gamma_1 V^{\frac{1}{2}} - \gamma_2 V \tag{6-58}$$

$$\begin{cases} \gamma_2 = \dfrac{1}{\lambda_{\max}(\boldsymbol{P})}\varepsilon_1 \\ \gamma_1 = \dfrac{1}{2}\cdot\dfrac{\lambda_{\min}^{\frac{1}{2}}(\boldsymbol{P})}{\lambda_{\max}(\boldsymbol{P})}\varepsilon_1 \end{cases} \tag{6-59}$$

所以当 $\xi = [\phi_1(x_1), x_2]^T$，系统状态能在有限时间内收敛到 0，且到达时间满足：

$$t_{\text{reach}} \leqslant \frac{2}{\gamma_2}\ln\left(1+\frac{\gamma_2}{\gamma_1}V(0)^{\frac{1}{2}}\right) = \frac{2}{\gamma_2}\ln\left(1+\frac{\gamma_2}{\gamma_1}V(0)^{\frac{1}{2}}\right) \tag{6-60}$$

当参数 $k_1$ 和 $k_2$ 满足式（6-52）条件时，$x_1$ 和 $\dot{x}_1$ 在有限时间 $t_{\text{reach}}$ 内收敛到 0。

### 3. 控制律设计

根据式（6-36），设计快速自适应超扭曲滑模控制律如下：

$$u = \frac{J_{\mathrm{m}}R_{\mathrm{g}}}{r}\left(\frac{r^2}{J_{\mathrm{m}}R_{\mathrm{g}}^2}F_\mu + \frac{N}{M}F_\mu - \frac{1}{M}F_r + \dot{v}_{\text{sbest}} - k_1\phi_1(s) - \int k_2\phi_2(s)dt\right) \tag{6-61}$$

式中 $k_1$，$k_2$ 满足：

$$\begin{cases} \dot{k}_1 = \begin{cases} \dfrac{4(2a+b)}{1+b^2}\phi_1^2(s)\phi_1'(s) & |s|>0 \\ 0 & |s|=0 \end{cases} \\ k_2 = \dfrac{b}{2}k_1 + \dfrac{4a+b^2}{2} - \dfrac{b}{2c_1} - \dfrac{b(4a+b^2)}{4c_2} \end{cases} \tag{6-62}$$

由式（6-62）可以看出 $k_1$，$k_2$ 参数随滑模面 $s$ 变化而改变，因此控制律保留了传统滑模的良好鲁棒性的同时，能在有限时间内收敛。

### 4. 稳定性证明

针对上述改进后的控制律进行稳定性分析，构造李亚普诺夫函数为

$$V = \frac{1}{2}s^2 \tag{6-63}$$

式中，$V \geqslant 0$。

$$s = v_s - v_{sbest} \tag{6-64}$$

对 $s$ 求导得

$$\dot{s} = \dot{v}_s - \dot{v}_{sbest} \tag{6-65}$$

由此可得

$$\dot{V} = s\dot{s} = s\left(\frac{r}{J_m R_g} T_m - \left(\frac{r^2}{J_m R_g^2} + \frac{N}{M}\right) \cdot F_\mu + \frac{1}{M} \cdot F_r - \dot{v}_{sbest}\right) \tag{6-66}$$

将控制律 $u$ 带入 $\dot{V}$，可得

$$\dot{V} = s(-k_1\phi_1(s) - \int k_2\phi_2(s)dt) \tag{6-67}$$

式中，$\phi_1$，$\phi_2$ 恒大于零，所以当式中 $s$ 为任意值时，有：

$$\dot{V} = s(-k_1\phi_1(s) - \int k_2\phi_2(s)dt) \leqslant 0 \tag{6-68}$$

由上式可知，当 $s$ 为任意值时，式（6-68）恒小于等于零，即 $\dot{V} \leqslant 0$，根据趋近律收敛性分析，当 $t \to \infty$ 时，$s \to 0$，稳定性条件得证。

### 6.3.2　仿真结果分析

#### 1. 无稳态振荡的滑模极值搜索仿真分析

图 6-17 所示为分别采用传统滑模极值搜索算法和无稳态振荡的滑模极值搜索算法作用下，列车运行在不同轨面环境时，轨面最优蠕滑速度搜索结果对比图。由图可知，本节采用 S 函数替换符号函数的改进后的滑模极值搜索算法，在列车运行初始阶段，所追踪的蠕滑速度最优值的振荡幅度相比于未改进的算法有明显减小趋势，在系统运行到 6 s 时，最优蠕滑速度最优值的搜索输出结果稳定在 1.1 m/s 左右，而后进入稳定实时搜索阶段，滑模控制器以此数值为蠕滑速度状态量的最优值进行跟踪控制。后续系统运行过程中，参考此值进行跟踪控制，实现了最优值的快速搜寻，进一步保障列车实现最优黏着控制。由此可知无稳态滑模极值搜索算法引入的 S 函数替代符号数，使得积分增益减小，极值搜索振荡减小，因此在后续的仿真验证中，将采用无稳态振荡的滑模极值搜索算法所构建的控制策略进行对比。

图 6-18 所示为采用两种极值搜索算法后，控制器输出的转矩结果对比图，由图 6-18 可知，两种搜索算法都能很好地实现最优黏着控制这一目标，且因为无稳态滑模极值搜索算法的振荡减小的效果，所以其对应的控制转矩数值振荡也有减小趋势，电机输出控制更为

平滑，避免电机输出值抖动太大损害车辆传动机构。因此在下一节的仿真对比中，基于快速自适应超扭曲滑模算法的控制策略将直接采用无稳态滑模极值搜索的算法进行对比验证。

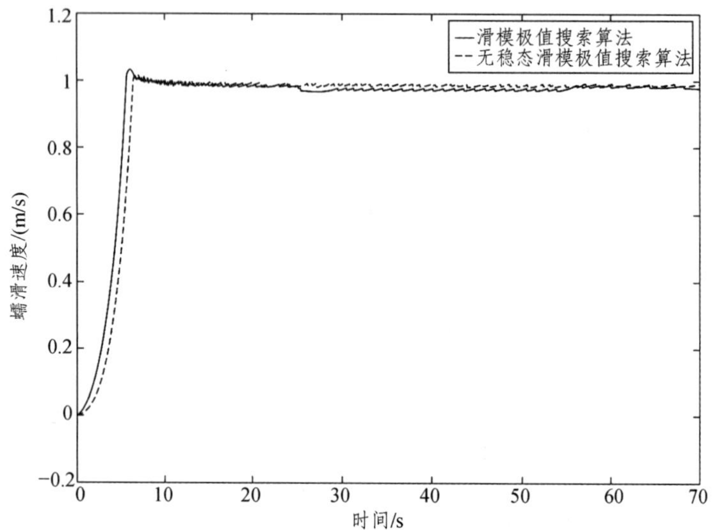


图 6-17　不同搜索算法的蠕滑速度搜索对比

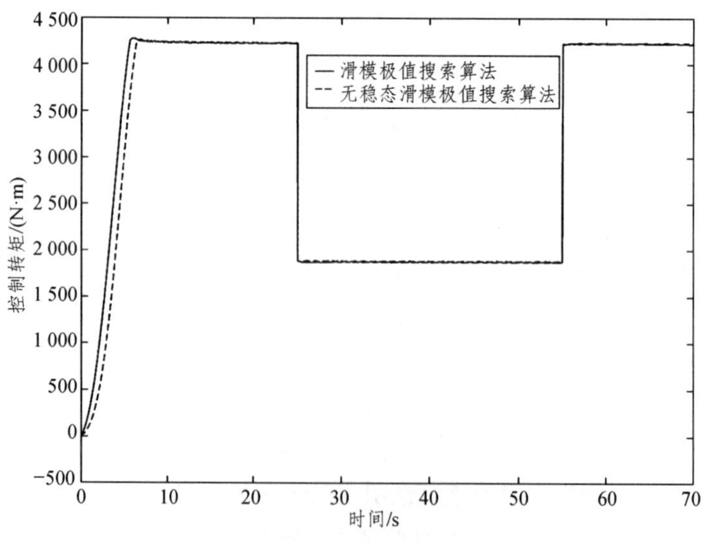


图 6-18　不同搜索算法的控制转矩对比

## 2. 快速自适应超扭曲滑模控制仿真分析

本节依据改进后的控制策略描述，利用仿真软件建模编程，对本节改进的控制策略进行实验分析。实验内容为：列车运行时经历两次轨面环境突变的情况下，判断列车能否快速识别轨面状态，进入稳定黏着控制区域，确保黏着利用率的最大化，将黏着系数、最优蠕滑速度和控制转矩等信息量作为实验结果进行导出，将实验结果与采用传统滑模算法和超扭曲算法的实验结果进行对比。同时本节为验证改进算法所设计控制器具有更好的控制性能，与超扭曲算法进行抗干扰对比实验。对比算法的控制器参数参考表 6-2，各算法进行实验验证时，控制系统的车辆参数均参考表 6-1，得到各项实验仿真结果对比如下。

图 6-19 所示为不同控制算法下黏着系数的观测结果，因为黏着系数的观测受当前轨面状态影响，在不同的轨面运行情况下，控制器自动计算输出的控制转矩和负载转矩不同，依据黏着系数计算公式可知，轨面黏着系数的估计值也随之出现变化。图 6-19 中结果反映出，在轨面情况变化时，黏着系数估计值与轨面变化保持相同趋势，证明黏着系数估计值具有实时性。且由黏着系数估计值可知，在 0 ~ 25 s 和 55 s 至运行结束两个阶段，列车运行在黏着状态较好的干燥轨面下，黏着系数数值最大值稳定在 0.25 左右，而在 25 ~ 55 s 期间，轨面状态由干燥转为潮湿状态，在此轨面状态下运行，列车能利用的最大黏着系数为 0.13 左右，因此黏着系数估计值均在不同轨面情况下最优黏着值的附近。综上可知黏着系数的估计值满足列车运行的最优黏着控制条件。

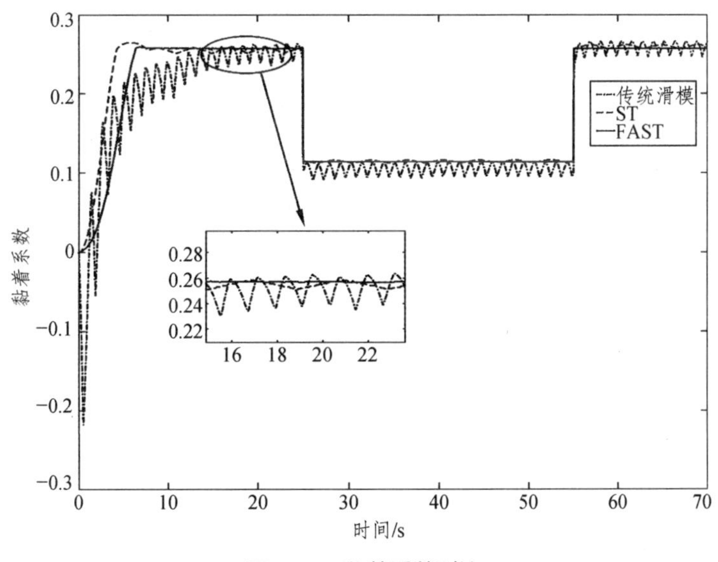


图 6-19　黏着系数对比

将图 6-19 的观测结果输入至极值搜索模块，得到如图 6-20 的最优蠕滑速度搜索结果。观察三种控制算法作用下对应的蠕滑速度搜索响应结果，可以发现传统滑模算法由于无法消除抖振的影响，导致其蠕滑速度的搜索值也存在较大的抖动，且收敛时间较长不利于列车的运行控制。而另外两种算法，在超扭曲控制律的影响下，抖振效果都有了良好的改善，快速自适应超扭曲算法引入的线性项和参数自适应部分使得抖振效果近乎消除，且采用改进极值搜索算法的搜索效果更好。因此列车在本节所采用的 FAST 算法设计的控制策略的作用下，会有更好的可操作性和更高的安全性。

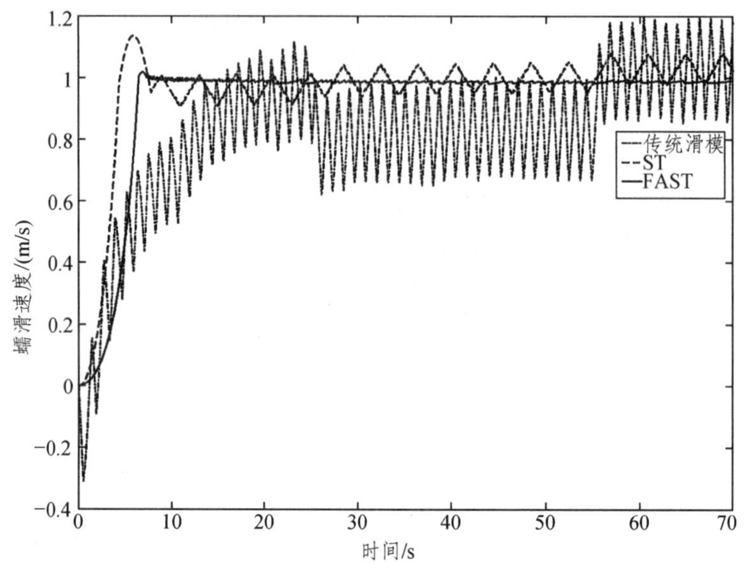


图 6-20　蠕滑速度搜索对比

图 6-21 所示为采用三种控制算法的作用下，控制转矩的输出结果对比。由该图可知，不同控制算法对轨面变化趋势的响应是相同的，列车都能在任意控制方法下实现最优黏着控制。但对控制效果分析可知，传统的滑模控制算法响应时间较长，且初始启动阶段，控制转矩有较大跳动，不利于列车的平滑启动。超扭曲滑模控制在得到最优蠕滑速度信息后，结合轨面信息，对当前控制转矩量进行计算，列车在黏着状态较好的干燥轨面运行时，电机控制转矩数值稳定在 4 200 左右，在潮湿轨面的运行条件下，在控制器的作用下，控制转矩降低，数值会稳定在 2 050 左右，转矩的调整使得列车轮对避免了空转现象，相比于传统滑模控制，超扭曲滑模控制效果更加稳定平滑。本节在超扭曲滑模已取得较好控制效果的情况下，提出 FAST 控制算法，进一步改良控制平滑性，由控制转矩图 6-21 可以看出，FAST 算法更好地解决了控制转矩的抖振问题，不仅改进了收敛特性，也具备良好响应的特性。

为验证改进控制策略的强鲁棒性，在列车动力学模型式中引入随机干扰 $D$，当列车运行至 15 s 时，模拟列车遇到横向风、铁轨局部磨损等突发情况，判断此时控制策略能否安全平稳运行。因为本节设置的干扰项添加在列车模型的加速度项中，加速度数值较小，干扰数值不宜过大，因此随机干扰取值 $D = 0.3$，得到最终受干扰后的黏着控制模型为

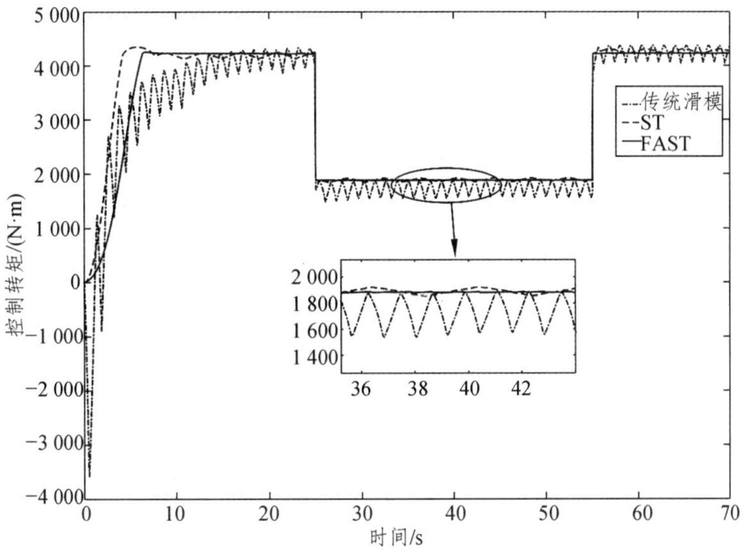


图 6-21　控制转矩对比

$$\begin{cases} \dot{X} = v_d \\ \dot{v}_d = \dfrac{F_N}{M} - \dfrac{1}{M} \cdot F_r + D \\ \dot{v}_S = \dfrac{r}{J_m R_g} T_m - \left( \dfrac{r^2}{J_m R_g^2} + \dfrac{N}{M} \right) \cdot F_\mu + \dfrac{1}{M} \cdot F_r - D \end{cases} \tag{6-69}$$

由本节三种方法的仿真结果对比可知，传统滑模算法无法实现安全平稳的最优黏着控制，无法作为对比算法验证控制器鲁棒性，因此只对比采用 ST 算法和 FAST 算法设计的控制器。

图 6-22 所示为列车受干扰后的控制转矩结果，由图可知两种算法所设计的控制器遇到干扰时，控制转矩均出现了数值跳变。但由局部放大图可知，FAST 滑模控制器数值跳变更小，恢复稳定运行时间更迅速。由此可知，快速自适应超扭曲滑模控制器的鲁棒性较强，保障了列车安全平稳运行。

### 6.3.3　小结

本节对 ST 算法进行了改进。首先，为实现参数自适应特性，引入基于参数自适应律的快速自适应超扭曲算法。其次，引入 S 函数设计无稳态振荡滑模极值搜索算法，减小原有极值搜索算法的稳态振幅。最后，进一步设计快速自适应超扭曲滑模控制律，极大地提高了列车最优黏着控制的性能。为了验证所提方法的优越性，利用 MATLAB 软件对快速滑模控制器设计的列车黏着控制系统进行仿真使用，将改进的黏着控制方法与前一节设计的超扭曲滑模控制器和传统滑模方法进行对比。观察仿真结果可以发现，快速算法实现了参数自适应调节且具有更好的减少抖振作用。在加入随机干扰后，本章节所提策略也具有更好的鲁棒性。由此可知，改进的控制策略充分利用了当前轨面的最大黏着系数，极大发挥了列车控制力，实现了高速列车的最优黏着控制。本节研究具有较好的实际应用价值，有效地提高了列车轮轨黏着利用率，能对列车的空转、滑行进行预警和抑制。此外，研究内容对改进制动防滑系统的设计也具有良好的理论价值。

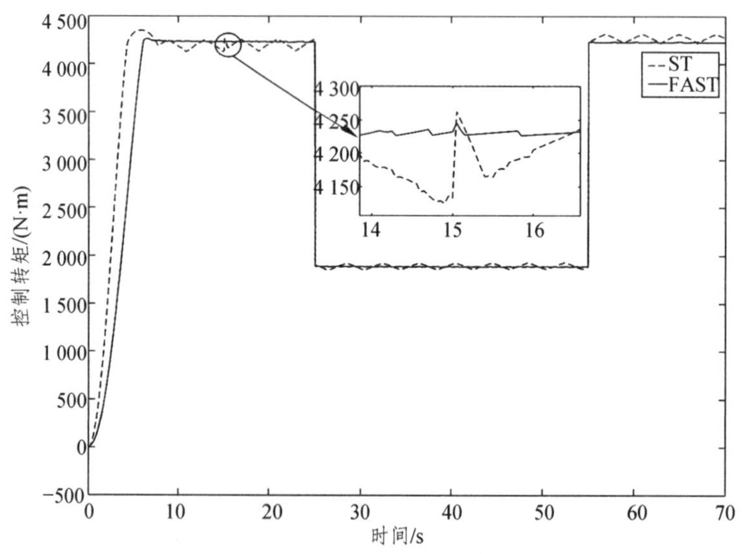


图 6-22 受干扰后控制转矩对比

## 本章参考文献


[1] 徐诗孟. 动车组牵引电机黏着控制研究[D]. 大连: 大连交通大学, 2018.

[2] 吴能峰, 钟立群, 杨北辉, 等. 列车传动最优黏着控制策略研究[J]. 铁道机车车辆, 2018, 38(01): 26-30.

[3] 林晖. 动力集中动车组制动系统设计与运用研究[J]. 铁道机车车辆, 2020, 40(05): 1-7.

[4] Shu P X, Shu R W, Xiao H S. The research of direct torque control based on full-dimensional state observer[J]. Advanced Materials Research, 2012, 16(01): 433-440.

[5] 孙瑞宁，丁一鸣，梁锦涛．基于全维状态观测器的永磁同步电机无差拍直接转矩控制[J]．电子科技, 2019, 32(04): 72-76.

[6] 陈晓雷，林辉，马冬麒．无人机全电式自主刹车系统滑模极值搜索控制[J]．控制理论与应用, 2015, 32(11): 1439-1448.

[7] 齐亮．基于滑模变结构方法的永磁同步电机控制问题研究及应用[D]．上海：华东理工大学, 2013.

[8] 刘金琨，孙富春．滑模变结构控制理论及其算法研究与进展[J]．控制理论与应用, 2007, 24(03): 407-418.

[9] 李鹏．传统和高阶滑模控制研究及其应用[D]．长沙：国防科学技术大学, 2011.

[10] Zhang J, Meng W J, Yin Y F, et al. High-order sliding mode control for three-joint rigid manipulators based on an improved particle swarm optimization neural network[J]. Mathematics, 2022, 10(19): 3418-3429.

[11] 周齐贤，王寅，孙学安．基于增益自适应超螺旋滑模理论的无人机控制[J]．上海交通大学学报, 2022, 56(11): 1453-1460.

[12] 康尔良，陈健．永磁同步电机改进滑模无位置传感器控制[J]．电机与控制学报, 2022, 26(10): 88-97.

[13] 杨婧，史小平．基于超扭曲算法的无人机动态逆编队控制器设计[J]．系统工程与电子技术, 2014, 36(07): 1380-1385.

[14] Liu Y C, Laghrouche S, Depernet D, et al. Super-twisting sliding-mode observer-based model reference adaptive speed control for PMSM drives[J]. Journal of the Franklin Institute, 2023, 360(2): 985-1004.

[15] Ixbalank T Z, Fernando L C, Héctor H E, et al. Extremum seeking control and gradient estimation based on the Super-Twisting algorithm[J]. Journal of Process Control, 2021, 105(08): 223-235.

[16] 李鹏，郑志强．基于类二次型 Lyapunov 函数的 Super-twisting 算法收敛性分析[J]．控制与决策, 2011, 26(06): 949-952.

[17] Yang Y, Yan Y B, Xu X W. Fractional order adaptive fast super-twisting sliding mode control for steer-by-wire vehicles with time-delay estimation[J]. Electronics, 2021, 10(19): 2424-2437.

[18] 秦子健．基于无稳态振荡滑模极值搜索的风力发电最佳出力追踪[D]．天津：天津大学, 2017.

[19] 王丽斌．无稳态振荡极值搜索算法设计及应用研究[D]．哈尔滨：哈尔滨工业大学, 2014.

# 第 7 章 基于动车组强耦合模型的速度跟踪控制方法

## 7.1 引言

在列车速度不断提升的同时，列车在复杂运行环境下的动态变化也越来越复杂[1-2]。列车本身已经从简单的物理动力学系统演变为一类复杂的、具有不确定性的、部分未知的非线性动力学系统。考虑到列车的牵引系统或轮轨系统，模型的复杂性进一步增加，非线性项或未知项对系统状态变量的影响也变得更为显著，这使得列车运行控制系统面临更高的要求。针对实现高速动车组的自动驾驶，不仅需要实时监测各车辆的运行状态，还需要确保对给定速度曲线的精确跟踪，以保障列车运行的安全性。

本章基于动车组强耦合模型设计了一种鲁棒自适应控制方法，分析控制器稳定性，结合动车组强耦合模型进行速度跟踪实验，观察其跟踪效果。此外，为了提高高速动车组速度跟踪精度，建立一种历史数据中心的数据修正补偿规则，设计分散式滑模控制策略，对控制律的输出进行调整，并验证控制器对系统的稳定性。并将在现有实验室条件下，把所设计的控制器应用在半实物仿真系统上，观察其控制效果。

## 7.2 动车组强耦合模型的速度跟踪控制方法研究

考虑到自适应控制策略与滑模控制策略已经成功应用于高速列车运行控制的速度跟踪[3-5]，本节的主要工作是，针对动车组强耦合模型设计速度跟踪控制方法，探究不同控制器对动车组模型的影响，首先设计一种分散鲁棒自适应控制器，分析稳定条件，然后设计一种分散滑模控制器，并分析稳定条件。通过实验室的高速列车模拟仿真平台对两种控制算法分别进行模拟仿真，并根据历史设计中心数据设计补偿规则干预控制器信号，用以提高列车的控制精度，观察其运行效果，此外，通过设计传统的 PID（比例积分微分）

控制方法与预测控制算法对比本节设计控制器的速度跟踪效果，最后分别做了实验结果分析。

### 7.2.1　分散鲁棒自适应控制

#### 1. 分散鲁棒自适应控制器的设计

本节研究充分考虑高速动车组各节车辆与车辆间耦合车钩力的物理动力学规律，并利用鲁棒自适应控制方法的优势，实现对给定速度的跟踪。将动车组视为一个多质点模型，给每一节车辆建立一个参数时变模型，设计多个鲁棒自适应控制器进行控制，构成一种分散鲁棒自适应控制策略，整列动车组强耦合模型的分散鲁棒自适应控制策略设计框图如图 7-1 所示。

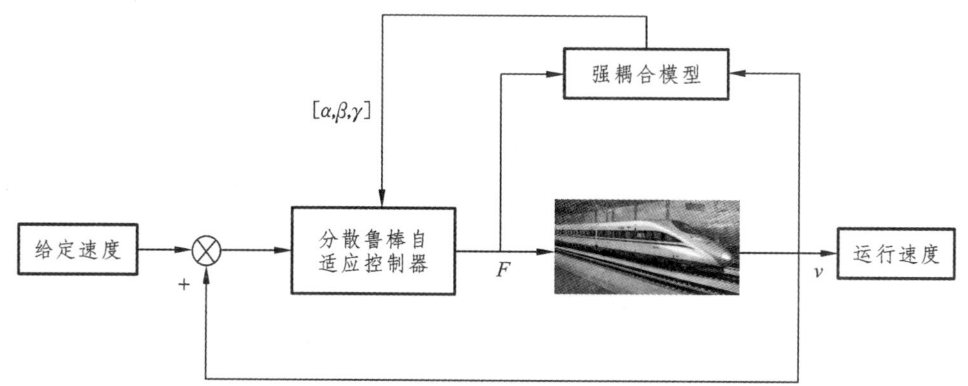


图 7-1　动车组强耦合模型的分散鲁棒自适应控制策略

为了设计动车组的分散鲁棒自适应参考控制律，首先考虑将动车组强耦合模型写成单节车辆的动力学模型，如式（7-1）所示：

$$m\dot{v}=F_a-(\alpha+\beta v+\gamma v^2)+\Delta(v,t) \tag{7-1}$$

式中，列车的速度为输出量 $v_i\in R$，列车牵引力为控制量 $F_{a(i)}\in R$，为方便表示，第 $i$ 节车辆下标表示均省略。对于式（7-1）中的 $m$，由于乘客数量的不同和车辆质量的不确定性，很难具体给出，采用最大额定值。对于运行阻力项的分析，本节假设运行阻力的系数 $[\alpha\quad\beta\quad\gamma]$ 均在一定范围内，进一步假设其中的两个已知，另外一个未知，如 $\gamma$ 未知，$[\alpha\quad\beta]$ 已知，可以将 $\alpha+\beta v$ 项计入 $\Delta(v,t)$ 项[同理，$\alpha$ 或 $\beta$ 已知，剩余的项计入 $\Delta(v,t)$ ]，因此，式（7-1）可以写为

$$\dot{v}=F_a-\gamma v^2+\Delta(v,t) \tag{7-2}$$

式中，$\gamma$ 是列车运行阻力非线性项系数，在误差范围内属于一个整数集合，其直径为 $d=\max\{|\gamma_1-\gamma_2|,\gamma_1,\gamma_2\in R\}$，$\Delta(v,t)$ 表示与列车速度状态相关的车辆间的相互作用力等，由于车钩的耦合运动规律，其范围由式（7-3）定义。

$$|\Delta(v,t)|<\Psi p(v),\forall v\in R,\forall t\in R^+ \tag{7-3}$$

式中，$p(x)$ 是一非负光滑函数，$\Psi\geqslant 0$ 是一个常参数。因为满足式（7-3）的 $\varPsi$ 值不是唯一的，约定 $\varPsi$ 是满足列车系统的最小正值，此值可通过第三章的结果得到。进而，将子系统转化为一类未知非线性参数系统的鲁棒自适应控制设计，转换成的公式为

$$A(t)=A\sigma_v(v_r(t))\times A\sigma_\gamma(\omega)=\{v:|v-v_r(t)|<\sigma_v\}\times\{\gamma':\|\gamma'-\gamma\|<\sigma_\gamma\} \tag{7-4}$$

式中，$\gamma'$ 为 $\gamma$ 的估计值。当 $(v(t_0),\gamma'(t_0))\in A(t_0)$ 时，$(v(t),\gamma'(t))\in A(t)$，$\forall t\geqslant t_0$。并且存在一个 $A(t)$ 的适当子集 $\Omega_s(t)$，它包含 $(v_r(t),\gamma)$ 对系统是稳定的，即当 $(v(t_0),\gamma'(t_0))\in A(t_0)$ 时有 $dist(\Omega_s(t),(v(t),\gamma'))\underset{t\to\infty}{\to}0$。

令跟踪误差为 $z=v-v_r$，参数误差 $'\gamma=\gamma-\gamma'$。对于式（7-1）采用下面的未知参数自适应律和控制律：

$$\zeta(v,\varPsi')=\varPsi'p(v)\tanh\left[\frac{zp(v)}{\varepsilon}\right] \tag{7-5}$$

$$\dot{\varPsi}'=r\left[zp(v)\tanh\left[\frac{zp(v)}{\varepsilon}\right]-\sigma(\varPsi'-\varPsi^0)\right] \tag{7-6}$$

$$\dot{\gamma}'=\varGamma[-zv^2+L(\gamma')] \tag{7-7}$$

$$F=-cz+\gamma'v^2-\zeta(v,\varPsi')+\dot{v}_r \tag{7-8}$$

式中，$\varepsilon>0$，$\sigma>0$，$\Psi^0\geqslant 0$ 为设计常数，$r$，$\varGamma$ 是正自适应增益，$c$ 为正控制器常数。$\varPsi'$ 是 $\varPsi$ 的估计。下面证明所设计的自适应律和控制律对系统式（7-1）满足的稳定性要求。

**定理 1**　设 $\gamma\in R$ 是进入系统式（7-1）的一个未知参数向量，$v_r\in C^1$ 是一个有界的函数，给定 $\delta_v>0$，$\delta_d>2d$，如果设计合适的值，那么自适应律和控制律式（7-5）至式（7-8）可以保证系统式（7-1）渐近稳定，即 $v\to v_r$。

### 2. 控制器稳定性分析

**引理 1**[6]　a. 对 $\gamma'\in R^p$ 设 $pr(\gamma')$ 是 $\gamma'$ 在凸集 $R$ 上的投影[投影定义为 $pr(\gamma')\in R$，且 $\|pr(\gamma')-\gamma'\|=\min\limits_{\rho\in R}\|\rho-\gamma'\|$]，$l(\gamma')=pr(\gamma')-\gamma'$，$0<\lambda<1$，$\eta\geqslant 1+\lambda^{-2}$。则有下面的不等

式成立：

$$\eta l(\gamma')^T {}'\gamma \geqslant |{}'\gamma|^2 - (1+\lambda)^2 d^2 \tag{7-9}$$

b. 设 $c$，$\Gamma$ 为正常数，则存在一个 $C^\infty$ 函数，$L: R^p \to R^p$ 满足

$$-{}'\gamma^T L(\gamma') \leqslant -\frac{c}{2\Gamma}|{}'\gamma|^2 + \frac{cd^2}{\Gamma} \tag{7-10}$$

c. 对 $\forall \varepsilon > 0$，$\forall y \in R$ 有 $0 \leqslant |y| - y\tanh\left(\frac{y}{\varepsilon}\right) \leqslant \delta\varepsilon$，其中 $\delta = e^{-(\delta+1)}$，即 $\delta \approx 0.278\,5 < \frac{1}{3}$。

d. 存在等式：

$$-\sigma{}'\Psi(\Psi' - \Psi^0) = -\frac{\sigma}{2}({}'\Psi)^2 - \frac{\sigma}{2}(\Psi' - \Psi^0)^2 + \frac{\sigma}{2}(\Psi^M - \Psi^0)^2 \tag{7-11}$$

由控制律和系统组成的闭环系统选取李亚普诺夫函数：

$$V(z, {}'\gamma, {}'\Psi) = \frac{1}{2}z^2 + \frac{1}{2\Gamma}({}'\gamma)^2 + \frac{1}{2r}({}'\Psi)^2 \tag{7-12}$$

式中，${}'\Psi = \Psi' - \Psi^M$，$\Psi^M$ 的选取稍大于 $\Psi$。接下来就可以证明选取合适的 $r$，$\Gamma$ 和 $c$ 值可以满足 $A(t)$。利用自适应控制律式（7-5）~式（7-8），并由引理 1 得：

$$\begin{aligned}
\dot{V} &= z\dot{z} - \frac{1}{\Gamma}{}'\gamma\dot{\gamma}' + \frac{1}{r}{}'\Psi\Psi' \\
&= z(F - \gamma v^2 + \Delta - \dot{v}_r) - \frac{1}{\Gamma}{}'\gamma\dot{\gamma}' + \frac{1}{r}{}'\Psi\dot{\Psi}' \\
&= z\left(-cz + \gamma' v^2 - \Psi' p\tanh\left(\frac{zp}{\varepsilon}\right) + \dot{v}_r - \gamma v^2 + \Delta - \dot{v}_r\right) - \\
&\frac{1}{\Gamma}{}'\gamma\Gamma\left[-zv^2 + L(\gamma')\right] + \frac{1}{r}{}'\Psi r\left[zp\tanh\left(\frac{zp}{\varepsilon}\right) - \sigma(\Psi' - \Psi^0)\right] \leqslant \\
&-cz^2 + z(-\gamma v^2 + \gamma' v^2) + z'\gamma v^2 - \frac{c}{2\Gamma}({}'\gamma)^2 + \frac{cd^2}{\Gamma} \\
&z\left[\Psi p - \Psi^M zp\tanh\left(\frac{zp}{\varepsilon}\right)\right] - \sigma{}'\Psi(\Psi' - \Psi^0) \leqslant \\
&-cz^2 - \frac{c}{2\Gamma}({}'\gamma)^2 + \frac{cd^2}{\Gamma} - \frac{\sigma}{2}({}'\Psi)^2 - \frac{\sigma}{2}(\Psi' - \Psi^0)^2 + \lambda
\end{aligned} \tag{7-13}$$

式中：

$$\lambda = \frac{1}{3}\Psi^M\varepsilon + \frac{\sigma}{2}(\Psi^M - \Psi^0)^2 \tag{7-14}$$

本节参考文献[7]，假设 $\dfrac{c}{\Gamma} > \mu\delta_v$， $\mu = \max\limits_{(v,'\gamma)\in A(t)}\left|\dfrac{\partial^2(-\gamma v^2)}{\partial\gamma^2}\right|_{(v,\gamma')}$ 令：

$$k = \min\{2c, c - \mu\delta_v\Gamma, r\sigma\} \tag{7-15}$$

则有：

$$\dot{V} \leqslant -kV + \frac{cd^2}{\Gamma} + \lambda \tag{7-16}$$

可以选择 $\sigma$， $r$ 使满足：

$$c - \mu\delta_v\Gamma \leqslant r\sigma \tag{7-17}$$

则 $k = c - \mu\delta_v\Gamma$ 。

取

$$V_s = \frac{cd^2 + \Gamma\lambda}{\Gamma(c - \Gamma\mu\delta_v)} \tag{7-18}$$

则对于满足 $\dfrac{c}{\Gamma} > \mu\delta_v$ 和 $c - \mu\delta_v\Gamma \leqslant r\sigma$ 的任意的 $c$ 和 $\Gamma$ ，当 $(v,\gamma') \in (A(t)/\Omega_s(t))$ 时有 $V < 0$ 。剩下的问题是如何选择 $c$ 和 $\Gamma$ 使 $\Omega_s(t) \subset A(t)$ 。为此需要解不等式 $\sqrt{2\Gamma V_s} < \delta_\gamma$ 和 $\sqrt{2V_s} < \delta_v$ 。

解这两个不等式，得：

$$\frac{c}{\Gamma} > \frac{2\lambda + \mu\delta_v{\delta_\gamma}^2}{{\delta_\gamma}^2 - 2d^2} \tag{7-19}$$

$$\Gamma > \frac{2(c/\Gamma d^2 + \lambda)}{{\delta_v}^2(c/\Gamma - \mu\delta_v)} \tag{7-20}$$

可以看到，式（7-19）中 $\dfrac{c}{\Gamma} > \mu\delta_v$，式右端和 $c$，$\Gamma$ 无关，而式（7-20）右端依靠 $c/\Gamma$，可以适当选择参数 $\varepsilon$， $\psi^0$ 和 $\sigma$ 使 $\lambda$ 充分小，完全能够得到其数值解。

为了与动车组实际运行情况相符合，在动车组加速与惰行阶段，由控制器算出的输入值大于零时才输入，小于等于零时均输入零值；同理，在动车组减速阶段由控制器算出的输出值大于零时均不会输入。

### 7.2.2　分散式滑模控制

#### 1. 分散式滑模控制器的设计

设计分散式神经网络滑模控制策略见式（7-21）。

$$\ddot{X}=F(\dot{X},X)+G(\dot{X},X)U+d`(t) \tag{7-21}$$

式中：

$$F(\dot{X},\ X)=[(C-\beta)\dot{X}-\gamma diag(diag(\dot{X}\dot{X}^{\mathrm{T}}))+KX-\alpha]/(M+N_M) \tag{7-22}$$

$$G(\dot{X},X)=1/(M+N_M) \tag{7-23}$$

$$d`(t)=d(t)/(M+N_M) \tag{7-24}$$

一般地，在高速动车组运行过程中，$F(\dot{X},X)$，$G(\dot{X},X)$ 为非线性函数，$U$ 和 $X$ 为控制力输入和对象输出，$d(t)$ 为干扰，且 $|d(t)|\leqslant D$。

设置理想位置输出为 $X_d$，则误差为 $e=X_d-X$，考虑到比例积分形式滑模面的设计理论较成熟，且计算量小，易实现，设置滑模函数为 $s=\dot{e}+ce$，其中 $c_i>0$。$c_i$ 为滑模面的切换系数，通过调整合适的参数 $c_i$ 值，既可以保证滑动模态到达过程的动态品质，又可以减弱控制信号的高频抖动，但不合适的参数 $c_i$ 值会导致抖振。由于在滑模面附近产生的“抖振”现象只能使其影响最小，目前，关于此问题的解决方法，主要有降低切换增益[8]、观测器方法[9]、滤波方法[10,11]、带有约束的优化算法等，也各有优缺点，同时这些算法也被应用于离散系统、时延系统等。综合考虑列车的实际运行条件，利用神经网络的万能逼近的优良特性及在线学习的能力，用以逼近列车运行过程中的未知部分，抑制滑模变结构控制的“抖动”影响，为了提高列车运行过程的动态性能[12]，采用 RBF 网络分别逼近函数 $F(\dot{X},X)$，$G(\dot{X},X)$，闭环控制系统如图 7-2 所示。

设计的 RBF 网络输入输出算法为

$$h_f(X)=[(C-\beta)\dot{X}-\gamma diag(diag(\dot{X}\dot{X}^{\mathrm{T}}))+KX-\alpha]/M \tag{7-25}$$

$$h_g(X)=1/M \tag{7-26}$$

$$F=W^{*\mathrm{T}}h_f(X)+\varepsilon_f,\ \ G=V^{*\mathrm{T}}h_g(X)+\varepsilon_g \tag{7-27}$$

式中，$X$ 为网络输入，$j$ 为神经网络隐含层第 $j$ 个网络输入，$h_j$ 为函数的输出，$W^*$ 和 $V^*$ 分别为逼近 $F(\dot{X},X)$ 和 $G(\dot{X},X)$ 的理想网络权值，$\varepsilon_f$ 和 $\varepsilon_g$ 为网络逼近误差，$|\varepsilon_f|\leqslant\varepsilon_{Mf}$，$|\varepsilon_g|\leqslant\varepsilon_{Mg}$。设计式（7-25）与式（7-26）表示了对影响高速动车组模型的已知因素处理，式（7-27）表示了对影响高速动车组模型的未知因素处理。

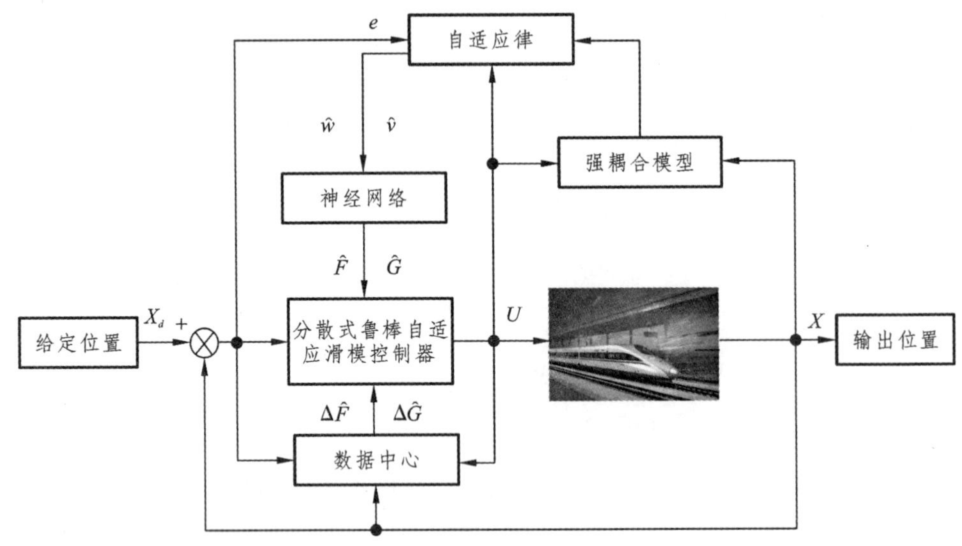


图 7-2　高速动车组的分散式神经网络自适应滑模控制框图

基于高速动车组强耦合模型，设计了其分散式神经网络滑模控制器结构。进而，为了修正控制器的输出，提出一种历史数据下的修正补偿规则。可以取 RBF 网络的输入为 $\overline{X}=[\dot{X}\quad X]^{\mathrm{T}}$，则输出为

$$\hat{F}=\hat{W}^{\mathrm{T}}h_f(X),\ \hat{G}=\hat{V}^{\mathrm{T}}h_g(X) \tag{7-28}$$

式中，$h_f(X)$ 和 $h_g(X)$ 为 RBF 网络的输入函数。

设计的控制律为

$$U=\frac{1}{\hat{G}+\Delta G}[-(\hat{F}+\Delta F)+\ddot{X}_d+c\dot{e}+\boldsymbol{\eta}\,\mathrm{sgn}(s)] \tag{7-29}$$

为了保证控制律中分母项不为零，引入判别机制，即若分母项为零，控制律保持为上一时刻的输出。式中，

$$\boldsymbol{\eta}=\begin{bmatrix}\eta_1 & & & & & \\ & \eta_2 & & & & \\ & & \ddots & & & \\ & & & \eta_i & & \\ & & & & \ddots & \\ & & & & & \eta_n\end{bmatrix}_{n\times n}\geqslant D \tag{7-30}$$

### 2. 数据中心补偿规则

为了达到对高速动车组运行数据进行优化处理的目的，本节提出了控制器参数在数据中心下的补偿规则，其在一定程度上具有了运行的认知修正能力，实际上也相当于是一种强化学习方法，通过对当前数据的修正，使得控制器输出更加接近最优值，从而使高速动车组的自动驾驶性能有着更加接近实际运行情况的优势。

现阶段高速动车组基本是按照准时发车、额定运行、定点停靠的原则设计并运行的，因此，在特定区间内运行的高速动车组的牵引力时间曲线和，速度时间曲线有一个相对稳定的变化范围与变化程度。基于这样的考虑，采用在数据中心下对高速动车组运行控制器的补偿规则来发现历史数据中的规律，以减少未知因素对高速动车组建模控制的影响，进而提高控制器的稳定性与实用性。

本节设计了一种在数据中心情况下对未知参数的补偿修正框图，如图 7-3 所示。

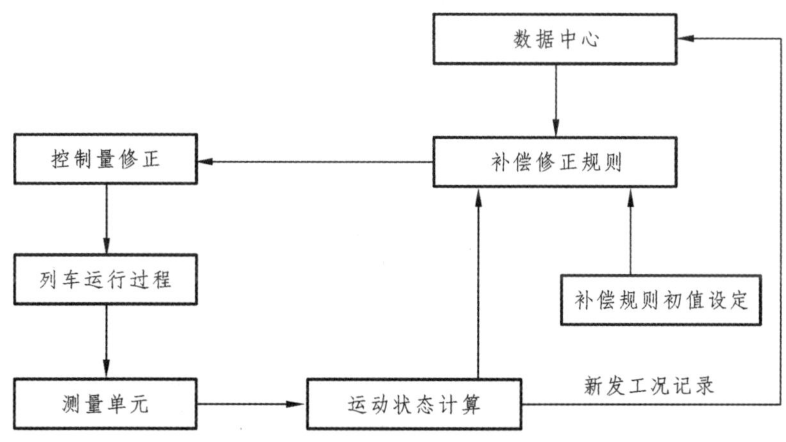


图 7-3　数据中心控制补偿规则逻辑

数据中心补偿修正算法具体描述为高速动车组的每一次区间内运行都可以获取数据中心的 $\boldsymbol{X}_d,\boldsymbol{U},\boldsymbol{X}$ ，即

$$\boldsymbol{X}_d(t)=[x_1 \quad x_2 \quad x_3 \quad \cdots \quad x_p \quad \cdots \quad x_q] \tag{7-31}$$

$$\boldsymbol{U}(t)=\begin{bmatrix} u_{11} & u_{12} & u_{13} & \cdots & u_{1p} & \cdots & u_{1q} \\ u_{21} & u_{22} & u_{23} & \cdots & u_{2p} & \cdots & u_{2q} \\ & & & \cdots & & & \\ u_{i1} & u_{i1} & u_{i1} & \cdots & u_{ip} & \cdots & u_{iq} \\ & & & \cdots & & & \\ u_{n1} & u_{n2} & u_{n3} & \cdots & u_{np} & \cdots & u_{nq} \end{bmatrix} \tag{7-32}$$

$$X(t)=[x_1 \quad x_2 \quad x_3 \quad \cdots \quad x_p \quad \cdots \quad x_q] \tag{7-33}$$

在补偿规则中，采用滚动循环实时计算未知参数的补偿值，目的是提高该算法的实用性，这样优化后的计算结果代表了数据中心情况下对未知参数的补偿修正。

在实际应用过程中，高速动车组控制器能够在自动驾驶方面就具有足够的认知能力，应对一些未知因素带来的误差，框图如图 7-4 所示。

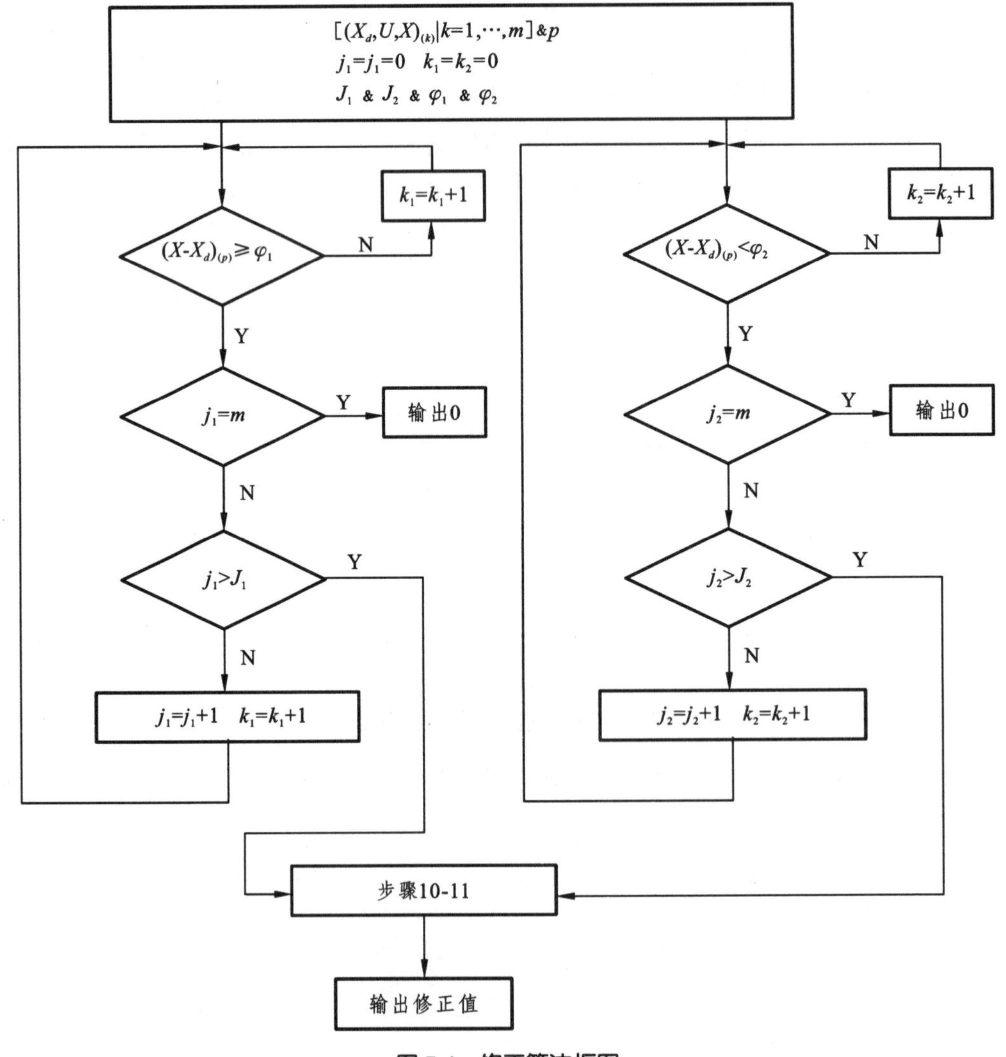


**图 7-4 修正算法框图**

**定理 2** 对于系统式（7-21），采用式（7-29）的控制律，其中 $\Delta F$ 、$\Delta G$ 表示数据中心的补偿值，可利用合适的自适应律，可使得系统渐近稳定，即 $X \to X_d$ 。

### 3. 分散式滑模控制器稳定性分析

将控制律式（4-26）带入滑模函数 $s=\dot{e}+ce$ ，得：

$$\begin{aligned}\dot{s}&=\ddot{e}+c\dot{e}=\ddot{X}_d-\ddot{X}+c\dot{e}=\ddot{X}_d-F-GU-d(t)+c\dot{e}\\&=\ddot{X}_d-F-(\hat{G}+\Delta G)U+(\hat{G}+\Delta G-G)U-d(t)+c\dot{e}\\&=\ddot{X}_d-F-(\hat{G}+\Delta G)\frac{1}{\hat{G}+\Delta G}[-(\hat{F}+\Delta F)+\ddot{X}_d+c\dot{e}+\eta\,\mathrm{sgn}(s)]U+\\&\quad(\hat{G}+\Delta G-G)U-d`(t)\\&=(\hat{F}+\Delta F-F)-\eta\,\mathrm{sgn}(s)+(\hat{G}+\Delta G-G)U-d`(t)\\&=\tilde{F}+\Delta F-\eta\,\mathrm{sgn}(s)+(\tilde{G}+\Delta G)U-d`(t)\\&=\tilde{W}^{\mathrm{T}}h_f(X)-\varepsilon_f+\Delta F-\eta\,\mathrm{sgn}(s)+(\tilde{V}^{\mathrm{T}}h_g(X)-\varepsilon_g+\Delta G)U-d`(t)\end{aligned}\tag{7-34}$$

式中，$\tilde{W}=W^*-\hat{W}$ ，$\tilde{V}=V^*-\hat{V}$ ，且：

$$\tilde{F}=\hat{F}-F=\hat{W}^{\mathrm{T}}h_f(X)-W^{*\mathrm{T}}h_f(X)-\varepsilon_f=\tilde{W}^{\mathrm{T}}h_f(X)-\varepsilon_f\tag{7-35}$$

$$\tilde{G}=\hat{G}-G=V^{\mathrm{T}}h_g(X)-V^{*\mathrm{T}}h_g(X)-\varepsilon_g=\tilde{V}^{\mathrm{T}}h_g(X)-\varepsilon_g\tag{7-36}$$

设计 Lyapunov 函数为

$$L=\frac{1}{2}\|s\|^2+\frac{1}{2\gamma_1}\tilde{W}^{\mathrm{T}}\tilde{W}+\frac{1}{2\gamma_2}\tilde{V}^{\mathrm{T}}\tilde{V}\tag{7-37}$$

式中，$\gamma_1>0$ ，$\gamma_2>0$ 。

考虑式（7-34），可得

$$\begin{aligned}\dot{L}&=s\dot{s}+\frac{1}{\gamma_1}\tilde{W}^{\mathrm{T}}\dot{\tilde{W}}+\frac{1}{\gamma_2}\tilde{V}^{\mathrm{T}}\dot{\tilde{V}}\\&=s[\tilde{W}^{\mathrm{T}}h_f(X)-\varepsilon_f+\Delta F-\eta\,\mathrm{sgn}(s)+(\tilde{V}^{\mathrm{T}}h_g(X)-\varepsilon_g+\Delta G)U-d`(t)]+\\&\quad\frac{1}{\gamma_1}\tilde{W}^{\mathrm{T}}\dot{\hat{W}}+\frac{1}{\gamma_2}\tilde{V}^{\mathrm{T}}\dot{\hat{V}}\\&=\tilde{W}^{\mathrm{T}}\left(sh_f(X)+\frac{1}{\gamma_1}\dot{\hat{W}}\right)+\tilde{V}^{\mathrm{T}}\left(sh_g(X)U+\frac{1}{\gamma_2}\dot{\hat{V}}\right)+s[-\varepsilon_f+\Delta F-\eta\,\mathrm{sgn}(s)-\\&\quad(\varepsilon_g+\Delta G)U-d`(t)]\end{aligned}\tag{7-38}$$

取自适应律为

$$\dot{\hat{W}}=-\gamma_1 sh_f(X)\tag{7-39}$$

$$\dot{\hat{V}} = -\gamma_2 s h_g(X) U \tag{7-40}$$

则有：

$$\begin{aligned}\dot{L} &= s[-\varepsilon_f + \Delta F - \eta \operatorname{sgn}(s) - (\varepsilon_g + \Delta G)U - d`(t)] \\ &= [-\varepsilon_f + \Delta F - (\varepsilon_g + \Delta G)U - d(t)]s - \eta |s|\end{aligned} \tag{7-41}$$

由于 RBF 网络逼近误差 $\varepsilon_f$ 和 $\varepsilon_g$ 为非常小的实数，历史修正数据对当前控制器的修正因子 $r$ 为非常小的实数，即 $\Delta F$ ,$\Delta G$ 为非常小的实数。取 $\eta \geqslant \left|-\varepsilon_f + \Delta F - (\varepsilon_g + \Delta G)U - d(t)\right|$ ，则有 $\dot{L} \leqslant 0$ 。

当 $\dot{L} \equiv 0$ 时， $s \equiv 0$ ，根据 LaSalle 不变集原理， $t \to \infty$ 时， $s \to 0$ 。

### 7.2.3 仿真实验及结果分析

#### 1. 实验室半实物仿真平台介绍

现有实验室装备的高速动车组运行过程半实物仿真平台，包括 CRH 型动车组驾驶模拟器与复兴号动车组驾驶模拟器及其相关的虚拟视景设备等，如图 7-5 所示。通过该平台预留的编程接口输入相应的优化控制策略，可以将列车运行效果实时显示在虚拟视景设备上，同时列车运行过程中，记录列车的运行速度、位置、与目标点的距离等信息，模拟真实运行环境。且该平台可以为列车的速度曲线优化，列车运行能耗的测量等多种列车技术研究提供软件硬件支持。

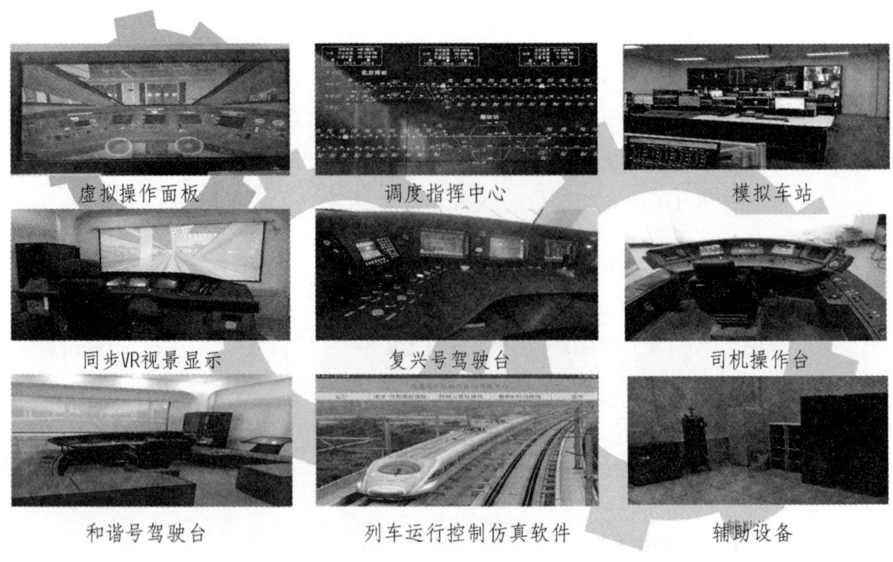


图 7-5 高速动车组半实物仿真平台

图 7-6 所示为高速列车运行过程自动驾驶平台。该平台具备高速动车组运行数据预处理，运行控制辨识和优化控制算法等人机交互功能，可实现高速动车组运行状态信息（里程、实际速度）显示，运行时间监测，目标曲线优化，优化算法配置，实时优化控制等功能。CRH380A 型号高速动车组的各节车辆的基本质量如表 7-1 所示。

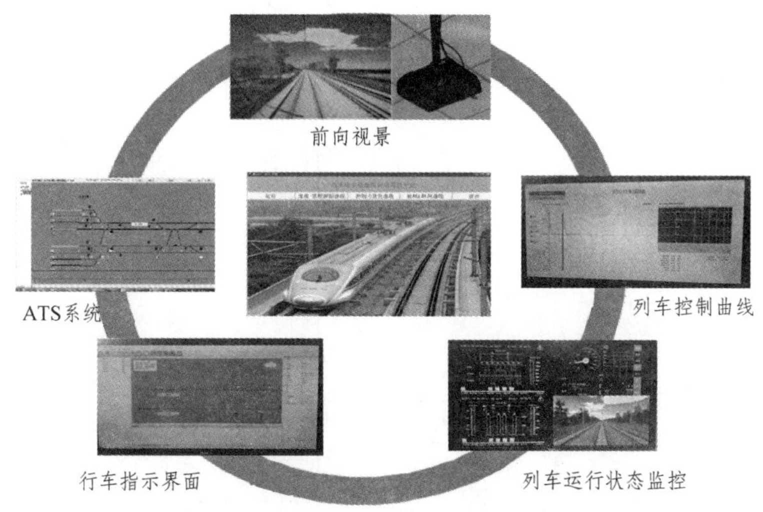


图 7-6　高速列车运行过程自动驾驶平台

表 7-1　高速动车组的各节车辆的基本质量

| 车辆 | 类型 | 质量/kg |
|---|---|---|
| 1 | 拖车 | 60 800 |
| 2 | 动车 | 62 000 |
| 3 | 动车 | 60 800 |
| 4 | 动车 | 56 560 |
| 5 | 动车 | 55 800 |
| 6 | 动车 | 60 800 |
| 7 | 动车 | 62 000 |
| 8 | 拖车 | 60 800 |

### 2. 分散鲁棒自适应控制方法仿真

考虑到 CRH380A 动车组 2 车辆、7 车辆均与拖车辆相连，为说明本节提出的基于动车组强耦合模型的控制策略的有效性，故列出其跟踪效果。图 7-7 与图 7-8 所示为 2 车辆、7 车辆的跟踪曲线，图 7-9 所示为 2 车辆与给定速度曲线的误差变化情况，图 7-10 所示为 2 车辆加速度变化曲线，图 7-11 所示为 2 车辆控制力输入曲线，图 7-12 所示为整列车跟踪曲线，图 7-13 所示为采用两种方法建立的车辆间作用力曲线变化情况。

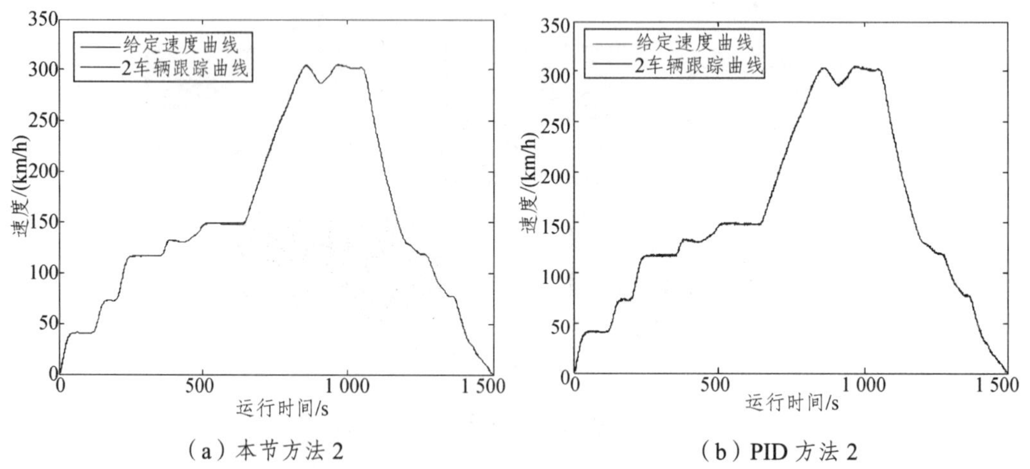


（a）本节方法 2　　（b）PID 方法 2

图 7-7　车辆跟踪速度曲线

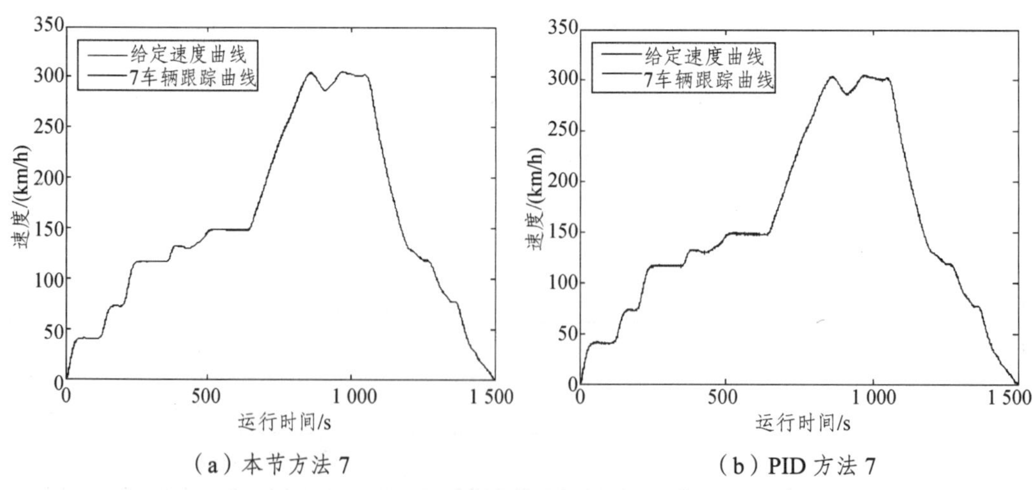


（a）本节方法 7　　（b）PID 方法 7

图 7-8　车辆跟踪速度曲线

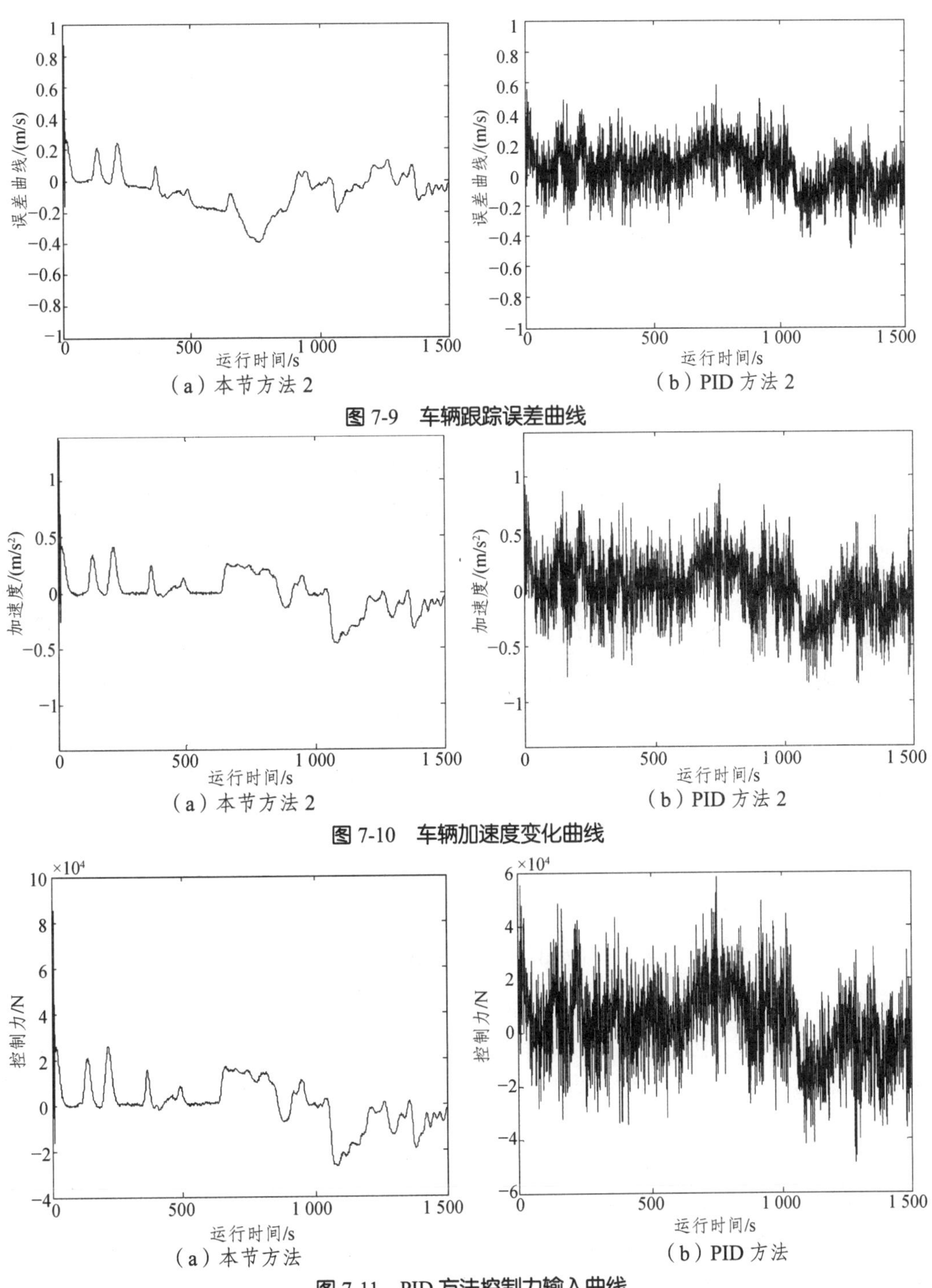


图 7-9　车辆跟踪误差曲线

图 7-10　车辆加速度变化曲线

图 7-11　PID 方法控制力输入曲线

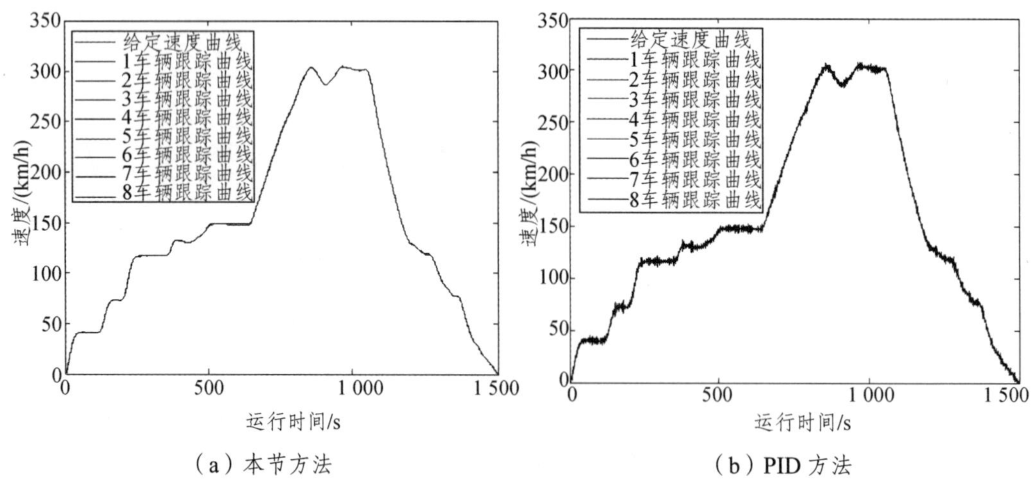


图 7-12 整列车跟踪曲线

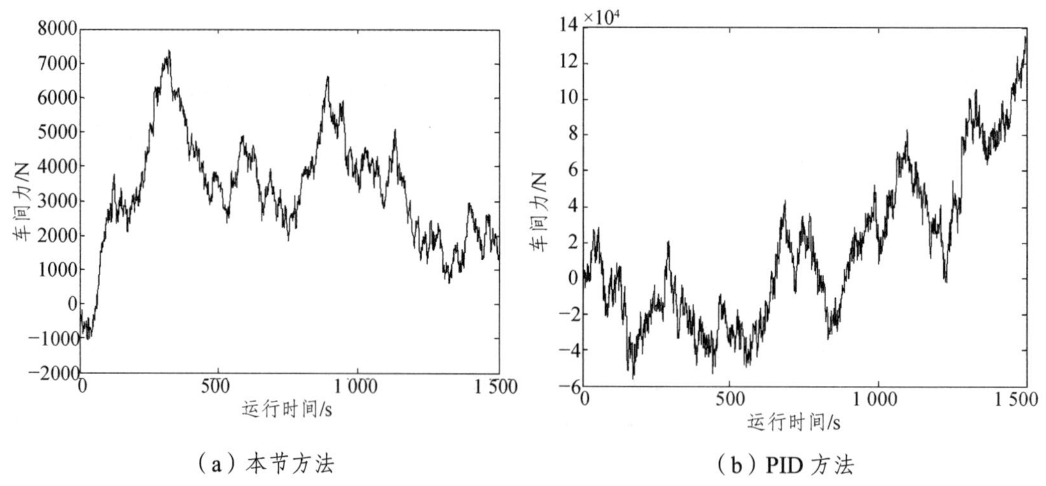


图 7-13 1～2 节车辆间作用力

采用本节与 PID 控制两种不同方法得到的各车辆单位运行过程中的运行距离及其误差，可见采用本节方法时较高精度地跟踪了给定的运行速度，优于传统的 PID 方法时的运行距离效果，且运行较稳定，表明采用本节方法的高速动车组在运行时平稳性较好。

### 3. 分散鲁棒自适应控制方法仿真结果的分析

从图 7-7 至图 7-9 可以看出针对动车组强耦合参数时变模型，本节设计的分散式鲁棒自适应控制策略对有较大干扰信号或者受物理因素的影响时具有良好的跟踪能力，能够准时运行，定点停靠的安全要求，同时加速度变化较为合适，乘客的舒适性较好。

从图 7-7 至图 7-10 可以看出，动车组在外界环境变化或动车组本身性能变化时，每辆车速度输出和加速度均能保持良好的跟踪能力，同时控制力变化得较为平缓。而本节参考文献[13]的 PID 方法跟踪效果有跳变现象，这对动车组本身运行来说，就可能达不到安全运营的要求和乘客良好的体验效果。

如今，能源消耗逐渐成为铁路部门和运营商的考虑的运行指标之一，这是由于其对二氧化碳排放和经济成本的影响。从图 7-11 可见，本节设计的分散式鲁棒自适应控制策略对动车组的牵引力输入较传统的 PID 控制方法更为平稳，更加节省能源。从图 7-12 结果可见，利用牛顿力学定律建立反映车辆间相互作用的新动力学模型可以解决外部扰动以及车辆间相互作用的影响的问题。仿真结果还表明，该方案不仅能抵抗外界干扰，还能适应未知的系统参数。

从图 7-13 可见，PID 方法控制的动车组强耦合模型中的 1～2 节车辆间作用力在列车开始减速时会产生比较大的抖动，造成整列车的振动。相对比来说，本节设计的分散式鲁棒自适应控制器就显示出其优越的运行性能。

### 4. 分散式滑模控制方法仿真

另一方面，为验证本节所提方法的有效性，假设特定区间内预期的运行速度曲线由式（7-42）确定。式（7-42）描述了一种理想的高速动车组标准的加速工况、惰行工况、制动工况，共行驶 236.295 7 km。

$$v\,(\mathrm{km/h})=\begin{cases}-0.007\,5t^2+3t & 0<t\leqslant 200\ s\\ 300 & 200<t\leqslant 1\,200\ s\\ -0.002t^2+4.8t-2\,580 & 1\,200<t\leqslant 1\,300\ s\\ 280 & 1\,300<t\leqslant 1\,400\ s\\ 0.225t-35 & 1\,400<t\leqslant 1\,600\ s\\ 325 & 1\,600<t\leqslant 2\,400\ s\\ -0.000\,9t^2+4.333\,33t-4\,891.5 & 2\,400<t\leqslant 3\,000\ s\end{cases}\qquad(7\text{-}42)$$

为了更加表明高速动车组各个车辆之间的相互作用力延时特性，在仿真时加入了一个时间可调的延时环节。由于高速动车组在实际运行的过程中，两节车辆不至于相距太远，即为了约束车钩位移差的项的数值，在仿真时加入了 Saturation 函数。

为了进一步体现本节建模控制方法的有效性，本节设计了高速动车组强耦合模型的 PID 控制策略作为对比。仿真结果如图 7-14～图 7-20 所示，图 7-21 所示为数据中心下的补偿曲线。

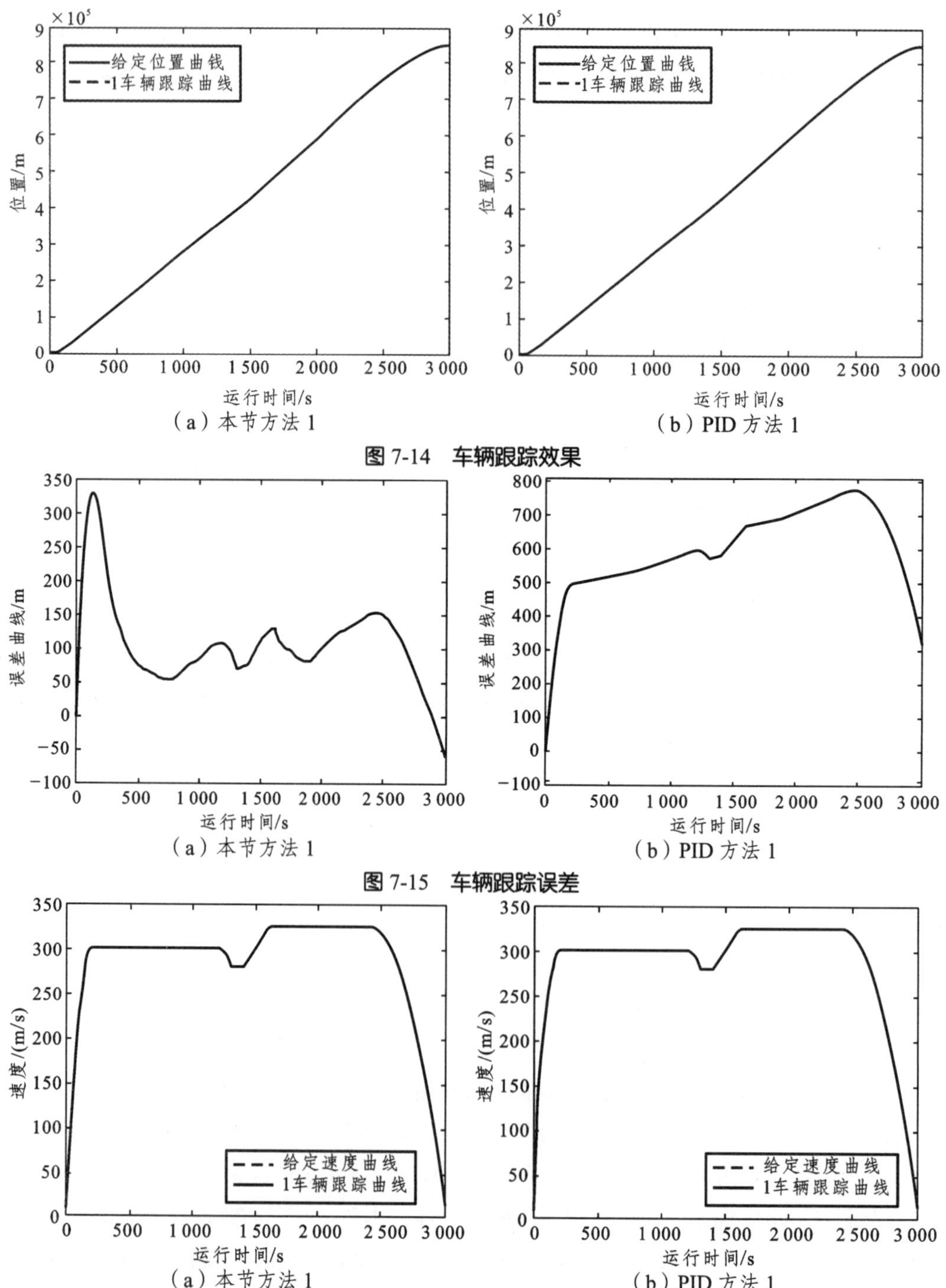


图 7-14 车辆跟踪效果

图 7-15 车辆跟踪误差

图 7-16 车辆速度跟踪曲线

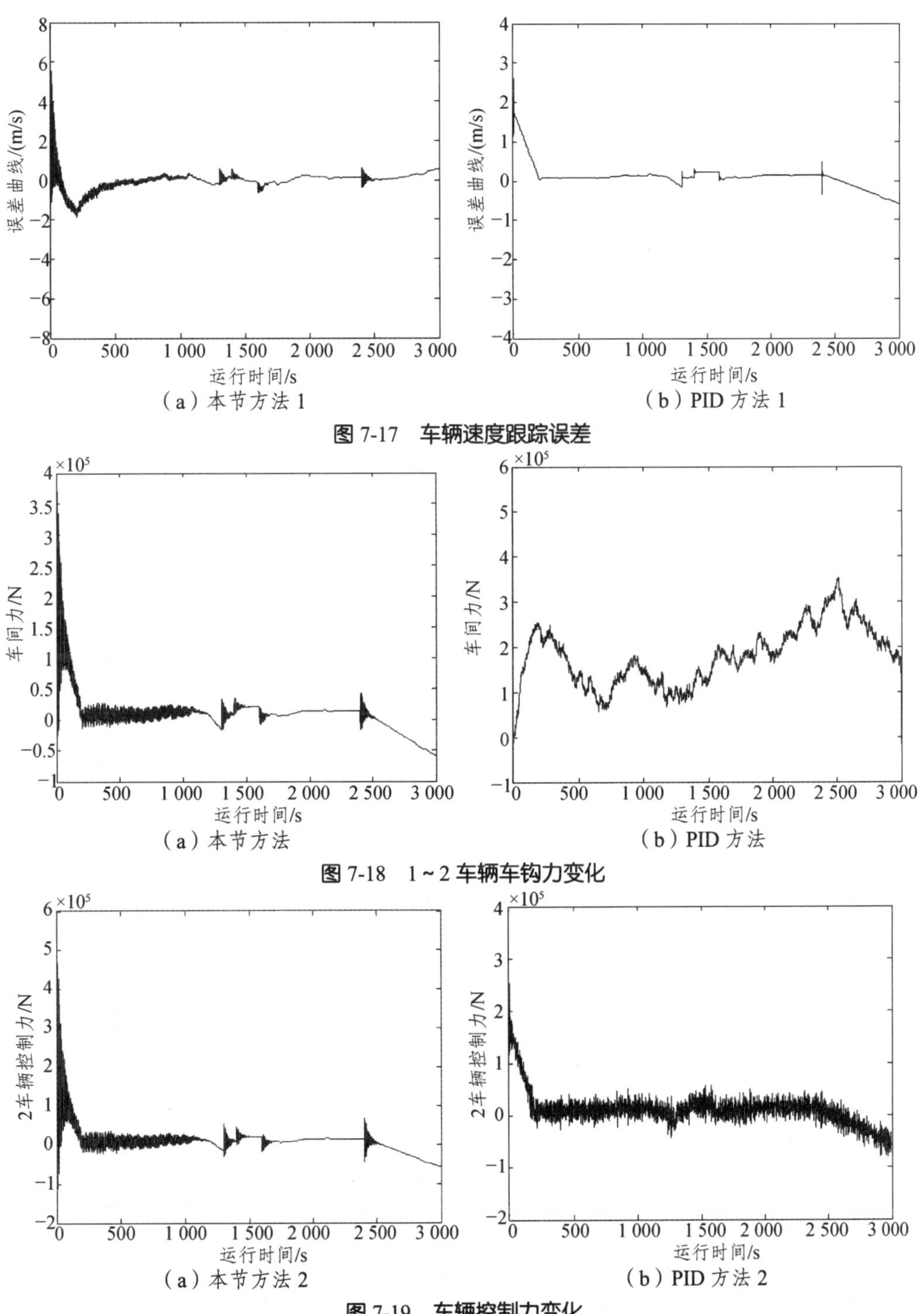


**图 7-17　车辆速度跟踪误差**

**图 7-18　1 ~ 2 车辆车钩力变化**

**图 7-19　车辆控制力变化**

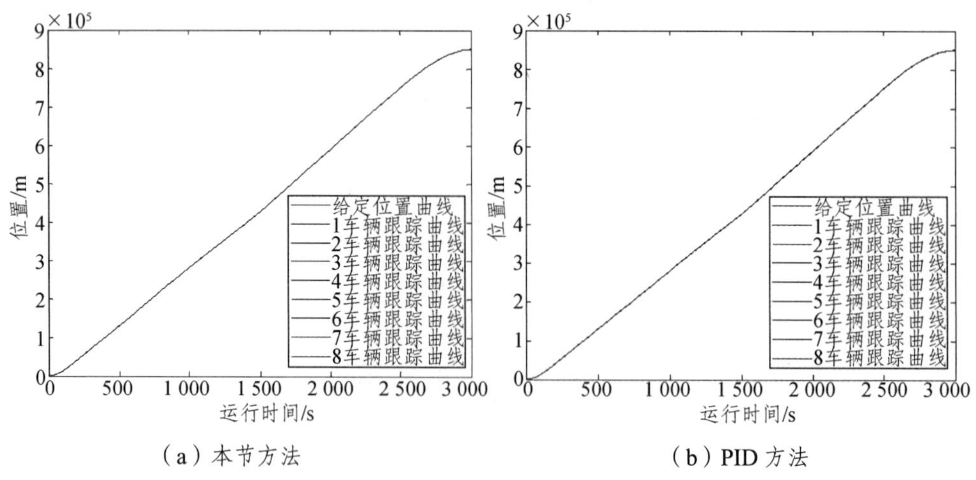


图 7-20 整列车跟踪曲线

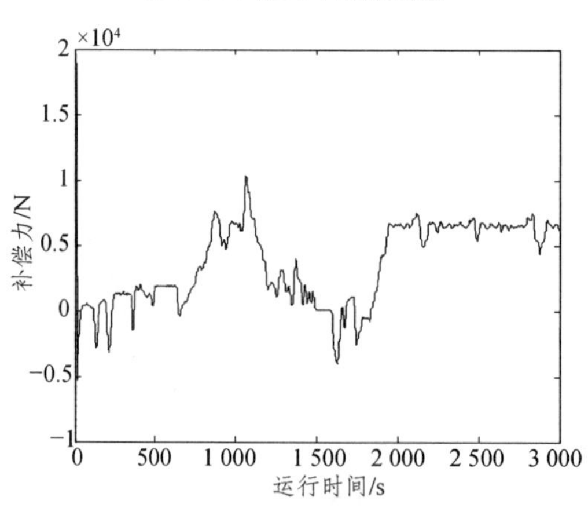


图 7-21 规则下的数据修正曲线

## 5. 分散式滑模控制方法仿真结果的分析

从图 7-14 至图 7-17 可以得到车辆的位移跟踪曲线与相应的速度跟踪曲线，对于位置跟踪曲线，本节方法控制策略明显优于传统的 PID 控制效果，最后停靠的位置距离给定位置较小，这对大质量、大惯性的高速动车组来说，安全性得以保证。

从图 7-18 可以看出，车钩力的变化较为平滑，保证了与大质量拖车辆相连接的车钩的运行安全。从图 7-19 可以看出，动车组在外界环境变化或机车本身性能变化时，控制力变化得较为平缓。

现阶段，我国国铁集团和相关运营单位的主要优先事项之一是减少能源消耗[14,15]。从图 7-20 可以看出，针对在弹簧-阻尼器约束下的高速动车组强耦合模型，本节设计的分散式神经网络滑模控制策略对给定速度每一节车辆均能保持良好的跟踪能力，能够满足准时运行、定点停靠的安全要求，同时加速度变化较为合适，乘客的舒适性较好。

从图 7-21 可以看出，高速动车组历史数据下的补偿规则对当前对象具有一定的效果，即在实际速度大于给定期望速度时，反馈一个负的数值，用来抑制控制力输入，反之，在实际速度小于给定期望速度时，反馈一个正的数值，用来调整控制力输入。

以上结果说明了本节控制方法保证了高速动车组的实际运行效果，提高了跟踪精度。但本节调整参数较多，作者将会进一步确定优化参数的合理取值范围等工作，减少实际应用时的工作量。

### 7.2.4　小结

本节基于动车组强耦合模型设计了多种速度跟踪控制算法，并运用实验室的模拟仿真平台进行了模拟仿真，最后的结果显示，本节提出的控制算法均能使动车组达到预期运行跟踪效果。同时，需要指出的是，关于动车组运行控制的研究，其性能还有提高的空间。

## 本章参考文献

[1] Liu D R, Lu Z J, Cao T P, Zhang L. Experimental study on vibration displacement of a CRH2 EMU under strong wind conditions[C]. 2016 IEEE International Conference on Intelligent Rail Transportation. IEEE, 2016.

[2] 杨罡，刘明光，喻乐. 高速动车组运行过程的非线性预测控制[J]. 铁道学报，2013, 35 (8): 16-21.

[3] Yao X M, Park J H, Dong H R, Guo L, Lin X. Robust Adaptive Nonsingular Terminal Sliding Mode Control for Automatic Train Operation[J]. IEEE Transactions on Systems, Man, and Cybernetics: Systems, 2019, 49(12): 2406-2415.

[4] Guo X G, Wang J L, Liao F, Teo R. CNN-Based Distributed Adaptive Control for Vehicle-Following Platoon With Input Saturation[J]. IEEE Transactions on Intelligent Transportation Systems, 2018, 19(10): 3121-3132.

[5] Guo G, Yue W. Sampled-Data Cooperative Adaptive Cruise Control of Vehicles With Sensor Failures[J]. IEEE Transactions on Intelligent Transportation Systems, 2014, 15(6): 2404-2418.

[6] Praly L, Bastin G , Pomet J B , Jiang Z P. Adaptive stabilization of nonlinear systems[J]. Foundations of Adaptive Control. Springer Berlin Heidelberg, 1991: 347-433.

[7] 王强德，魏春玲，王化建．一类非线性参数系统的鲁棒自适应控制[J]．控制理论与应用, 2002(2): 46-51.

[8] Yang Y C, Zhou H T, Su H S, Zeng W. Semi-global consensus with position limited and rate disturbances via low gain feedback and integral sliding mode control[J]. Iet Control Theory and Applications, 2017, 11(8): 1173-1183.

[9] Liu J, Li H W, Deng Y T. Current adaptive sliding mode control based on disturbance observer for permanent magnet synchronous motor[J]. Optics and Precision Engineering, 2017, 25(5): 1229-1241.

[10] 苏皓，杨先海．阀控液压缸系统低通滤波滑模变结构控制抖振问题的研究[J]．煤矿机械, 2018, 39(11): 77-79.

[11] Cui R X, Chen L P, Yang C G, Chen M. Extended State Observer-Based Integral Sliding Mode Control for an Underwater Robot With Unknown Disturbances and Uncertain Nonlinearities[J]. IEEE Transactions on Industrial Electronics, 2017, 64(8): 6785-6795.

[12] 田猛，张波文，周腊吾，等．基于 RBF 神经网络滑模变结构独立变桨控制研究[J]．电力系统保护与控制, 2019, 47(04): 107-114.

[13] 杨辉，严瑾，张坤鹏．动车组制动过程多模型自适应 PID 控制[J]．铁道学报，2014, 36(3): 42-48.

[14] Yin J, Chen D, Li L. Intelligent Train Operation Algorithms for Subway by Expert System and Reinforcement Learning[J]. IEEE Transactions on Intelligent Transportation Systems, 2014, 15(6): 2561-2571.

[15] Bai Y, Ho T K, Mao B H, Ding Y, Chen S K. Energy-Efficient Locomotive Operation for Chinese Mainline Railways by Fuzzy Predictive Control[J]. IEEE Transactions on Intelligent Transportation Systems, 2014, 15(3): 938-948.